AF345793

Nuño de Guzmán

Nuño de Guzmán

Juicio de residencia en Nueva Galicia, 1537-1538

Aristarco Regalado Pinedo

Anabasis Project

© **Anabasis Project, 2024**

Haute-Garonne, Toulouse, France
Imprimé à la demande
Dépôt légal : Février 2024
ISBN broché (Tomo 1): 978-2-487321-01-4
ISBN relié (Tomo 1): 978-2-487321-00-7
ISBN ebook (Tomo 1): 978-2-487321-02-1
Image de couverture : Photographie de l'auteur
Mise en page et montage de couverture : Anabasis Project
www.anabasisproject.com

Introducción

Ofrezco en este primer tomo la pesquisa secreta que el licenciado Diego de la Torre levantó, en el marco del Juicio de residencia, contra Nuño de Guzmán como gobernador de la Nueva Galicia, que corresponde a las primeras cien fojas del documento que se conserva en el Archivo General de Indias bajo la referencia Justicia 337. Debo decir que ya he publicado este mismo documento en una edición de autor en México bajo el título Juicio de residencia contra Nuño de Guzmán, gobernador de la Nueva Galicia, 1537-1538, con un tiraje reducido de 100 ejemplares foliados. Ahora se realiza esta nueva edición bajo el sello francés Anabasis Project que publicará el juicio de residencia completo, en tres tomos, siendo el primero este que usted tiene ante sus ojos. El segundo tomo de esta serie contiene los descargos de Nuño de Guzmán en las villas de Guadalajara y Purificación (folios 100-385) mientras que el tercer tomo contiene los descargos de testigos que se encontraban en México y Compostela (folios 386-772). El documento consta de 854 folios, pero por el momento no se ha contemplado la publicación de los folios finales del juicio (folios 773-854) que contienen las "tachas" contra los testigos adversos a Nuño de Guzmán y que se recogen en Guadalajara, México y Compostela. Las tachas eran testimonios que buscaban poner en evidencia los vicios y defectos de ciertos testigos (los que habían sido desfavorables y contrarios a Nuño de Guzmán en este caso) con el fin de invalidarlos.

En la primera parte de este libro ofrezco una breve biografía de Nuño Beltrán de Guzmán con el fin de acercarnos a esa figura histórica aún mal conocida. En efecto, como varios de mis colegas, yo también considero que todavía falta investigar más sobre Guzmán y acercarnos con imparcialidad y erudición a un hombre que marcó los primeros años de vida institucional de lo que hoy es el territorio mexicano, desde Pánuco hasta Jalisco pasando por la ciudad de México. Nuño de Guzmán, en efecto, fue gobernador de Pánuco (hoy al norte de Veracruz), juez y presidente de la Audiencia de México, pero también conquistador, fundador y primer gobernador de la Nueva Galicia. Hasta ahora, el mejor libro y el más completo sobre Guzmán sigue siendo el de Adrián Blázquez y Thomas Calvo, que he citado a menudo.

Desde entonces hasta nuestros días, Guzmán nunca ha dejado indiferente a nadie. Muchas plumas, algunas de ellas de gran autoridad y de sobra influyentes en el mundo hispano del siglo XVI, escribieron sobre él. Fue atacado por Zumárraga, el obispo de México, fue aludido por los biógrafos contemporáneos de Hernán Cortés como Francisco López de Gómara, fue acusado por Bartolomé de las Casas y fue referido por Bernal Díaz del Castillo. Bajo un tono muy desfavorable, el cronista de la provincia franciscana de Xalisco, fray Antonio Tello, escribió sobre Nuño de Guzmán. Y como su obra fue un escrito que podríamos llamar fundacional, muchos retomaron el manuscrito del fraile Tello y con el mismo acento desfavorable, continuaron refiriéndose a Nuño de Guzmán. El historiador Jaime Olveda, académico de El Colegio de Jalisco, escribió una excelente recapitulación historiográfica sobre este punto.[1]

La historiadora Pilar Gutiérrez Lorenzo (originaria de Guadalajara la europea, pero vecina de la Guadalajara americana) especialista de las instituciones virreinales de América, tiene razón al afirmar que con el Juicio de residencia contra Nuño de Guzmán como gobernador de la Nueva Galicia se inauguró, en ese reino, el sistema español de impartición de justicia como mecanismo de control pues se trata del primer documento judicial elaborado en el territorio neogallego con tales fines. "Es de interés señalar que se trata de un documento que marca el momento de arranque de las instituciones políticas y jurisdiccionales de la Nueva Galicia, una vez consumada la conquista, momento en el que la Corona necesitó implementar mecanismos de control y para ello trasplantó a los nuevos territorios recién conquistados las instituciones castellanas y con ellas el juicio de residencia".[2] Y en efecto, a la lectura del documento (comprendido en este tomo y los siguientes) notamos claramente las improvisaciones, los remiendos, los agregados, las vueltas atrás de ciertas decisiones tomadas por el juez, el exceso de rigor en ciertos momentos que contrasta con la holgura de otros. En ese sentido, el documento es de gran interés para historiadores del derecho, de las instituciones, pero también para los especialistas en historia social y económica pues muestra el estado que guardaba la Nueva Galicia a un lustro de haber sido fundada, a través de este documento podemos apercibir tanto el desplome del mundo indígena de esa región como la dificultad para afianzar un nuevo modelo originario de Europa.

En la segunda parte ofrezco el manuscrito. He utilizado el que se encuentra en el Archivo General de Indias, en Sevilla, bajo la referencia JUSTICIA 337. Consta de 854 folios divididos de la siguiente manera. Inicio del Juicio de Residencia ante el cabildo de la villa de Guadalajara con la presentación de las cédulas que lo acreditan y los nombramientos de escribano e intérprete. Presentación de un requerimiento a Nuño de Guzmán para que nombre procurador y respuesta del residenciado. Pregones en la plaza pública y notificación de la suspensión del pago de tributos por parte de los pueblos de encomienda atribuidos a Guzmán a manera de secuestro de bienes (fojas 1-12). Interrogatorio (fojas 12v-17v). Declaración de testigos en Guadalajara (fojas 17-55). Declaración de testigos en Zacatlán de Nuestra Señora (fojas 55-59). Declaración de testigos en la ciudad de Compostela (fojas 59-85v). Documentos probatorios (fojas 85v-90v). Secuestro de bienes, presentación de cargos y sentencia contra Nuño de Guzmán (fojas 90v-99v). Sentencia contra los otros oficiales de la Nueva Galicia (99v-100). La segunda parte del Juicio de Residencia, que es la más voluminosa, corresponde a la apelación de Nuño de Guzmán y comprende las diligencias preliminares y descargos (fojas 100-131), interrogatorio (folios 131-194), y una serie de testimonios recogidos en los siguientes lugares: villa de la Purificación (folios 195- 327), Guadalajara (folios 328-385 y 773-795), México (386-649 y 836-853), Compostela (650-772 y 795-835). Diligencias finales (853-854).

Para la presente edición del Juicio de Residencia contra Nuño de Guzmán como gobernador de la Nueva Galicia (JRNG), hemos decidido presentar el documento paleografiado con la ortografía moderna y corregido en sus conjunciones, preposiciones y artículos. Salvo la sintaxis, el documento ha sido corregido y transcrito de acuerdo con las normas actuales. Incluso algunas palabras en desuso las hemos cambiado por las modernas como en el caso de "agora" por "ahora", por poner un ejemplo. Hemos procurado indicar ese cambio en una nota al pie de página, lo mismo cuando se ha agregado alguna palabra que hacía falta para su comprensión.

Por otro lado, nos hemos permitido dividir el documento en números romanos y cada uno de esos apartados en números arábigos entre paréntesis, con la convicción de que esta separación nos ayudará a ubicarnos mejor y citar mejor el documento, sobre todo ahora que el formato digital de los libros ha vuelto obsoleta la paginación tradicional. No es un sistema nuevo, los libros de la Antigüedad Clásica ya lo utilizan desde hace muchos años con excelentes resultados de entendimiento, entre ellos la Biblia.

Así, para citar el interrogatorio del Juicio de residencia, por ejemplo, en lugar de citar la página que en un libro digital suele no aparecer, se puede designar de la siguiente manera JRNG. XXI. Hemos usado este modo de referirnos al documento en toda la primera parte de este libro. Entendamos que las siglas JRNG se refieren al documento "Juicio de Residencia de Nuño de Guzmán", y el apartado XXI corresponde al interrogatorio; si queremos ser más precisos, entonces existe la posibilidad de mencionar el número arábigo que se encuentra entre paréntesis. De todos modos, hemos decidido indicar en el documento, entre corchetes, el número de folio que corresponde al documento original. De esta manera, el documento que aquí se ofrece puede ser citado de tres maneras diferentes: por la página del libro, por el folio del documento indicando su número de referencia, y por la numeración "al estilo de la Antigüedad Clásica" que aquí se propone.

En Toulouse, 12 de febrero de 2024

Aristarco Regalado Pinedo

NUÑO BELTRÁN DE GUZMÁN

1. Una estirpe medieval

Nuño Beltrán de Guzmán nació en Guadalajara de Castilla el 31 de octubre de 1490. Fue el segundo hijo de Hernán Beltrán de Guzmán y de Magdalena de Guzmán, quienes tenían parentesco de cuarto grado pues eran primos entre sí. "Puesto que eran primos hermanos, su matrimonio requirió de una dispensa", escribió Donald E. Chipman, uno de sus biógrafos.[3] Su hijo primogénito fue Juan de Guzmán, el tercero fue Gómez Suárez de Figueroa, después llegó Luis Suárez de Guzmán, Hernán Beltrán de Figueroa y al final dos mujeres: Isabel de Guzmán y Violante de Figueroa. Sin embargo, Chipman, a quien le debemos el rescate y la reconstrucción de su árbol genealógico basado en la información de uno de los descendientes de Luis Suárez de Guzmán, explicó que no se sabía si las dos hermanas de Nuño de Guzmán eran las menores o se habían mencionado al final por su condición de mujer.[4]

15

El linaje de los Guzmán tenía sus raíces bien ancladas en la Edad Media. Se tiene conocimiento de que el primero que portó el apellido y que tuvo una posesión de tierra en Guadalajara, en 1396, se llamaba Ramiro Flores de Guzmán. Más atrás en el tiempo ya no hay certidumbre sobre esta estirpe. Se ha dicho que muy probablemente se trate de gente que llegó a la península Ibérica procedente del norte, de lengua anglosajona, y que el apellido podría ser la corrupción del *Good Man* inglés. Aunque otros aseguran que venían de la antigua Germania, que hacia el año 950 se instalaron en Burgos y que su apellido fue producto de la descomposición del nombre Gudemaro, rey de los Godos. Nada sabemos sobre las actividades del primer Guzmán que se ha podido documentar, Ramiro Flores de Guzmán, ni de su hijo Álvar Núñez de Guzmán. Tampoco de su nieta Leonor Núñez de Guzmán, quien contrajo nupcias con Hernán Beltrán y que procrearon a Juan Beltrán de Guzmán, abuelo de Nuño. En efecto, se había casado con Violante Suárez de Figueroa y habían tenido cuatro hijos: tres mujeres y un hombre. A este último lo bautizaron como Hernán y tomó los apellidos de su padre: Beltrán de Guzmán. Tomó como esposa a su prima hermana, como ya se dijo, y de ellos nació en segundo lugar Nuño, quien tomó los apellidos de su padre: Nuño Beltrán de Guzmán.[5]

Tres rasgos caracterizaron a Hernán Beltrán de Guzmán, mayorazgo y señor de Pastrana, Valdenoches e Iripel,[6] padre de Nuño: era un buen negociante, gracias a ello multiplicó su caudal rápidamente; era un hombre que solía practicar la caridad con los pobres, y en ello ganó gran fama de hombre pío y generoso; y, finalmente, era una persona con una lealtad sin falla hacia su monarca. No sólo él entregó su vida al servicio de la corona española sino también todos sus hijos. Él se desempeñó como alguacil mayor de la Inquisición durante el reinado de Isabel y Fernando, los reyes católicos. Su hijo mayor, Juan de Guzmán, lo hizo desde el hábito de San Francisco en cuya orden fue nombrado comisario general de la Nueva España en 1531, aunque tuvo una muerte prematura antes de 1535 y nunca pasó, en realidad, al Nuevo Mundo. Nuño de Guzmán, ya lo veremos, siempre se mantuvo al servicio de la corona tanto en España como en la Nueva España. Gómez Suárez de Figueroa, su tercer hijo, sirvió primero con las armas, en la campaña de Italia. En 1517 ya era parte de la guardia personal del rey de España, en 1518 fue nombrado capitán de infantería en el ejército español y en 1523 ingresó a la Orden de Santiago. Un año después pasó otra vez a Italia y el 24 de febrero de 1525 participó en la batalla de Pavía, junto con su hermano menor Hernán Beltrán de Guzmán, quienes fueron parte de la escolta militar que llevó preso a Francisco I, rey de Francia, a Madrid. El resto de su vida, durante 30 años, Gómez Suárez de Figueroa se desempeñó como embajador en Génova, donde ostentó el título de "Vicario del emperador" y "Capitán General del Estado de Milán". Por su parte, Luis Suárez de

Guzmán, quien también logró ingresar a la Orden de Santiago, fue procurador de cortes en Guadalajara. Falleció en 1520 habiendo sido corregidor de Ronda. Hernán Beltrán de Figueroa, el menor de los varones, también se enroló en la carrera militar pero no fue sino hasta 1543 cuando logró ser admitido en la Orden de Santiago.[7]

No se tiene la certeza sobre la universidad a la que asistió Nuño de Guzmán durante sus años mozos. Hay quien dice que fue alumno de la Universidad de Alcalá,[8] pero es imposible corroborarlo.[9] Es cierto que se trataba de la más cercana institución de educación superior a Guadalajara, pero de ninguna manera puede ser un elemento que confirme su paso por ahí. Otros dicen que estudió en Salamanca o en Valladolid, sin dar pruebas convincentes. Sin duda asistió a la universidad, cualquiera que fuera, aunque no culminó sus estudios de leyes. El mismo Nuño de Guzmán llegó a aceptar, mientras fue presidente de la audiencia de México en 1529, que carecía del título de leyes.[10] Sin embargo, sabía latín, suficiente latín para escribir varias líneas en esta clásica lengua en las cartas que dirigía a la emperatriz, así se tratara de frases hechas.[11] Por otro lado, en el secuestro de sus bienes en Compostela durante el Juicio de Residencia, se le confiscaron tres libros de leyes: *Las Partidas*, *Las Premáticas* y un *Fuero Real*.[12] Conclusión: acudió a la universidad, pero aún no sabemos a cuál; sabía de leyes pero no estaba licenciado.

También existe otro desacuerdo entre los historiadores en cuyo origen se encuentra una afirmación de Antonio de Herrera: que Nuño de Guzmán habría sido seleccionado para el gobierno de Pánuco "sin más servicios ni experiencia de guerra", pues, se dijo que estaba avecindado en la isla de Santo Domingo donde era encomendero, que estaba casado y que llevaba una vida modesta.[13] En efecto, parece haber confusión en este tema.[14] Pero Chipman logró encontrar una solución: sí existió un Nuño de Guzmán que vivió en Puerto Plata, en La Española, pues aparece en la documentación conservada en el Archivo General de Indias de 1514 a 1518, como encomendero y casado con una mujer castellana; pero no se trata de Nuño Beltrán de Guzmán, quien nunca contrajo matrimonio y murió sin herederos. Además, Chipman encontró pruebas de que durante ese periodo Nuño Beltrán de Guzmán se habría encontrado en España: en 1520 ya era contino en la corte real, oficio de confianza, en un círculo cercano a la corona, que no se obtenía desde una encomienda en las Indias y que requería conocimiento de la guerra en Europa; finalmente, Nuño Beltrán de Guzmán en ninguna de sus cartas, ni la documentación generada por su familia, hace referencia a una estancia juvenil suya en el Caribe.[15] Al iniciar el año 1520, Guzmán se encontraba en Valladolid como contino real. En mayo del mismo año acompañó al emperador Carlos V a Flandes y regresó en 1521, cuando cobró su salario y solicitó dinero suplementario por los gastos que realizó en su viaje a Holanda. Desde enero de 1522 estuvo en Vitoria, al servicio de Francisco de los Cobos, quien ese mismo año fue nombrado parte del Consejo Real. En julio regresó el emperador a España y tanto Guzmán como Francisco de los Cobos debieron acudir a su encuentro. En 1523 le fue confiada una misión en el obispado de Cuenca que Nuño de Guzmán cumplió con solvencia. Después de la guerra civil que se había vivido en 1520, conocida como "guerra de las comunidades", la corona estaba preocupada en someter todos los territorios españoles a la autoridad real. En el caso de Cuenca, su obispo había partido a Roma y no quería obedecer las órdenes reales. Nuño Beltrán de Guzmán, entonces, acudió con un ejército a la ciudad amurallada de Pareja, presentó cédulas reales, lo echaron extramuros, pero al día siguiente tomó la urbe para la causa y autoridad del rey. Todo 1523 permaneció Guzmán en Pareja, pero entre 1524 y 1525 vivió entre Madrid, Valladolid y Toledo.[16]

2. Gobernador de Pánuco

En Toledo, precisamente en noviembre de 1525, Nuño Beltrán de Guzmán recibió su nombramiento como gobernador de Pánuco, en las Indias. Sin tardanza, como parte de los preparativos de su viaje fue a Guadalajara, habló con parientes y allegados a quienes invitó a formar parte de su compañía, pasó por Toledo (¿se entrevistó y recibió indicaciones de Francisco de los Cobos? Seguramente) y en enero de 1526 ya estaba en Sevilla. Se endeudó, empeñó su palabra, compró dos barcos, acudió a la Casa de la Contratación, presentó cédulas y el 23 de marzo entregó la lista de las personas que le acompañaban en su séquito, en calidad de criados suyos. Eran 31 en total: Pedro de Guzmán, Francisco Hernández, Diego López de Orozco, Bernardino de Meneses, Pedro Núñez de Guzmán, Juan de Ortega, Peñalosa, Francisco de los Ríos, Íñigo de la Sarte, Jorge Micael Soriano, Melchor de Toledo, Vergara, Cristóbal de Villegas, Francisco Verdier, Cristóbal de Ciudad Rodrigo, Juan de Illescas, maestre Juan, Francisco Juárez, García de Villazán, Elena de Lozada, Sebastián Martínez, Francisco de Pernia, un hijo de Álvaro de Plascencia, Mateo de Renueva, Gaspar Rodríguez, Juan Rodríguez, Domingo de Saldua, Francisco de Sandoval, Marchion Soriano, Bernardo de Baltanas y Cristóbal de Ledezma.[17] El 14 de mayo se embarcaron en Sanlúcar de Barrameda y en el mes de julio ya estaban en La Española.[18]

Algo se ha escrito sobre las razones por las que Nuño Beltrán de Guzmán recibió la responsabilidad del gobierno de Pánuco, jurisdicción independiente de la Nueva España, y se advierte que su nombramiento ha causado sorpresa en su tiempo como ahora. Porque nadie esperaba que Guzmán fuera designado para tal cargo. Se hubiera pensado en Salazar o Chirinos, en algún allegado a Diego Velázquez, gobernador de Cuba, incluso en el almirante Diego Colón. Pero a ninguno de ellos, quienes tenían experiencia y conocimiento del Nuevo Mundo, le fue confiada la gobernación de Pánuco. Se ha dicho que en la designación de Nuño de Guzmán debió estar la mano del gobernador Velázquez, pues su contador era Gonzalo de Guzmán, pariente de Nuño Beltrán. En realidad, detrás de esta decisión deberíamos atrevernos a ver al mismo Francisco de los Cobos. Al momento de su designación, finales de 1525, ya era un poderoso político en la corte española. Desde 1520 Francisco de los Cobos había logrado convertirse en un importante asesor del emperador Carlos V para las cuestiones tocantes a España. En 1522 ya formaba parte del Consejo Real. Ese mismo año estableció una alianza con una de las familias más poderosas de España, los Mendoza, a través de las nupcias que contrajo con María de Mendoza y Sarmiento. Es cierto que el culmen de su carrera política llegó con el nombramiento de secretario del Consejo de Estado de España, en 1529, pero desde hacía 10 años ya ejercía la misma responsabilidad en el Consejo de Indias, cargo en el que sucedió a Lope de Conchillos y en el que duró hasta 1539, cuando tomó el relevo Juan de Sámano. Era en esos círculos donde se tomaban las decisiones que posteriormente validaba el emperador. Y ya hemos visto que Nuño Beltrán de Guzmán había logrado una muy buena cercanía con Francisco de los Cobos desde que acompañaron al emperador a Flandes y Alemania en 1520; y que su regreso a España, en 1522, Guzmán había permanecido al servicio de Francisco de los Cobos.

El secretario del Consejo de Indias conocía bien a Nuño Beltrán de Guzmán: su linaje, su lealtad, su carácter. Reunía las características o cualidades necesarias para desplegar la estrategia política para debilitar a Hernán Cortés y que el emperador afianzara su control sobre la Nueva España. La desconfianza que la corona española tenía con respecto al conquistador de México iba cada día en aumento.[19] Por eso, Donald E. Chipman tiene razón al afirmar que "el nombramiento real de Guzmán como gobernador de Pánuco, expedido en Toledo el 4 de noviembre de 1525, fue parte de un plan mayor de la Corona que afectaría la administración de Nueva España".[20] En efecto, de manera paralela, o deberíamos decir coordinada, se emitió el nombramiento del licenciado Luis Ponce de León como juez de residencia de Hernán Cortés. Tanto el nombramiento de Guzmán como el de Ponce de León fueron emitidos el mismo día, 4 de noviembre, con mandatos idénticos y con referencias el uno al otro. Ambos debían apoyarse y respaldarse tanto políticamente como militarmente. "Es evidente que Guzmán y Ponce de León -explicó Chipman- iban a respaldar juntos la política real en la Nueva España. En las instrucciones dadas a Ponce de León, se hacía referencia a Guzmán como gobernador de Pánuco, y el juez de la Residencia tenía órdenes expresas para asistir a Guzmán".[21] Sin embargo, el plan maestro se desplomó súbitamente con la muerte de Luis Ponce de León a su llegada a la Nueva España. Nuño de Guzmán conoció la noticia mientras estaba en su escala de viaje en La Española, en julio de 1526. De tal manera que, cuando llegó a Pánuco en 1527 Nuño de Guzmán se encontraba solo, en las márgenes de la Nueva España, en un mundo desconocido que vivía a un ritmo diferente de Europa, lejos de sus protectores políticos y enfermo de tercianas y cuartanas. En una carta Guzmán escribió su sentir a su llegada a Pánuco: "sin gente de quien me pudiese fiar porque todos eran hechuras del marqués y su voluntad".[22]

Sin embargo, quien haya propuesto a Nuño de Guzmán para ocupar el puesto de gobernador de Pánuco, llámese Francisco de los Cobos o cualquier otro, no se equivocó, pues el oriundo de Guadalajara actuó como se esperaba: hizo todo por destruir el poder de Cortés. Al llegar a Santisteban del Puerto, capital de Pánuco, Guzmán encontró que la provincia "estaba alterada con bandos, unos favoreciendo a su parcialidad, la que tienen con el marqués del Valle... y otros favoreciendo la parcialidad de Francisco de Garay, que descubrió la provincia y fue gobernador por su Majestad".[23] En este contexto, desde su llegada, Nuño de Guzmán se apoyó en los segundos, incorporándolos a su propio grupo, y buscó desterrar a los primeros desposeyéndolos de encomiendas, alejándolos de los negocios y marginándolos en el juego político.

El ayuntamiento de México reaccionó contra Guzmán desconociendo su título de gobernador y hasta lanzando contra él alguna escaramuza militar: "pregonada guerra públicamente contra Pánuco y Nuño de Guzmán y con banderas tendidas vinieron sesenta de caballo y cuarenta peones...".[24] Pero Nuño Beltrán de Guzmán no se arredró, por el contrario, se impuso en menos de dos meses y tomó el control casi total de la gobernación. Primero en el plano económico. La actividad comercial que representaba más ganancias era el comercio de personas: la esclavitud. Un negocio manejado y controlado desde México. Los conquistadores asentados en la capital de la Nueva España promovían y realizaban razias en Pánuco con el fin de capturar indígenas y venderlos en México y el Caribe como esclavos. Pero al llegar el gobernador Guzmán puso un alto a su negocio. No para abolir la esclavitud sino para tomar en sus manos dicha actividad con ganancias completas. Organizó entonces sus propias cacerías y cautiverios de indígenas otorgando permisos a hombres de su confianza; estableció un sistema de transportación de esclavos, directo al Caribe, con dueños de bergantines y bateles, y distribuyó las ganancias entre los suyos, dejando a la ciudad de México fuera del negocio de esclavos de Pánuco. Asimismo, hizo una nueva distribución de las encomiendas de la gobernación favoreciendo a los suyos.

Esclavos hechos en la provincia de Pánuco.[25]

Nombre del capitán	Fecha	Número de esclavos
Lope de Mendoza	14-enero-1527	150
Melchor Rodrigo	17-enero-1527	30

Nombre del capitán	Fecha	Número de esclavos
Juan de Cervantes	30-abril-1527	12
Lope de Mendoza	30-julio-1527	70
Juan de Acedo	9-agosto-1527	40
Bernal Reynoso	6-mayo-1528	50
Juan Pérez de Gijón	26-sept-1528	50
Juan de Huerto	16-nov-1528	20
Juan Pérez de Gijón	1-febrero-1529	50
Rodrigo de Bustamante	1-febrero-1529	50
Gregorio de Vega	3-marzo-1529	50
Juan Romero	20-mayo-1529	30
Luis Genovés	7-junio-1529	30
Vicencio Corso	3-julio-1529	20
Rodrigo Herrero	7-julio-1529	25
Melchor Rodríguez	7-julio-1529	20
Pedro Lavado	7-julio-1529	30
Garay	13-sept-1529	15
TOTAL	1527-1529	742

El cuadro anterior muestra el nombre del capitán que comandaba una incursión para hacer esclavos (debidamente autorizado por el gobernador) la fecha y el número de cautivos. Solían ser grupos expedicionarios compuestos por una docena de hombres bien armados, poco más o menos según la peligrosidad de la zona, caían sobre algún pueblo indígena que se negaba a pagar el tributo o que todavía no tenía la calidad de encomienda, encadenaban a quienes lograban atrapar y al final de la operación, probablemente al regresar al puerto, se distribuía el botín entre los que habían participado en la maniobra. Cada participante tenía derecho al menos a un esclavo, los que realizaban la incursión a caballo podían recibir hasta dos, pero el capitán de la correría podía apropiarse hasta de cuatro cautivos, según el acuerdo que hubieran establecido con el gobernador. Esta actividad esclavista también habría de practicarla Nuño de Guzmán, varios años después, en la Nueva Galicia; y en esa gobernación había establecido que el gobernador recibía un esclavo de cada siete que se hicieran sin necesidad de participar en la razia. De esta manera, el capitán de una entrada esclavista debía considerarse afortunado en el ánimo del gobernador. Es decir que, en principio, en la lista de capitanes que presenta el cuadro anterior, no debería haber ninguna persona del bando de Hernán Cortés ni algún enemigo de Nuño de Guzmán.

Tráfico de esclavos entre Pánuco y el Caribe.[26]

Nombre del maestre	Nombre del navío	Fecha del cargamento	Número de esclavos
Cristóbal de ¿Oñate?	Santiago	20-agosto-1527	269
Hernando Zuazo	Santa Cruz	15-nov-1527	200
Juan de Oñate	Santa María	25-enero-1528	201
Nuño de Guzmán	Patax	2-marzo-1528	203
Juan Cordero	San Antón	15-abril-1528	228

Nombre del maestre	Nombre del navío	Fecha del cargamento	Número de esclavos
Cristóbal Lecos (Becos)	Santa María de Gracia	6-mayo-1528	220
Bernabé Vara	San Sebastián	6-mayo-1528	130
Pedro Mingues	Santa Cruz	6-sept-1528	162
Bernabé Vara	San Sebastián	26-sept-1528	140
Juan de Oñate	Jesús María	15-mayo-1529	400
Cristóbal Becos	Santa María de Gracia	3-julio-1529	282
Pedro Calede Moguer	Santiago	3-julio-1529	280
Pedro Sáez de Urrutia	San Cristóbal	8-agosto-1529	149
Rodrigo Durán	Maresta	25-agosto-1529	347
Pedro Batista Timón	San Juan Bautista	6-sept-1529	240
Andrés de Duero	La Bretona	-	-
Juan de Urrutia	Santa María	-	-
Pedro Mingues	Santa Lucía	-	-
Juan Escudero	-	-	-
Alonso Pérez	-	-	-
Madrid	-	-	-
Miguel de Ibarra	-	-	-
Alonso Valiente	-	-	-
TOTAL		1527-1529	3451

Como se puede apreciar por este cuadro anterior, la esclavitud era una actividad de gran magnitud. Entre agosto de 1527 y septiembre de

1529, es decir en el lapso de dos años, hay registro de que se embarcaron alrededor de 3500 esclavos con destino al Caribe. Pero también se tiene noticia de ocho viajes más sin conocer el número de esclavos que fueron transportados. De manera que no sería desproporcionado insinuar que, en realidad, el número de cautivos indígenas de la provincia de Pánuco que se enviaron al Caribe superaron los cinco mil en tiempos de Nuño de Guzmán. A la luz de estos números podemos afirmar que pueblos enteros de Pánuco fueron trasladados a las islas del Caribe para colmar la escasez de personas, pues desde que fueron conquistadas sufrieron una impresionante caída demográfica.[27] Hemos puesto en evidencia la actividad esclavista en Pánuco durante el gobierno de Nuño Beltrán de Guzmán porque durante la conquista de la Nueva Galicia, y después durante su gobierno, habría de ser una de las prácticas más recurrentes para obtener dinero; y porque durante el Juicio de Residencia que se hizo en su contra, la esclavitud fue una de sus actividades investigada y condenada.

Ahora bien, en términos políticos se puede afirmar que el desempeño de Nuño de Guzmán en la provincia de Pánuco fue todo un éxito, pues logró tomar el control total de la gobernación de una manera rápida y efectiva; y sin duda, en España así lo comprendieron. Para conseguirlo, primero, se apoyó en sus parientes y criados. Por ejemplo, a sus deudos Lope de Mendoza, Ramiro de Guzmán y Sancho de Caniego los nombró teniente de gobernador, teniente de alcalde mayor y capitán, respectivamente. Por otro lado, a Juan Pérez Gijón, quien ya vivía en el puerto y que formaba parte del cabildo como alcalde ordinario, Guzmán lo convirtió en su mayordomo para asegurarse su lealtad. Para la distribución de encomiendas siguió la misma pauta: favorecer a sus parientes, aliados y gente a su servicio. No faltó quien lo acusara de ello: "encomendaba indios en esta provincia de Pánuco a parientes y amigos y criados".[28] En efecto, entre los beneficiados se encontraban sus familiares Pedro de Guzmán, Guzmán de Herrera y Ramiro de Guzmán; entre sus criados podemos mencionar a Juan de Acedo, Juan Rodríguez y Francisco de Villegas. Misma manera en la actividad esclavista: los beneficiados, tanto los capitanes como los comerciantes, eran sus parientes, criados y allegados. En síntesis, Nuño Beltrán de Guzmán había logrado rescatar la gobernación de Pánuco de la influencia de Hernán Cortés y su gente.

3. Presidente de la Audiencia

De esta manera, a los ojos del Consejo de Indias, Nuño de Guzmán se había convertido en el hombre de la situación en el Nuevo Mundo. Así que cuando se decidió establecer una Audiencia en la Nueva España, en abril de 1528, Nuño Beltrán de Guzmán fue propuesto para que ocupara la responsabilidad de presidente. No sólo eso, sino que continuó como gobernador de Pánuco. Es decir que se convirtió, en términos políticos, en el hombre más poderoso de la Nueva España. ¿Debemos ver detrás de su nombramiento la influencia política creciente de Francisco de los Cobos? En efecto, Mercurino Gattinara, quien había sido nombrado Gran Canciller por el emperador desde 1518, fue destituido del cargo en 1528 y le fueron encomendadas otras tareas más bien de índole diplomática, lejos de España. Entonces, Francisco de los Cobos se convirtió en el hombre de mayor confianza de Carlos V nombrándole en 1529, como ya se ha dicho, secretario del Consejo de Estado, desde donde manejaba toda la política imperial dentro y fuera del reino. El embajador de Venecia describió claramente esta situación refiriéndose a Francisco de los Cobos: "cuando se encuentra con el emperador todo pasa por sus manos y cuando aquél está ausente, él es el que dirige todos los asuntos de importancia a través del Consejo y por su propio juicio". Así que el nombramiento de Nuño de Guzmán como presidente de la Real Audiencia con sede en México debió estar aprobado, si no es que motivado, por Francisco de los Cobos.

Algunos miembros de la Audiencia arribaron al puerto de Veracruz el 13 de noviembre de 1528, desde donde enviaron una carta a Pánuco, dirigida a Nuño Beltrán de Guzmán, en la que le notificaban que había sido nombrado presidente de la nueva Audiencia.[29] En diciembre de ese mismo año Guzmán ya se encontraba en México, donde recibió una bienvenida con honores.[30]

El primero de enero de 1529 sesionó por primera vez la Real Audiencia bajo la presidencia de Nuño Beltrán de Guzmán y dio inicio formal a sus trabajos de justicia.[31] En este rubro, parece que la principal tarea que concibió el presidente fue la de atacar a Hernán Cortés y a su gente, tal y como había hecho en Pánuco, sin tregua ni descanso. Los procesos judiciales contra el conquistador de México se multiplicaron en poco tiempo, incluso ante su ausencia, de manera paralela a su juicio de residencia, que según el parecer de López de Gómara fue un proceso alevoso, cruel y ventajoso: "hizo una terrible residencia y condenación contra Cortés; y como estaba ausente metíale la lanza hasta el regatón".[32] Sobre los juicios abiertos contra sus partidarios, un allegado de Cortés los describió como una cacería de brujas: "andamos todos sus criados tan asombrados, las cárceles y monasterios llenos de ellos, que no osamos aparecer delante de nadie, ni somos osados a responder a ninguno a cuantas vergüenzas dicen, que anda tan público y tan ordinario este nombre de traidor y tirano". Hasta el obispo de México, Juan de Zumárraga, dejó su testimonio sobre esta situación: "sobrevino tanto silencio en los negocios de don Hernando, y tantas causas y acusaciones contra él, que no había letrado que lo osase ayudar".[33]

Al mismo tiempo, Nuño de Guzmán trató de establecer un sistema político parecido al que había utilizado en Pánuco en el que favoreció a sus allegados, incorporó a nuevos actores de otros bandos, incluso a ex partidarios de Cortés, y marginó, pero también atacó abiertamente, a sus enemigos. Así, incorporó a su grupo al veedor Pedro Almíndez Chirinos, al alcalde ordinario Francisco Verdugo, a García del Pilar, naguatlato, a quien hizo intérprete de la Audiencia. Acogió a algunos recién llegados de Europa como a Álvaro de Bracamonte y a Luis Salido quien traía en mano una carta de recomendación real para que se le diera una encomienda. Sin embargo, tuvo que dividir sus fuerzas de confianza porque a algunos de sus más leales debió dejarlos en la gobernación de Pánuco, como a Lope de Mendoza, Ramiro de Guzmán, Juan Cervantes, Gijón, etc. Ahora bien, aunque favorecer a los suyos era una maniobra utilizada por todos en el juego político, y parecía un buen movimiento, en cuanto a la estrategia de persecución contra Hernán Cortés y su gente, Guzmán se equivocaba. Porque México no era Santisteban del Puerto ni la Nueva España era Pánuco. La negociación, más que el enfrentamiento, se necesitaba.[34] Porque el mundo al que llegaba Nuño de Guzmán como presidente era tan grande y complejo como el de España misma, al menos. Tan sólo en términos demográficos se ha calculado que la ciudad de México tendría en ese momento una población ampliamente superior a los cien mil habitantes, es decir que estaba entre las ciudades más grandes del mundo.[35] Pero toda la Nueva España albergaba todavía más de 10 millones de personas.[36] La población de España, en contraste, considerando que tuvo un ascenso sostenido durante todo el siglo XVI, se estima para mediados de dicho siglo en 360 mil almas para Cataluña; 320 mil para Valencia; igual cifra para Aragón. La región más poblada era Castilla que, en 1530, tenía 3'856,199 habitantes, según algunos cálculos.[37] Podemos decir lo mismo de la complejidad política y económica. En cuanto al primer rubro, a diferencia de Pánuco, en México había hombres letrados con vínculos importantes en Sevilla, Madrid o Toledo, que podían hacer llegar quejas hasta el Consejo de Indias; y sobre el plano económico, en la Nueva España el dinamismo no se reducía al simple tráfico de esclavos, sino que había grandes intereses en la minería, en la agricultura, en las artesanías, en la ganadería y en el comercio.

A lo largo del año 1529 sucedieron dos cosas en Europa que debilitaron la posición de Nuño Beltrán de Guzmán en la Nueva España de manera súbita. En primer lugar, como consecuencia de la cacería de brujas que estaba realizando desde el máximo tribunal de justicia en México, llegaron a la corte española un sinnúmero de quejas contra el presidente Guzmán. A la luz de esta realidad Francisco López de Gómara pudo escribir: "en breve tiempo tuvo el emperador más quejas de Nuño de Guzmán y sus oidores que de todos los pasados".[38] Eran acusados de abuso de poder, parcialidad, cohecho, tráfico de esclavos y hasta de libertinaje.[39] En segundo término, sucedió que el emperador Carlos V reclamó la presencia diaria a su lado del que consideraba su más importante consejero: Francisco de los Cobos, quien desde entonces debió acompañar al emperador en todos sus viajes tanto al interior como al exterior de las fronteras imperiales. Es cierto que para él y para su carrera política significaba un gesto de la más alta importancia, pero los asuntos relativos a la política del Nuevo Mundo para Francisco de los Cobos se convirtieron en temas de tercer o cuarto orden. Nunca más pondría atención de cerca a estos asuntos. En 1535, por ejemplo, acompañó al emperador a Túnez en medio de una guerra que cada vez consumía más recursos. Por cierto, conseguir recursos para la guerra sí entraba entre sus primeras preocupaciones... De esta manera, Nuño Beltrán de Guzmán perdió uno de sus sostenes más importantes en el palacio imperial. De tal suerte que cuando la corona tuvo que reaccionar ante las innombrables quejas contra Nuño de Guzmán y los oidores de México, se tomó la decisión de actuar con rapidez y sin miramientos con respecto a la Primera Audiencia para evitar que un problema se convirtiera en una crisis de gobernabilidad: entonces, todos sus miembros fueron sacrificados y se nombró a un nuevo cuerpo colegiado para la Audiencia de México.[40]

4. Conquistador de los teúles-chichimecas

Algunos historiadores han asegurado que la conquista de la Nueva Galicia fue concebida por Nuño de Guzmán al enterarse que llegaría a México un nuevo colegiado de oidores a juzgarle a él y a los integrantes de la primera audiencia, y en ello siguen la versión de Bernal Díaz del Castillo;[41] de tal suerte que la conquista del norte habría sido una estrategia para huir del juicio, protegerse de los jueces y conseguir riquezas.[42] Esta apreciación parece errónea porque Beltrán de Guzmán comenzó los preparativos de su expedición con al menos cinco meses de anticipación, es decir, cinco meses antes de que se emitiera el nombramiento de la nueva audiencia. En efecto, en julio de 1529 ya se sabía la noticia de la expedición: "el presidente entiende ahora a muy gran prisa en aderezarse para ir a pacificar los teúles-chichimecas", escribió Francisco de Terrazas en ese mes. Porque, en efecto, no era un secreto, pues ya se habían gritado los pregones para que los encomenderos se enlistaran en la expedición. También ya se había notificado a los pueblos indígenas que se prepararan para participar en la guerra. Terrazas aseguró que Guzmán había enrolado a "más de quince mil indios". Además, se había puesto como fecha de partida de la expedición el mes de octubre, pasadas las lluvias. Finalmente, el alarde se hizo hasta el 21 de diciembre de 1529 en la plaza principal de México y al día siguiente tomaron la ruta.[43]

Los expedicionarios se detuvieron por primera vez, durante varios días, en Michoacán. Era un grupo numeroso de unos 300 europeos, la mitad a caballo, y unos ocho mil soldados indígenas, armados como cada uno podía. Nuño Beltrán de Guzmán había logrado convencer a muchos por las buenas y por las malas también, según observaron Bernal Díaz del Castillo y otros más, a participar en su campaña.[44] En Michoacán oyó rumores de que entre los indígenas se estaba formando un complot para atacar a los españoles y que los de Michoacán habían sido los de la iniciativa. Entonces Guzmán levantó un proceso con interrogatorios para descubrir la verdad y encontró que el señor de Michoacán era culpable, de manera que lo condenó a muerte y lo ejecutó.[45] Se han dicho otras cosas de este episodio. Todas ellas condenando a Nuño Beltrán de Guzmán por haber ordenado al caltzontzin traer oro, bastimento y unos ocho mil soldados para engrosar la expedición; pero sobre todo por torturarlo para obtener mayor cantidad de riquezas y, finalmente, por ejecutarlo.[46] Lo cierto es que Nuño de Guzmán comenzó su vida de conquistador con un acto de violencia que causó sorpresas entre algunos conquistadores, que hizo correr mucha tinta entre ciertos cronistas y que dejó en él la marca indeleble, para la posteridad, de ser un personaje violento en extremo.[47]

Esa sería la marca de esta campaña: una violencia que no se manifestó en grandes batallas, es cierto, pues ningún pueblo sería capaz de levantar milicias para defenderse de un ejército de más de diez mil soldados. La violencia de esta expedición se manifestó en tres rasgos principalmente: el incendio de los pueblos, la decapitación social y la esclavitud. La decapitación social fue practicada desde Michoacán, al matar al cacique para poner en su lugar a un gobernante títere. A lo largo de su campaña también lo hizo en Ahuacatlán, en Tepic, en Sentispac. Tomaba preso al cacique y lo llevaba consigo en esa condición. De esta forma las sociedades indígenas quedaban decapitadas socialmente, pero también en términos religiosos y políticos pues los caciques a menudo eran líderes en todos los rubros de la vida de la comunidad. Otro rasgo doloroso fue la esclavitud, que veremos más adelante. Ambos tipos de violencia provocaron en las sociedades indígenas un desconcierto colectivo y una súbita falta de dirección; hay historiadores que han dicho que la Conquista sumió a los indígenas en un sentimiento de desposesión del mundo...[48]. Después de Michoacán siguieron al norte, cruzaron el río Grande de Santiago y ahí Nuño de Guzmán dio por iniciada su campaña.

***

A partir de este momento voy a seguir en este relato de conquista la versión que otorgó el propio Nuño de Guzmán en algunas de sus cartas al emperador.[49] Esta decisión la he tomado voluntaria y conscientemente, a sabiendas de los riesgos que representa en términos de subjetividad. Pero, si perdemos en objetividad hemos de ganar en otros terrenos, sobre todo en el que respecta al pensamiento de Nuño Beltrán de Guzmán. ¿Cómo vivió y concibió él mismo la conquista? ¿Cuáles fueron las motivaciones y propósitos que él mismo mencionó? ¿Cuáles fueron los retos que debió enfrentar en esta etapa de su vida? Al fin y al cabo, este apartado tiene el propósito de descubrir la biografía suya. Tomaremos como base, entonces, una carta que dirigió al emperador el 8 de julio de 1530, firmada en Omitlán, que él señala ser parte de la provincia de Michoacán de la Mayor España; y un texto en donde relata sus servicios durante toda su estancia en el Nuevo Mundo, que escribió varios años más tarde, tal vez al enterarse de su traslado a España después de pasar por la prisión de México y que quizá terminó de escribir ya que se encontraba en Europa hacia 1539 o 1540. Es un texto que no tiene fecha ni lugar de expedición, solamente su firma.[50] Tenemos, por un lado, entonces, un texto escrito al calor de la conquista, sin que la campaña todavía hubiera concluido, y otro en el que ya ha abandonado para siempre la Nueva España, sin ánimo de regresar. En el primer escrito se plasma su deseo de fundar un reino mayor que el de la Nueva España, al que pretendía bautizar precisamente con el nombre de la Mayor España, como se advierte al firmarlo, y al que pretendía incorporar toda la región michoacana. En el segundo texto, por el contrario, todo ha terminado y encontramos a un Nuño de Guzmán en un estado de depresión evidente que le hace escribir en su párrafo final que después de su experiencia en el Nuevo Mundo: "más valiera no ser nacido ni vivir…".[51]

Nuño Beltrán de Guzmán consideró, pues, como parte de su conquista la provincia de Michoacán. Al menos de eso trató de convencer al emperador en su carta de servicios: que dicha comarca vivía en un estado de inestabilidad e inseguridad hasta antes de que él pasara por ahí. Que había dos razones: la resistencia del cacique del lugar y que la provincia se encontraba en una zona de frontera hacia el norte donde sólo había gente belicosa que constantemente realizaba incursiones violentas contra los pueblos michoacanos. "El caltzontzin -explicó- señor de Michoacán, hacía muchos insultos y muertes de cristianos y tenía toda su tierra tiranizada y tomados todos los señores de ella y puesto de su mano otros; sin poder, cristiano ninguno, servirse de sus indios..."; por eso, y porque faltaba conquistar todo el norte y las tierras de la Mar del Sur, Guzmán preparó una expedición con varios objetivos a la vez: castigar al cacique de Michoacán, pacificar el norte, tierra de chichimecas, y establecer un nuevo reino para su Majestad. Una vez en Michoacán, escribió Guzmán que le habían hecho llegar "información que el caltzontzin hacía gente para poner en ciertos lugares por donde yo había de pasar... y probado y confesado que había muerto en veces y en muchas partes más de ochenta cristianos y desollado cuatro... y que toda la tierra tenía tiranizada y usurpada y no servía a cristiano ninguno y otros graves delitos, se hizo justicia de él, y luego toda la tierra sirvió". Como consecuencia de esta ejecución, explicó Guzmán que los indígenas comenzaron a entregar sus tributos, los gobernantes legítimos volvieron a regir la tierra, los religiosos pudieron hacer sus tareas de evangelización y a construir monasterios, se descubrieron minas de oro y plata; y, en resumen: "toda la tierra sirvió". De esta manera, concluyó Nuño de Guzmán que: "yo gané la provincia de Michoacán y la di a su Majestad, por la justicia que se hizo del caltzontzin".[52]

El cacique de Michoacán no fue ejecutado en Tzintzuntzan. Fue tomado preso por Nuño Beltrán de Guzmán y llevado al norte en esa condición hasta el río Grande de Santiago. Ahí el cuerpo expedicionario hizo un alto. Hubo tiempo de bautizar el río con el nombre de Nuestra Señora de Purificación de Santa María, porque era su día según el santoral. Puso tres grandes cruces ahí mismo, que llevaba ya labradas y hechas, "por ser la primera tierra de enemigos". La ceremonia de instalación de las cruces se hizo en el marco de una misa solemne en la que hubo primero una procesión con música de trompetas y las cruces eran llevadas en los hombros de los capitanes. Una se plantó sobre el río, otra en un templo dedicado a Santa María de la Purificación que en ese momento comenzó a construirse, y la tercera, finalmente, en el camino que habría de emprenderse. Permanecieron algunos días más en ese sitio hasta que se terminó de construir la iglesia cercándose de muro con una amplitud tal que en ella podían aposentarse entre 15 y 20 de caballo. Al terminar de edificarla se consagró con una misa que dio paso a la lectura de las ordenanzas que debía guardar el ejército a lo largo de la campaña. El 7 de febrero se tomó posesión de la tierra, en nombre de su Majestad, y el 14 del mismo mes se leyó el requerimiento acostumbrado para los indígenas. Antes de partir, sin embargo, envió a un par de capitanes de avanzada para determinar la ruta de la exploración.[53] Fue en este momento cuando el caltzontzin fue puesto en la hoguera hasta que se convirtió en cenizas que fueron esparcidas en el río para que no quedara rastro de su cuerpo. Al notificarlo, Nuño de Guzmán fue sucinto: "yo le sentencié a quemar como por el proceso que de ello se hizo se podrá ver".[54]

***

Al día siguiente partió la expedición hacia el norte, pero sin perder la ubicación del curso del río. Avanzaron durante seis días sin encontrar población que llamara su atención, dejando en cada sitio en el que pernoctaban una cruz. Al contar el séptimo día entraron en la provincia de Cuitzeo que, según el parecer de Nuño Beltrán de Guzmán, era "de buenas poblaciones y abundante de comida, de que comenzaba a haber harta necesidad". Agregó que un día antes había llegado al lugar Pedro Almíndez Chirinos, veedor en México y su lugarteniente de capitán general, con una avanzada para leer el requerimiento a los pobladores, quienes, lejos de someterse huyeron a la sierra y dejaron el pueblo vacío. Beltrán de Guzmán envió mensajeros a los fugitivos para invitarlos a regresar a sus casas, que lo único que les pediría, a cambio de la paz, sería "servir y dar obediencia, que no quería otra cosa de ellos". Pero su respuesta fue que estaban dispuestos a enfrentarse en batalla al día siguiente, que para eso tenían arcos y flechas.

El domingo 21 de febrero de 1530 por la mañana, entonces, Nuño Beltrán de Guzmán se preparó para la guerra. Ordenó tres escuadrones de españoles y de indígenas novohispanos y emprendió la marcha hasta el sitio donde lo habían citado los enemigos para la batalla, que era junto a un arroyo grande. Pero en el sitio no había nadie. La razón, según Guzmán, fue que al verlo tan preparado como iba para el combate, con soldados abundantes y bien ordenados, los adversarios habrían decidido evitar la batalla. En esta situación, envió al capitán Chirinos hacia una banda y al capitán Cristóbal de Oñate hacia la otra, para barrer la zona y encontrarlos, mientras Beltrán de Guzmán cuidaba la retaguardia de ambos. El primero no encontró más que poblados vacíos de hombres, con sólo mujeres y niños. El segundo dio con un pelotón de unos cien soldados con arcos y flechas que le hicieron frente: el resultado de la batalla fue de dos caballos y tres hombres heridos para el campo español, "aunque no fue cosa peligrosa", apuntó Guzmán, pero en cambio los contrarios tuvieron bastantes muertos. Después de la batalla hicieron unos 500 prisioneros, según sus cálculos, entre los que había muchos niños y mujeres. Nuño Beltrán de Guzmán explicó que los había tomado para protegerlos de sus soldados indígenas del altiplano mexicano: "porque los indios amigos no los sacrificasen como lo hacen", apuntó. Sin embargo, el cacique no pudo ser encontrado ni se supo de él sino hasta el jueves, cuando tuvo informes de que se había retirado a las tierras de Tototlán y de Zapotlanejo, "que es de otra lengua y señorío", donde se estaba reforzando para atacarlo con mayor suerte. Con esta información Guzmán decidió ir a buscarlo rápidamente, y dejó en el real un contingente al mando de Francisco Verdugo para cuidar el fardaje y la retaguardia. En el camino, al superar unas sierras, los de la vanguardia encontraron enemigos, probablemente espías o soldados rezagados pues Nuño de Guzmán dijo que era "mucha gente de guerra en la ladera", contra quienes los indígenas del campo español realizaron una persecución matando a algunos. El grueso del contingente al mando del capitán general, sin embargo, no encontró resistencia: "nunca topé con ellos", escribió.[55]

La expedición española continuó su marcha sin un plan definido, pues más bien parecían ir en busca de los que iban huyendo. Nuño de Guzmán creyó estar tras su rastro certero cuando en un paraje adelante encontró "harta gente muerta y sacrificada de la provincia pasada que ahí se habían retirado, y muchos hornos de carne de ellos que acostumbran comer". De manera constante aparece en el texto de Guzmán su miedo y repudio al canibalismo que él ve presente por todas partes, como si fuera un fantasma que lo persigue sin cesar. Supuso, pues, Nuño de Guzmán, que los hombres que iban huyendo de ellos se habían topado con enemigos de una provincia diferente, que se habían enfrentado en combate abierto y que al haber sido derrotados los habían sacrificado en ceremonias y rituales religiosos para después comérselos. Los hornos de carne que tenía ante sí eran la evidencia. De igual manera estaba convencido de que ahora se encontraba en una provincia distinta a la de Michoacán porque las pocas personas que pudieron ser atrapadas, tanto hombres como mujeres, hablaban un idioma que "ninguno entendía". Es decir que ninguno de los intérpretes que venían en su expedición, de lengua nahua o purépecha, ni siquiera los soldados de las diferentes naciones del altiplano mexicano, lograban entender lo que decían las personas de la zona de Atotonilco, Tototlán, Acatic y Zapotlanejo donde debía de encontrarse en ese momento preciso de su narración.

Esa región fue la que exploró en los días siguientes. De manera que dispuso el real principal donde pudiera proteger el fardo, la artillería pesada, el ganado vivo que llevaba como alimento, sobre todo cerdos, las petacas con drogas y medicina, los prisioneros, las mujeres y los niños, y organizó entradas de reconocimiento en varias direcciones que le llevaron algunos días. Hacia un lado mandó a Chirinos, hacia otro a Oñate, y él mismo partió en una dirección distinta. Descubrió que era una geografía muy accidentada, llena de barrancas tan profundas que parecía que llegaban "a los abismos", y sierras que tenían pendientes "de casi una legua, la más agra que yo había visto", pero también amplios valles donde estaban asentadas algunas poblaciones nutridas con abundancia de maíz y de guajolotes. Guzmán se veía en la imposibilidad de llamar por su nombre a los pueblos porque los encontraba abandonados y la comunicación con la gente que lograba tomar era casi imposible. "Torné al primer lugar de aquel valle -escribió en ese sentido- cuyo nombre hasta ahora no sé por no poderse entender la lengua y estar los indios huidos y no poder haber ninguna lengua de la tierra, y allí senté real". El capitán Oñate no encontró ni un alma en su recorrido, pero en cambio el capitán Chirinos debió medirse en una batalla que libró al lado de una barranca contra unos 300 hombres armados de arcos y flechas que un día antes habían desbaratado y matado a una compañía de unos 500 indígenas que venían en la expedición española. Habían logrado tomarles a un negro que también venía con ellos. En el enfrentamiento que tuvieron con la compañía del capitán Chirinos lograron matar de un flechazo a un caballo, pero de ellos quedaron muertos un centenar, el resto logró huir por la barranca y protegerse en ella. El maestre de campo, Antonio de Villarroel, logró encontrar un paso para ir del otro lado de la barranca, más o menos a la altura de Acatic, y después de medir fuerzas con algunos enemigos logró salir victorioso, aunque herido de una mano, y descubrir un buen poblado de esa banda.

Los días siguientes Guzmán insistió en ir a buscar a los que habían huido a la barranca para ocultarse. Por un lado, mandó al capitán Chirinos, por el otro a Cristóbal de Barrios con una capitanía de infantería. Más que jinetes, la exploración de la barranca requería peones. Pero éstos nada hallaron y sin embargo aquéllos, los que iban a caballo, tuvieron un enfrentamiento con enemigos, quienes lamentaron un centenar de bajas, mientras que los españoles sólo se dolieron de las heridas de dos caballos y del maestre de campo que recibió un flechazo en la pierna.[56]

Al cabo de todas esas correrías, Nuño Beltrán de Guzmán pudo al fin entrevistarse con el cacique del lugar: "trabajé de hacer venir al cacique, como vino con toda su gente y principales: yo le recibí bien e hice un habla". No sabemos si era el hombre que él buscaba o algún otro. No sabemos si estaba consciente de que se encontraba en un territorio donde no había un poder regional en manos de un solo hombre. Lo importante era que Guzmán, en su epístola, trató de convencer al emperador, seguramente imitando las cartas de Cortés, de que sus acciones también eran grandes hazañas que estaban incorporando territorios importantes a la corona castellana. Primero describió la comarca: "tienen todas estas provincias ya dichas mucho maíz y frijoles, calabazas, gallinas, papagayos y palmitos; es tierra donde se hace y cría mucho algodón y de mucha gente; créese, según la disposición y comarca de estas provincias que es tierra de oro y plata porque en algunos naturales se halló". Después, narró su encuentro con el cacique y sus principales, que más que diálogo parecía un monólogo en el que Nuño Beltrán de Guzmán los pontificó sobre la existencia de un solo Dios verdadero, de un Papa católico, de un rey universal que era el de Castilla, "ministro de Dios en la tierra y señor de todas estas partes cuyos vasallos eran". También les anunció que debían obediencia al rey en la persona del capitán general que era él mismo, y que debían servir con tributos. También les conminó a abandonar sus sacrificios humanos y a sus antiguos dioses por el Dios de los cristianos. El cacique contestó que hasta ese momento no sabía nada de lo que le decía Nuño de Guzmán, que nadie se los había dicho, pero que ahora se alegraba de saberlo "y que así lo haría y que al rey de Castilla de allí adelante tendría por dios y lo adoraría". Entonces el capitán general replicó: "no lo has de hacer así porque el rey de Castilla es hombre como uno de nosotros y mortal, mas es superior y señor de todos nosotros, dado por Dios para que nos rija y gobierne y nosotros le sirvamos y obedezcamos; y a Dios que creó los cielos y la tierra y todas las cosas que se ven, es sólo él que ha de ser adorado, temido y servido sobre todas las cosas...", etcétera. Así pensó Nuño Beltrán de Guzmán haber cumplido su tarea con Dios y con el emperador. Enseguida entregó los cautivos al cacique y les exhortó que regresaran a sus pueblos, que los poblaran nuevamente y en una ceremonia protocolaria clavó una cruz en la tierra y tomó posesión de aquella comarca en nombre del rey.[57]

***

Enseguida Nuño Beltrán de Guzmán puso sus ojos en Cuitzeo, otra provincia distinta e independiente según lo había comprendido, "que está a la otra parte de un río grande que sale de una laguna". En efecto, se trataba del lago de Chapala. Como le dijeron que había gente de guerra en esa dirección, ordenó sus compañías para el combate y mandó por delante, como clareadores, a cuatro de sus mejores jinetes, y a otros dos los despegó del contingente para que espiaran el terreno pegado al río grande que salía del lago. Pronto regresaron los jinetes de la vanguardia, uno de ellos herido en una pierna por una flecha, para informar que había gente de guerra esperándolos en un pueblo más adelante. Habían logrado tomar preso a un intérprete que llevaron ante el capitán general. Después de interrogarlo, Guzmán tomó la determinación de ir con los de a caballo, a galope, por la parte de atrás y de esa manera cerrarlos en una pinza. Aunque la llegada de los jinetes por la retaguardia desconcertó a los enemigos, les hicieron frente lanzando flechas desde sus casas. Eran como 400 hombres armados, según cálculos de Nuño de Guzmán. Algunos huyeron al río y desde el agua continuaban asaeteándolos, ciertos jinetes se lanzaron contra ellos pero el capitán general detuvo la persecución con caballos en el interior del cauce por el riesgo que representaba. Sólo dio la orden de proteger al alcalde de atarazanas que tuvo que salir a nado y mandó que se aprestara la artillería: "hice poner la artillería y escopeteros y ballesteros".

Los indígenas huyeron al pueblo que estaba instalado al otro lado del río grande, que era la cabecera de la provincia. Entonces, Nuño de Guzmán dio la orden de construir balsas para cruzar el gran caudal de agua y al mismo tiempo envió a algunos jinetes río abajo a buscar un punto por donde pudiera vadearse. En eso, cruzó las aguas un mensajero naguatlato del campo contrario y se presentó ante Nuño Beltrán de Guzmán para preguntarle la razón de su venida, que si buscaban comida el cacique la enviaría de inmediato. Por su parte, Guzmán le mandó decir "que veníamos a tenerlos por amigos y a tomar la posesión de aquella tierra que era del rey de Castilla; y que quería pasar a saber qué cosa era lo de aquella parte y a castigar a los que me habían salido a flechar". El emisario contestó que no pasara ese día para tener tiempo de prepar la comida para todos, pero Guzmán respondió que pasaría inmediatamente. Entonces el mensajero solicitó permiso para retirarse a llevar la noticia, y así se lo permitieron. Una vez construidas algunas balsas cruzaron el río 20 jinetes con el capitán Chirinos y 50 peones. Al llegar al poblado los recibieron bien y los alimentaron correctamente. Sin embargo, decidieron poner el asiento militar a una distancia conveniente del poblado, por precaución. Paralelamente, Nuño de Guzmán tuvo noticias de que a unas tres leguas río abajo había un vado. Entonces ordenó, de manera discreta, que todo el cuerpo expedicionario se encontrara en ese punto, tanto los que habían pasado el río con el capitán Chirinos como el resto que había quedado en la otra orilla.[58]

Antes de llegar al vado, Nuño de Guzmán tomó la precaución de enviar por delante al maestre de campo y al capitán Oñate, quienes encontraron que el sitio era, en efecto, vadeable, aunque un mal paso. Alcanzaron a darse cuenta de que al otro lado del río había unos 200 hombres listos con arcos y flechas, pero que les permitieron pasar, haciendo honor a su palabra, sin disparar. Una vez del otro lado, se encontraron con el capitán Chirinos, quien había tomado preso al naguatlato del pueblo que dejó atrás, y también a otros rehenes tanto mujeres como hombres.

Muchos de los hombres de aquel lugar que estaban armados se echaron al río y a nado llegaron a una isleta donde pensaban estar seguros, pero Nuño de Guzmán ordenó al capitán Chirinos que con su compañía de jinetes los desbaratara apoyado por la capitanía de infantería de Diego Vázquez, que eran ballesteros. Así sucedió, aunque el agua llegaba a las monturas de los caballos y que los enemigos resistían fortalecidos en la isla con flechas y macanas, al cabo de dos horas que duró el enfrentamiento, los españoles tomaron la isla matando a muchos y haciendo huir a nado a los restantes. Los que lograron salvarse y alcanzar la otra orilla del río también encontraron muchos la muerte a manos de la compañía del capitán Verdugo, a quien Nuño de Guzmán había ordenado no cruzar el vado para proteger la retaguardia. Al final de la jornada muchos indígenas locales fueron hechos prisioneros, tanto hombres como mujeres y niños, entre ellos un hombre vestido de mujer que causó sorpresa al campo español y que tuvo un triste final. Guzmán narró de la manera siguiente la anécdota: "entre esta gente que en esta isleta se defendió, peleó un hombre en hábito de mujer tan bien y tan animosamente que fue el postrero que se tomó, de que todos estaban admirados ver tanto corazón y esfuerzo en una mujer, porque se pensaba que así lo era por el hábito que tenía, y después de tomado vióse ser hombre y queriendo saber la causa por la que traía hábito de mujer, confesó que desde chiquito lo había acostumbrado y ganaba su vida con los hombres al oficio; por donde mandé que fuese quemado y así lo fue". Posteriormente citó al cacique y principales de la comarca, les entregó a los cautivos, algunas mantas, y los pontificó sobre los temas y en los términos como había hecho en la provincia anterior. Dejó instalado el real en aquel vado y se dirigió a la cabecera de la provincia, llamada Cuitzeo, para tomar posesión en nombre del rey según usanza. Aprovechó para decirles que ahora se encontraban libres con respecto del cacique de Michoacán, quien "de ellos se servía", escribió. Permaneció ahí algunos días durante los cuales envió destacamentos montados de reconocimiento hacia los cuatro puntos cardinales, destruyó los templos y adoratorios indígenas "que eran muchos", y plantó una enorme cruz en un cerro muy alto. Finalmente, instruyó a los principales de la comarca que sembraran mucho maíz y algodón como tenían costumbre hacer.[59]

***

El siguiente objetivo fue Tonalá, y dejaron que el río grande guiara sus pasos hasta dicha comarca. Nuño Beltrán de Guzmán pidió al capitán Chirinos que marchara por una ribera mientras que él lo hacía por la otra, para evitar ser sorprendidos por la gente de guerra durante el camino. En las cercanías de Tonalá decidió instalar el fuerte en la falda de un monte, cerca del río. Hasta ahí llegaron mensajeros de la señora de Tonalá, su gobernante. Por ellos decía que los españoles serían bien recibidos, que desde que tuvo noticias de su presencia se prepararon para acogerlos en paz y regalarlos con comida, a pesar de la hostilidad de la gente asentada al otro lado del río, quienes habían propuesto unirse para combatir al invasor. Ella, en cambio, había optado por esperar en paz a los españoles. Beltrán de Guzmán le contestó que había tomado la decisión correcta y que a los que pretendían resistir los castigaría sin dilación.

En efecto, al día siguiente puso en marcha la columna expedicionaria con una vanguardia de jinetes veloces encabezada por el maestre de campo. Antes de Tonalá, Nuño de Guzmán se detuvo en una ladera. Ahí recibió noticias de sus clareadores para informarle que había enemigos guarecidos en un cerro, esperándolos para atacarlos, y también llegaron unos mensajeros de la señora de Tonalá, que le entregaron una disculpa por no haber logrado impedir ese inconveniente, pero que por su parte, ella le tenía preparada ya la comida para recibirlos en Tonalá. Guzmán se adelantó un poco con respecto a su ejército hasta que pudo observar el cerro donde estaban fortalecidos los enemigos. Notó que era un collado pedregoso que se podía subir a caballo. Entonces les envió mensajeros para que se entregaran pacíficamente y le contestaron que ellos no daban gallinas sino flechas. Tornó al real y preparó la estrategia. Tomó a los indígenas novohispanos y dejó encargado del asiento al capitán Barrios. Ordenó tres escuadrones. A Cristóbal de Oñate con su capitanía montada, una de peones españoles y otra de indígenas, le encomendó tomar la falda del cerro por la parte del río. Por la otra ladera envió al capitán Verdugo con otra parte de indígenas novohispanos. Por su parte, Nuño de Guzmán iría por el centro con la artillería y la capitanía de peones que siempre llevaba de guarda personal. Se adelantó un poco, acompañado por el escribano, para leerles el requerimiento a través de sus intérpretes, pues, aseguró que "entre ellos había naguatlatos que entendían la lengua de México". Respondieron con una gritería y Guzmán dio la orden de atacar.

Los indígenas locales se defendían con macanas de piedra, espadas de dos manos de madera, hondas, flechas y rodelas, pero también con lanzas que lograban arrebatar a los españoles. Habían acudido a la batalla con sus plumajes y con el cuerpo pintado, de tal manera que a los españoles les parecía que tenían el aspecto de diablos. Según los cálculos de Nuño de Guzmán eran unos tres mil. La batalla duró toda la mañana pues el capitán general recogió el campo dos horas después del mediodía, cuando volvieron los que habían ido a perseguir hasta dos leguas de distancia a los que huyeron. No hubo bajas de caballos, sólo algunos heridos y desbalagados por el campo que fueron recogidos al finalizar la batalla. Entre los soldados hubo heridos de proyectiles de honda y arco, y de golpes de macanas y palos. El parecer de los españoles fue que habían dado una acometida épica. Los enemigos peleaban con mucha osadía y valentía, como no se había visto en toda la Nueva España.[60]

Dios fue agradecido por la victoria con una ceremonia religiosa, con la construcción de un templo en el mismo cerro donde se habían fortalecido los enemigos, al que dieron la advocación de Victoria de la Cruz donde se colocó una cruz de 60 pies de largo que lograba verse desde una distancia de unas cuatro leguas. Al lado se levantó otra iglesia dedicada a Santa María con otra monumental cruz. Muchos templos y adoratorios indígenas también fueron destruidos. El 25 de marzo de 1530 Nuño Beltrán de Guzmán tomó posesión de toda la provincia con los rituales tradicionales. Expuso que se trataba de una comarca "muy buena, muy poblada y de mucho mantenimiento", ideal para fundar ahí una villa de españoles: "creo que hecho asiento de algún pueblo por estas partes que servirán". Escribió sobre su clima templado y la posible existencia de minas de plata y oro en su comarca. Sus pobladores fabricaban ropa y cultivaban mucho maíz. También asentó que después de la batalla acudieron todos los caciques de la región a jurarle obediencia: "vinieron todos los señores y toda la tierra a servir y dar obediencia y traer mucha comida". Durante los días que permanecieron ahí exploraron la provincia hacia todas las direcciones. Encontraron que la barranca formada por el río grande, en donde se habían refugiado muchos de los enemigos que se habían dado a la fuga, era imposible de pasar por su aspereza.[61]

***

El 26 de marzo de 1530 levantaron el campo y tomaron camino. Tres días más tarde llegaron al sitio por donde permite el paso la barranca y el río, pero debieron bajar primero una áspera cuesta de legua y media, con tanta dificultad que algunos caballos rodaron y las acémilas estuvieron a punto de desbarrancarse. Al fin, antes de cruzar el río, pasaron la noche en un pueblo llamado Ixcatlán, donde les dieron un poco de comer "en señal de obediencia y paz". Al amanecer vadearon el río y remontaron la barranca hasta llegar a Tlacotlán que estaba despoblado con sólo algunas pocas mujeres y niños escondidos. Se trataba de un pueblo grande, con arboledas frutales, aunque con poca agua y de mala calidad. De ahí pasaron a otro poblado llamado Contla que había sido quemado por el capitán Chirinos cuando pasó por primera vez por la otra barranca, formada por un afluente del río grande, días antes de partir hacia Chapala. Estaban, pues, en territorio cazcán y chichimeca, de sociedades seminómadas y austeras.

La columna expedicionaria tomó el rumbo del nordeste y se topó pronto con un pueblo llamado Tolilitla, asentado en lo alto de un peñón casi cortado por todas partes, gobernado por una mujer, donde les dieron de comer. Al momento de su llegada al parecer se encontraban en una ceremonia religiosa: "hallélos en una borrachera", escribió Guzmán, y por esa razón creyó que no le fueron hostiles. Supo que más adelante lo esperaba un nutrido contingente armado para salirle al paso. Envió mensajeros que fueron ejecutados. Entonces envió al maestre de campo con veloces jinetes a explorar la zona y Nuño Beltrán de Guzmán subió una loma al galope para tener una vista completa del horizonte. Desde lo alto pudo ver a los enemigos en retirada hacia una sierra, porque los indígenas novohispanos habían salido con el maestre de campo y habían amagado con atacar y perseguirlos en su retirada. Guzmán así lo explicó: "nuestros amigos, que siempre se adelantan más por probar que por pelear, los iban siguiendo con el favor de los de caballo, porque sin ellos no lo osan hacer". Tomaron a algunos rehenes y visitaron su pueblo. Estaba dispuesto en tres barrios en espacio de una legua y entre unos tunales. A Nuño de Guzmán le pareció que sus casas eran de buena fábrica y que sus campos estaban bien dispuestos para la labranza. Hallaron azadas de cobre de uso para el cultivo, que llamaron la atención del capitán general. El pueblo era Nochistlán, donde pediría fundar un par de años después una villa española. Instaló su real temporalmente y desde ahí mandó al capitán Chirinos, con una compañía de peones, que visitara El Teúl; a los capitanes Verdugo y Barrios los envió a Jalpa; y mientras tanto instruyó a unos mineros que buscaran vetas y venas de metal por el rumbo del río. Los mineros volvieron con una muestra de oro que pesaba tres o cuatro reales, y los capitanes que fueron a Jalpa regresaron dos días después con muchos rehenes, la mayor parte mujeres y niños.[62]

Al día siguiente por la tarde, unos quinientos chichimecas armados bajaron de su pueblo asentado en un peñón para recoger maíz de un sembradío cerca del fortín español. Unos cien de ellos se despegaron para atacar a los indígenas que venían con los españoles en la columna expedicionaria y que estaban instalados a la orilla del real, matando a unos dos o tres. Al oír la refriega, Nuño Beltrán de Guzmán volvió al fortín, con dos o tres hombres que andaban con él, se armó para la batalla y junto con varios jinetes salió a alanzar a los enemigos que huyeron en desbandada; los persiguieron por poco tiempo porque cayó la noche. Ocho o siete de ellos perdieron la vida. Antes de dormir y montar guardias instruyó al capitán Oñate para que al cuarto del alba saliera a buscarlos. Poco después, aún antes del amanecer, también salió Nuño de Guzmán con sus mejores soldados para cubrir las espaldas de su capitán. Recorrieron dos leguas y a la entrada de un monte dieron con unos quinientos o seiscientos chichimecas con quienes se trabaron en combate. Unos 120 o 130 enemigos perdieron la vida en esa batalla, el resto huyó a la sierra o a las barrancas. Los españoles, por su parte, lamentaron la muerte de dos caballos de los cinco que fueron heridos. Las bajas de indígenas novohispanos nunca las contaban. El resto del día los españoles se dieron a la tarea de buscar a los fugitivos como si se tratara de una cacería, recorrieron cañadas y cerros, anduvieron por ríos y escampados, y al final lograron tomar muchos rehenes, entre ellos mujeres y niños. "Después de haber seguido el alcance por muchas partes y haberse tomado harta gente -explicó Guzmán en su carta- me torné a comer a aquel río y desde allí me vine al real habiendo andado y corrido once o doce leguas". Al día siguiente regresó el capitán Chirinos. Contó que en su jornada había encontrado poca resistencia porque la gente había huido a las sierras.[63]

En su carta al emperador, Nuño Beltrán de Guzmán buscaba dar de sí mismo una imagen de hombre pío y religioso. El comienzo de su conquista fue un acto religioso: una procesión con trompetas, una misa, la colocación de tres colosales cruces y la construcción de una capilla. Después de sus correrías por los Altos, entre Acatic, Zapotlanejo y Tototlán aleccionó a los indígenas principales con un sermón de reconversión doctrinal hacia el cristianismo y plantó una cruz enorme antes de partir hacia Chapala, donde destruyó templos y adoratorios indígenas, quemó a un hombre que se prostituía con otros hombres, construyó un templo católico y colocó una cruz grande en la cima de un cerro. En Tonalá actuó de manera similar: destruyó ermitas y templos indígenas para construir en su lugar iglesias cristianas y en el cerro plantar una cruz grandiosa que se podía ver desde una distancia de varias leguas. Nochistlán no fue la excepción. También ahí construyó "una iglesia que en un día se hizo de cañas cubierta de paja, muy bonita, con una cruz delante y sus gradas en medio de buen tamaño". Plantó otras cruces en el peñón contiguo, que desde todas partes se podían ver, donde los pobladores del lugar tenían un adoratorio que destruyó. Y como ya era Domingo de Ramos, decidió permanecer en ese lugar para celebrar con la debida forma la Semana Santa. Mandó hacer un relicario para guardar el Santísimo Sacramento del Jueves Santo al Domingo de Pascua que al verlo quedó muy complacido pues estaba adornado con ricos plumajes. Para las estaciones del *Via Crucis* hizo construir cinco ermitas dotadas de grandes cruces que así permanecieron. Para el Jueves Santo, escribió que "se hizo una devota procesión de disciplinantes en que fueron más de treinta". Finalmente, asentó en su carta al emperador que durante toda su estancia en Nochistlán había recibido emisarios de los pueblos comarcanos con mensajes de paz y de sujeción al rey. De manera particular, los tres enviados de Jalpa le entregaron a Guzmán unos guanines "y un ídolo hecho de mantas y lleno de sangre con un navajón de piedra en medio, con que sacrifican, y pienso que ellos pensaban que nos había a todos de hundir, y no pudo defenderse del fuego que delante de ellos no le quemase, de que quedaron muy espantados". Después de Semana Santa tomó posesión de la provincia y se alejó de ahí el martes de Pascua.[64]

De Nochistlán se dirigieron a El Teúl. En el trayecto Nuño Beltrán de Guzmán pudo apreciar el paisaje: admiró un bonito río por el que pasaron, pero también observó pueblos quemados por el capitán Chirinos durante su incursión primera. Aseguró que los causantes de dichos incendios eran los indígenas novohispanos que venían con ellos, que siempre se adelantaban y quemaban todo sin atender la autoridad de los capitanes. Admiró los peñones, los sembradíos de maíz y los algodonales, las sierras recias que parecían contener metal: "dicen que se saca oro", apuntó. Alguien encontró una sepultura que profanó y entregó al capitán general los brazaletes de plata que ahí recogió. Subieron a unos riscos tan altos como nunca había visto, por malos caminos, "donde rodaron indios y petates y caballos y piedras que llaman galgas, que los descalabraban; subimos una sierra harto áspera a pie". Desde esas alturas el horizonte se abría infinito y se podía ver El Teúl asentado sobre un peñón, que según Beltrán de Guzmán era "el más fuerte que se ha visto, todo de peña tajada al derredor, y muestra ser cosa de mucha grandeza y autoridad porque lo más era de edificios y cus, muy suntuoso, que cada uno de los señores de la provincia debía tener allí para ir a hacer sus sacrificios, y así dicen los naturales que era allí el mayor ídolo de todos y que era de oro y que había sido destruido en otros tiempos por guerra". Sus templos estaban construidos con piedra labrada de 18 palmos, todos dotados de escaleras para subir al altar y con figuras antropomórficas colosales, hechas también de piedra, donde realizaban sus rituales religiosos y sacrificios tal y como hacían los mexicas. Al respecto, Guzmán escribió que los soldados mexicas que venían en su expedición así lo habían asegurado: "dicen los mexicanos que son como ellos las tenían". Las casas eran muy buenas, dotadas de patios. Y las fuentes de agua no faltaban.

El capitán Chirinos argumentó que El Teúl era una población digna de ver y lamentó que sus soldados indígenas la hubieran incendiado. La comarca estaba dotada con buena tierra y un río que la irrigaba. Desde ahí, Nuño de Guzmán mandó al capitán Verdugo a Tlaltenango, pueblo tributario de El Teúl, asentado a seis leguas de distancia hacia el norte. Al menos la mitad del camino, que seguía en muchos momentos el cauce de un río, albergaba asentamientos dispersos. Sin embargo, Tlaltenango estaba despoblado porque al enterarse de la visita de los españoles sus habitantes habían huido a la serranía. El capitán Verdugo encontró algunos puntos de resistencia de hombres que disparaban flechas y que lograron herir a indígenas novohispanos pero que logró desbaratar. Tomó ciertos presos y volvió para informar de todo lo que vio. Nuño Beltrán de

Guzmán decidió, entonces, partir. Pero antes puso una cruz en lo más alto del peñón, se dijo una misa en medio de los antiguos templos y adoratorios indígenas, tomó posesión de la provincia y liberó a los rehenes, que eran sobre todo mujeres y niños.[65]

***

En ese punto Nuño Beltrán de Guzmán dividió el cuerpo expedicionario en dos. Seguramente le pareció que, para las poblaciones que había encontrado hasta ese momento, era suficiente una fuerza disminuida a la mitad; además, divididos en dos grupos podrían abarcar más y explorar el doble del territorio a una velocidad mayor. El capitán Chirinos fue el responsable de la segunda parte del cuerpo expedicionario, reforzado con las compañías de los capitanes Verdugo y Proaño, de caballería y de peones respectivamente. También recibió un buen número de soldados indígenas novohispanos. Tomaron la dirección del noroeste con el objetivo de encontrar ciertas poblaciones importantes según las señas de sus informantes, y después dirigirse hacia el Mar del Sur para salir en Tepic, último punto septentrional del que se tenía noticia hasta ese momento. Por su parte, el contingente de Nuño de Guzmán iría directamente al oeste para tomar el camino ya conocido de Etzatlán a Tepic, comarca que, según su conocimiento, pertenecía a la provincia de Michoacán.

Si el contingente de Guzmán tuvo que hacer 12 jornadas de pésimo camino, a la compañía de

Chirinos le fue peor, pues tuvieron que apearse y avanzar así durante más de diez días por lo escarpado del terreno: "en catorce o quince días que en él tardaron, no anduvieron tres días cabalgando por no ser posible; despeñóseles un caballo y pasaron mucha necesidad de comida porque ningún poblado de los que habían dicho hallaron". Además, perdieron gran parte del ganado que llevaban para alimentarse, que eran cerdos, y hubo dificultad para encontrar cosas qué comer. Por su parte, Nuño de Guzmán también arrostró obstáculos geográficos, pero no tan grandes como los de Chirinos. También se tuvo hambre, pero sí encontraron pueblos donde algo tomaron a la mala, y para pasar la barranca del río grande hubo que descender del caballo, pero sólo durante media jornada. En fin, cuando llegaron cerca de Etzatlán, después de la barranca, se acabaron sus penas porque tuvieron de comer y en esas condiciones pudo esperar tres días para que los alcanzara el fardaje que había quedado rezagado. En ese tiempo Nuño de Guzmán dio instrucciones para poner una cruz en un peñón donde antes había un adoratorio indígena, cerca de un río.

Una vez que se incorporaron los morosos, avanzaron hacia el norte, pasando por pueblos vacíos y de guerra, aunque no se detuvieron a enfrentarlos ni a tomar posesión porque ya era tierra de encomiendas y su objetivo era llegar a Tepic para volver a lanzarse al mundo incógnito. En Ixtlán, sus pobladores salieron a darles una buena recepción y mucha comida; al día siguiente ya estaban en Ahuacatlán y Mexpan, localidades asentadas en un valle muy poblado. Ahí, Guzmán descansó durante cuatro días y aprovechó su estancia para poner una cruz en un cerro. Pasó luego a Tetitlán, acompañado de los caciques de aquellos poblados y siguió su camino por sitios vacíos durante dos jornadas hasta casi llegar a Xalisco. Se detuvo porque su prudencia le hizo enviar primero al maestre de campo a saber el ánimo belicoso de sus habitantes. Al volver informó a Guzmán que, a dos leguas del lugar, en Tepic, ya se encontraba el capitán Chirinos con su gente, por esa razón el capitán general cambió de opinión y en lugar de pasar a Xalisco dio vuelta a Tepic. Era viernes y ese mismo día cada uno narró al otro su periplo.[66]

***

Nuño Beltrán de Guzmán, en su carta al emperador, escribió muchos elogios sobre la provincia de Xalisco. Dijo que era un territorio que estaba "muy bien poblado y labrado, que así lo es toda la tierra, y de las mayores labranzas que se han hallado hasta ahora, y de muchos frutales y de buenas casas". Su apreciación era fruto de su experiencia pues recorrió la comarca en todas direcciones durante las tres semanas que ahí permaneció: cabalgó al oeste hasta el mar, bordeó la costa hasta Matanchén, tomó el norte cuando prosiguió su conquista, y también pudo ver el horizonte hacia los cuatro puntos cardinales desde lo alto del cerro en cuya ladera está asentado el pueblo de Xalisco.

65

Desde ahí se ve el mar y el contorno de su litoral hacia el oeste y el sur; y las lonjas montañosas que protegen el lecho del río grande que, un poco más al norte, desemboca en el mar. El objetivo de su estancia de tres semanas era "rehacer los caballos que de los caminos pasados estaban flacos", y esperar refuerzos de México. Así que, pudo recorrer con calma la región y conocerla plácidamente. Dijo que era "un lugar templado, de muchas fuentes apacibles por donde pasa un buen río, lugar de muchas sementeras y algodonales y de toda comida y frutales". Sobre Matanchén escribió que era un buen puerto: "el mejor que hasta ahora se ha visto", bordeado por una selva espesa, y con abundancia de pescado, ostras, miel y algodón.[67]

Al día siguiente de su llegada a Tepic, luego de su encuentro con el capitán Chirinos, Nuño Beltrán de Guzmán planeó el ataque contra el pueblo de Xalisco. El capitán Chirinos le contó que en los tres días que llevaba en Tepic, sus pobladores no habían querido presentarse ante él, por el contrario, huyeron a la sierra. Nuño de Guzmán decidió, entonces, ir a leerles el requerimiento acostumbrado, pero ningún principal ni habitante de Xalisco bajó de la sierra para oírlo, sólo mandaron decir que habían de sacrificar a todos los españoles, y amenazas de esa naturaleza. Guzmán regresó al real y preparó el asalto contra los xaliscas. Darían el golpe antes del amanecer. Los capitanes Chirinos, Barrios y Proaño irían por una ladera de la sierra, los capitanes Oñate y Vázquez cubrirían la falda contraria del cerro,

Nuño de Guzmán con su compañía personal y una de peones subiría la sierra por el lado del pueblo. Así lo ejecutaron, pero las cosas no salieron como querían. Según Guzmán, alguien dio aviso a los xaliscas quienes sin tardanza habían subido con mujeres e hijos a las sierras.

Sin embargo, desde el amanecer hasta el anochecer de ese día Nuño Beltrán de Guzmán convirtió el asalto a un pueblo en una cacería humana. Se internó en las sierras "porque creía que los toparía -escribió- y así fui aquel día atravesando sierras y valles harto ásperos... fui a dar aquella noche, habiendo caminado más de ocho leguas, a unos poblezuelos a dos leguas de la mar". En efecto, todo el día duró la persecución. Por su parte, la gente que había ido con el capitán Chirinos regresó esa noche al real español con muchos cautivos a quienes no cesaban de maltratar los indígenas novohispanos, según Guzmán: "gente que los amigos hubieron habiéndoles hecho mucho daño por toda la tierra". Los demás capitanes y sus respectivas compañías decidieron encontrarse con el capitán general, pero no lo lograron sino hasta el día siguiente. Entonces, Nuño Beltrán de Guzmán, al ver tal vez que había muchos testigos reunidos, realizó una ceremonia para tomar posesión del Mar del Sur: "por donde yo vine se habían aventurado hasta siete u ocho caballos a subir y los demás no lo pudieron hacer, y llegaron otro día a donde yo estaba y por hallarme tan cerca de la mar acordé de ir allá a tomar la posesión de ella en nombre de vuestra Majestad, como se hizo". De ahí bordearon la costa hasta Matanchén y después regresaron a Tepic.

Mientras tanto, el capitán Barrios había sido enviado al norte a buscar un vado por donde se pudiera pasar el río grande, y encontró a "mucha gente de guerra en guarnición". Al pasar el río por un buen vado fue atacado por muchos. El capitán se defendió, pero al verse superado en número, emprendió la retirada con un caballo herido y algunos cuatro españoles en la misma condición. "Trajo unas cintas de oro y de plata que ellos traen ceñidas por las frentes y cintura y en los brazos, y dicen los que fueron allá que todos las traían". Finalmente, los caciques de Xalisco, pues según Guzmán eran dos, acudieron a jurar obediencia a cambio de paz. Durante su estancia en Tepic, el capitán general hizo varios nombramientos que notificó al emperador: a Cristóbal de Oñate le dio el cargo de contador, a Francisco Verdugo lo hizo tesorero, a Juan de Sámano lo nombró factor, y a Hernando Chirinos le confió el cargo de veedor. Además, antes de retomar su marcha expedicionaria, puso dos cruces en Xalisco, otras dos en Tepic y construyó un albergue para españoles.[68]

***

El viernes antes de Pentecostés del año 1530, Nuño de Guzmán hizo el alarde en Tepic y tomó el camino del norte con todo el cuerpo expedicionario reunido. Antes de llegar al río grande decidió pernoctar en un lugar colindante porque tenía sospechas de que pudieran atacarlos al pasar el amplio lecho hidrológico en una situación de debilidad. Mientras se instalaba el fortín cotidiano para evitar toda sorpresa durante la noche, Guzmán fue a explorar la ribera del cauce de agua en un punto distinto al que había explorado anteriormente el capitán Barrios y pidió a 15 jinetes que le acompañaran. Por el camino vieron a un hombre que llevaba leña para su pueblo, lo apresaron e interrogaron. Así supieron que del otro lado del río, en efecto, los estaban esperando para atacarlos. Avanzaron hacia allá y observaron que en la otra ribera unos hombres de guerra comenzaron a dirigirles gritos retadores para posteriormente ocultarse entre los árboles que disimulaban discretamente un caserío. Beltrán de Guzmán supo de inmediato que era una trampa y así lo narró en su carta al emperador: "me quisieron cebar y hacerme pasar, teniéndonos en poco como lo habían enviado a decir a los indios de Tepic, que fuésemos allá, que éramos unas viejas y que a todos nos comerían...". Dieron media vuelta y fueron a pasar la noche en el real español.

Al día siguiente Nuño de Guzmán dio la orden de levantar el campo antes del alba y que la columna expedicionaria marchara hasta el río, donde debería esperarlo. Por su parte, él también madrugó pero lo primero que hizo fue oír misa y comulgar: era día del Espíritu Santo. Al terminar la celebración litúrgica alcanzó a los que ya lo esperaban en el río. Mandó entrar en el cauce de agua a los capitanes Chirinos, Cristóbal de Oñate, Proaño, Villalba, con sus respectivas compañías, y a todos los soldados indígenas de la expedición. Ordenó que no pasara el fardaje y que lo resguardaran los capitanes de caballería Verdugo y Barrios, y también el capitán Vázquez con su infantería. Enseguida él mismo entró en el río e hizo lo que en su carta informó al emperador: "en medio de él tomé la posesión por vuestra Majestad, poniéndole por nombre el río del Espíritu Santo; y de la conquista, la conquista del Espíritu Santo de la Mayor España, porque sin su lumbre y gracia mal se puede hacer cosa ninguna, por tierras no sabidas y tan extrañas". Hizo los ritos tradicionales de toma de posesión, se pregonaron con trompeta los nombres mencionados y al llegar a la otra ribera acomodó su ejército en formación de batalla: a la izquierda un escuadrón de soldados indígenas como protección para el capitán Chirinos; a la derecha, otra compañía de indígenas resguardando la capitanía de Cristóbal de Oñate; en medio Nuño de Guzmán con los destacamentos de infantería y la artillería. Mandó a seis jinetes como exploradores de vanguardia por el camino que se ocultaba entre la espesura y comenzaron a avanzar en formación militar. Hizo bien en tomar todas estas precauciones porque de manera inesperada y súbita los enemigos saltaron sobre ellos. Nuño de Guzmán, con los efectivos disminuidos porque aún no había tenido tiempo de formar a sus soldados de infantería, abrió el combate; pero su sorpresa fue mayor cuando fue atacado por los costados: "vi otros dos escuadrones a los lados, cada uno que parecía de más gente que la del escuadrón donde yo di, sobre el veedor [Chirinos] el uno, y otro sobre Oñate, que habían salido de unas arboledas a tomarnos las espaldas". Para Nuño Beltrán de Guzmán fue una batalla épica pues los enemigos eran hombres que peleaban "con tanto esfuerzo y denuedo y con tanta destreza como si fueran españoles toda su vida acostumbrados en la guerra, sabiéndose tan bien guardar del caballo o de la lanza como soldados acostumbrados en aquel ejercicio, y pasando luego le tenían puesta la flecha en el caballo o en el caballero". Otro escuadrón enemigo cayó sobre el fardaje que acababa de pasar por el cauce del río, pero la caballería reaccionó a tiempo para dispersarlos y hacerlos huir a nado. Las armas de los enemigos eran arcos y flechas, lanzas y porras, y grandes rodelas de caimán para la defensa; vestían de manta y traían tocados de plumas. Pero Nuño de Guzmán no ocultó su decepción al darse cuenta de que ninguno de ellos traía esas cintas de oro y plata de que le habían hablado. Después de dos horas el combate terminó en persecución: "yo seguí el alcance más de una legua y torné a recoger a mi gente y amigos para dar gracias a Dios de la victoria que el Espíritu Santo había sido servido de nos dar por ser suya la conquista y nombre".[69]

El resultado de esta batalla fue una victoria total para Nuño Beltrán de Guzmán de acuerdo con su parecer, pero había que anunciarla con un poco de falsa humildad: "en verdad la tengo por grande, según lo poco que yo merezco". Así, para dar apariencia de que en realidad se trató de una victoria sin par, pues ni siquiera los grandes generales romanos obtenían victorias sin pérdidas, enunció las bajas y heridas que padecieron en ella. El saldo fue de cincuenta caballos heridos, de los cuales murieron seis, dos de ellos pertenecientes al propio Nuño de Guzmán. Y enseguida enumeró también a los soldados heridos: el capitán Cristóbal de Oñate recibió un flechazo en una cadera, "que le entró bien"; Juan de Villalba, jefe de la guardia personal de Nuño de Guzmán, fue herido en la espalda; el alcalde fue herido en el rostro "de un mal flechazo"; al capitán de artillería le atravesaron el brazo; a un escudero también le pusieron en la cara una flecha y otra en la ingle "pasándole las armas"; a otro español más le atravesaron las manos; y a otro, una pierna con una lanza. Dijo que habían caído en el campo de batalla más de diez soldados indígenas de su ejército, entre ellos un "señor de México", al que hirieron con una flecha en la boca del estómago. "A los demás, concluyó, no nos faltaron flechazos, aunque sin daño".

También expresó su preocupación y miedo que compartía con los demás españoles de que las flechas llevaran en la punta algún tipo de veneno, "se temía de alguna yerba", dijo, que acabara con ellos a la larga. Por eso, después de la batalla dio la orden de asentar el campo en las cercanías de un río para curar a los heridos, "de sus curas se tuvo mucho cuidado", escribió. Y para reforzar el efecto de los medicamentos, al día siguiente se encomendaron a Dios: "se hizo una procesión con un *Te Deum Laudamus*". Después emprendieron nuevamente la marcha hacia el norte. Dos leguas adelante pensaban encontrar resistencia en un pueblo llamado Sila, pero lo encontraron vacío. Al día siguiente caminaron durante toda la jornada y llegaron a un caudaloso río al que Nuño de Guzmán bautizó con el nombre de La Trinidad. Cerca de él se extendía una población indígena llamada Omitlán, que según el capitán general era cabeza de provincia. A su vera asentó su fortín y decidió tomarse unos días antes de continuar su avance.[70]

Era una tierra abundante. Además, el temporal de lluvias ya había comenzado y los días de tormentas siempre dan a la naturaleza una impresión de magnanimidad en la que el ser humano vuelve a adquirir conciencia de su pequeñez, sobre todo si las lluvias con sus relámpagos y truenos son producto de ciclones que azotan la costa. Los expedicionarios, precisamente, estaban muy cerca del litoral: "diez leguas de la mar", calculó Nuño de Guzmán. Tierra abundante también de comida, pues sus habitantes tenían la costumbre de hacer tres cosechas de maíz al año, amén de la variedad y cantidad de árboles frutales y de mariscos que se obtenían del próximo mar. Sin embargo, esta abundancia venía acompañada de un bemol, o de varios: "la tierra es demasiado calurosa —escribió Nuño de Guzmán— y los ríos están llenos de caimanes, que son lagartos de agua, y hay muchos alacranes que son muy ponzoñosos".

A propósito del río y los peligros que representaba su impetuosidad, explicó que ya se habían ahogado en él dos españoles, uno que sucumbió con todo y caballo, y otro que a pie había retado sus corrientes. Los ríos, pues, con sus crecidas eran un peligro que considerar. La abundancia de comida, entonces, fue una de las razones por las que el capitán general decidió permanecer varios días en ese sitio. También porque deseaba dar un descanso a los caballos heridos. Por otro lado, tuvo noticias de que los refuerzos que venían de México no estaban lejos, así que optó por esperarlos. Y en efecto, llegaron: "vinieron los que esperaba", escribió. Beltrán de Guzmán aprovechó su estancia en ese lugar para hacer lo mismo que en el resto de los sitios donde permanecía varios días: plantar cruces y construir capillas. "Aquí se ha hecho una iglesia muy buena", dijo, que dedicó a la advocación del Santo Espíritu. También puso dos cruces, una delante del templo y otra en el río La Trinidad.

Ahí, en Omitlán, Nuño Beltrán de Guzmán decidió terminar la carta que venía escribiendo día con día, o semana a semana, como si de un diario se tratara, desde que comenzó su conquista en el río bautizado con el nombre de Santa María de la Purificación y en la que narraba los principales hechos y acciones que venían acaeciéndoles en el curso de su expedición. Antes de terminar su carta, expuso los tres objetivos que pretendía alcanzar en los próximos días. Primero, conquistar la provincia de Aztatlán, a tres jornadas de Omitlán, "que dicen es cosa grande y de mucha gente que me espera de guerra". En segundo lugar, conquistar la tierra de las amazonas, que según sus informantes se encontraban a diez jornadas de distancia de Aztatlán: "unos dicen que habitan dentro en la mar y otros que están en una parte de un brazo de mar y que son ricas y temidas de los habitadores de la tierra por dioses; son más blancas que estas otras, traen arcos y flechas y rodelas, comunícanse cierto tiempo del año con los vecinos y lo que nace, si es varón dicen que lo matan y guardan las mujeres. Hay muchas poblaciones y grandes hasta llegar a ellas". Tercer objetivo: explorar más al norte para encontrar un estrecho entre los mares del sur y del norte, como se les conocía al Pacífico y al Atlántico respectivamente. Un paso que pudiera establecer una ruta más directa para llegar de Europa a Asia, una ruta que también permitiera a Nuño de Guzmán establecer en el norte un reino unido a la provincia de Pánuco donde todavía era el gobernador. Así, después de conquistar a las amazonas, pretendía continuar rumbo al norte y él mismo llegar hasta la gobernación de Pánuco mientras a otros enviaría en dirección contraria rumbo a Asia: "desde allí, mediante la voluntad de Dios, entraré la tierra adentro hacia la mar del norte y a otros enviaré por la costa del sur adelante a descubrir lo que más hay". Antes de firmar, terminó su carta asegurando al emperador su lealtad incondicional, sin dobleces, y su fe eterna en el cetro real: "a vuestra Majestad suplico con aquella humildad que vasallo y siervo debe a su señor, que reciba estos pequeños servicios por tales, pues se hacen con toda limpieza y fe, que nunca faltará hasta la muerte en mí, y crea vuestra Majestad que tales han sido mis obras todo el tiempo". Firmó: "en Omitlán, provincia de Michoacán de la Mayor España a ocho de julio de 1530".[71] La carta fue enviada con Cristóbal de Barrios y Antonio Villarroel, maestre de campo, a quienes mandó a México a tomar informes sobre la situación política de la Nueva España.[72]

***

No tenemos otro escrito de Nuño Beltrán de Guzmán que narre con tantos detalles y paciencia la siguiente etapa de la expedición de conquista. En su segunda carta a la que aquí hemos hecho referencia sólo escribió un párrafo con el resumen de su conquista en unas cuantas líneas, en las que se refirió sobre todo a la parte que corresponde a la costa. Es normal, porque el escrito es de carácter muy general, contiene el relato de los diez años que pasó en el Nuevo Mundo, incluso más, desde su nombramiento como gobernador de Pánuco hasta su prisión en México, es decir del periodo que va de 1525 a 1538 aproximadamente. Además, este relato -terminado alrededor de 1538, con un pie ya en España- es muy distinto del anterior en cuanto a sus ambiciones, preocupaciones y motivaciones. Se parece más a una carta en las que explica las razones de su fracaso que tuvieron que ver, sobre todo, con un trato injusto en términos políticos por parte de la corona española, que benefició más a su adversario Hernán Cortés quien constantemente buscó hacerlo tropezar con acciones y fullerías políticas, según lo expresó en su carta. En lo que se refiere a su campaña de conquista también lo culpa de muchas cosas, sin embargo, reconoció de igual manera que su mayor lucha fue contra la naturaleza y no contra los hombres. Así, para narrarla expuso: "fui a conquistar la costa del sur, donde anduve dos años con mucho peligro de mi persona en batallas y reencuentros que con los indios hube y pasando muchas malas noches y días al aire y sereno, y al agua en un ranchuelo de paja, y pasando esteros y ciénagas hasta la cabeza, y ríos muy caudales y poderosos llenos de lagartos, echándome en una balsa y caminando por valles, montes y cerros hasta el cielo sin caminos y haciéndole a manos, a pie y armado, y con falta de pan de la tierra algunas veces".[73] Ahí tenemos la presencia de los elementos de la naturaleza más que de las batallas: lagunas, pantanos, ríos caudalosos, tormentas, montañas altísimas y gran parte de la tierra vacía, por lo que no encontraban comida y pasaban hambres. Esta parte del relato correspondería al paso de la expedición por toda la región costera, desde Tepic hasta Culiacán. Conocemos los detalles sólo hasta Omitlán, como ya se expuso. Posteriormente, la expedición avanzó y topó con varios ríos crecidos que para atravesar tuvieron que construir puentes. El 26 de julio de 1530 llegaron a Aztatlán donde instalaron el campo pues ahí había alimento suficiente para alimentarlos a todos. En agosto, al enterarse Nuño Beltrán de Guzmán de que había llegado a México Hernán Cortés, envió al capitán Chirinos a esa ciudad para que viera por sus intereses. Pero el peor desastre llegó el 20 de septiembre: un ciclón que se estrelló contra la costa, provocó inundaciones por todas partes y todos los daños del mundo en Aztatlán, que casi desapareció. Muchos expedicionarios, en su mayoría indígenas del altiplano novohispano, murieron ahogados, otros cayeron enfermos y no faltaron los que aprovecharon la situación para desertar. Disminuido, Nuño de Guzmán tuvo que retroceder un poco y enviar por refuerzos a Tepic y Xalisco.[74]

La tarea de reclutar gente recayó en Gonzalo López. Descendió hasta Xalisco y encontró a sus habitantes en son de guerra, según contó más tarde. Bajó un poco más y en distintos pueblos fue tomando hombres por las buenas y por las malas para llevarlos hasta donde estaba Nuño de Guzmán. Algunos testimonios como los de Pedro de Carranza y García del Pilar indican que muchos de los refuerzos que tomó López lo hizo utilizando la violencia a ultranza y en muchos casos, como en Ahuacatlán y Xalisco, los hizo esclavos.[75] Mientras tanto, Guzmán decidió retomar el avance hacia el norte al enterarse de la existencia de Chiametla, a donde primero llegó el capitán Francisco Verdugo y después el capitán general. Oñate no se movió de donde estaba para esperar los refuerzos que finalmente llegaron y a paso forzado alcanzaron a reunirse con todo el cuerpo expedicionario el día del año nuevo de 1531. Fue en este momento cuando Nuño Beltrán de Guzmán decidió, finalmente, fundar una villa española en Tepic con el objetivo de evitar quedar aislado del mundo hispano y por consiguiente impedido de recibir ayuda militar conforme avanzaba hacia el norte; pero también para tener un ayuntamiento a su favor, es decir un instrumento legal, colegiado, que le permitiera avalar todas sus decisiones sin necesidad de recurrir a las autoridades de la Nueva España que en ese momento eran contrarias a su persona. Envió a México a Francisco Verdugo con una carta firmada de su puño el 16 de enero de 1531 donde solicitaba a la Audiencia su autorización para la fundación de dicha villa española.[76]

La columna expedicionaria siguió su ruta al norte por la franja costera sin encontrar grandes poblaciones, con gente que no hablaba náhuatl y con la que la comunicación se imposibilitaba. En ese contexto, era escasa la información segura sobre la geografía que desconocían por completo los indígenas novohispanos, incluso los de la región de Tepic. Así, llegaron a la comarca de Culiacán. Desde ese sitio se organizaron expediciones hacia el norte, que alcanzaron el río Sinaloa, hacia las montañas del este hasta el río Nazas, y hacia el oeste hasta tocar el mar. A esta parte de su campaña debe corresponder el relato fugaz de Nuño de Guzmán cuando escribió: "y pasando a la mar del norte, por no saber qué había en aquella parte y por saber de Pánfilo de Narváez, atravesé treinta leguas de puerto y sin camino y muy asperísima tierra y yo con harta flaqueza, y mal, donde perdimos muchos caballos y yeguas y mucho ganado".[77] Fueron cuatro meses, aproximadamente, los que gastaron en esas incursiones radiales desde Culiacán. Entonces Nuño Beltrán de Guzmán decidió poner fin a su campaña de conquista. Reunió a los españoles y les dijo que ahora era hora de poblar la tierra. Que la expedición había terminado. Que se fundaría una villa española en Culiacán donde Diego de Proaño sería alcalde mayor y Pedro de Bobadilla, Cristóbal de Tapia, Diego de Guzmán, Juan de la Bastida, Juan de Almesto y Diego Rojas serían regidores del ayuntamiento. Que la villa se llamaría San Miguel y que en ella se quedarían a vivir cien españoles. Que ahí dejaría los cañones y una buena dotación de fusiles pues posteriormente se retomaría hacia el norte, a partir de ahí, la campaña de exploración. Que se fundaría otra villa española en El Teúl y otra más en Xalisco, villa que, por cierto, pensaba equivocadamente que ya la había establecido el capitán Verdugo. Así, el 15 de octubre de 1531 según Juan de Sámano, Nuño de Guzmán y parte de su tropa salió de Culiacán rumbo a Tepic. De esta manera, llegó a su fin la conquista.[78]

***

Para cerrar este apartado relativo a Nuño Beltrán de Guzmán en su faceta de conquistador, hay que destacar los rasgos más marcados que él mismo esbozó en su carta al emperador sobre su campaña. Así, obtendremos su idea sobre este acontecimiento. En primer lugar, destaca su religiosidad. En cada cabecera de provincia o pueblo de importancia por donde pasaba Guzmán destruía sus templos ancestrales y en su lugar construía una iglesia católica con una enorme cruz en todo lo alto de un cerro o afuera de la capilla. También buscaba edificar en el alma, por así decirlo, pues reunía a los hombres principales y les hablaba de Dios y del rey a quien, en adelante, debían adorar y obedecer, respectivamente. En ese orden de ideas, la campaña de conquista de Nuño Beltrán de Guzmán era una suerte de cruzada o de guerra santa. No para rescatar el Santo Sepulcro de los infieles como un anacrónico caballero medieval sino para llevar el evangelio a quien no lo conocía, buscando asemejarse más bien a los primeros cristianos de Roma, tanto en ese deseo de divulgar el evangelio como en el de acercarse al significado primitivo, y por lo tanto más puro, del cristianismo. Y eso era un rasgo de modernidad en una Europa renacentista que se desgarraría en adelante durante largos años en el marco de las sangrientas guerras de religión y de los movimientos de Reforma y de Contrarreforma.

El segundo rasgo es el de héroe militar, libertador, justo y piadoso. Antes de cada batalla, escribió Nuño Beltrán de Guzmán que organizaba a su ejército, establecía la estrategia y la ejecutaba frente a enemigos formidables que peleaban como españoles pues toda su vida la habían dedicado a la guerra. Además, no se excedía frente al adversario vencido. Lo perseguía cuando se escondía, cuando huía, pero nunca en su escrito dijo haberlos tratado mal ni haberlos esclavizado. En su carta no aparece este aspecto. Ante la evidencia de los pueblos quemados por los expedicionarios culpaba a los indígenas novohispanos que formaban parte de la expedición. También los culpaba de tratar mal a los prisioneros de guerra y a los vencidos. En ese aspecto él aparecía como un protector cuando argumentaba que tenía que tomar como rehenes a algunos enemigos derrotados para evitar que los indígenas del centro de México los sacrificaran y se los comieran. En ese sentido, también se dibujaba en su carta como liberador de los pueblos indígenas ante la tiranía que el señor de Michoacán ejercía sobre ellos. Y con respecto a su ejecución, para él había sido una decisión justa, pues después de haber levantado un proceso judicial, de haber escuchado los testimonios, se le encontró culpable y merecedor de la pena de muerte. Pero la muerte de un solo hombre era necesaria, a sus ojos, para la libertad de muchos pueblos. En fin, Guzmán se mostraba como un héroe militar que siempre daba gracias a Dios después de cada batalla con celebraciones religiosas solemnes, pues la victoria había sido obtenida por su voluntad y gracia.

Finalmente, aparece su admiración ante una naturaleza formidable. En este rubro, Nuño Beltrán de Guzmán trataba de estimular la imaginación del emperador sobre unas tierras exóticas que ahora le entregaba como regalo para ser digno de las mercedes con las que el monarca habría de cubrirlo. Cuando llegó a las barrancas formadas por el río grande de Santiago y su afluente el río Verde, expresó que se trataba de depresiones geográficas que se sumían hasta el abismo. Constantemente manifestó su admiración, asimismo, por las montañas tan altas que llegaban hasta el cielo, sobre todo cuando estaba en Culiacán. Pero en la cazcana, cerca de El Teúl escribió sobre esas montañas de mesetas escarpadas por todas partes sin permitir accesos a caballo por ningún lado. La travesía que realizaron los expedicionarios, sobre todo el capitán Chirinos, de la cazcana a la costa, a la altura de Tepic, que a causa de lo accidentado del terreno montañoso no pudieron andar a caballo más de pocas horas cada jornada también era un prodigio de la naturaleza. Y sus descripciones someras de los esteros y ciénagas de la costa donde reinaban los caimanes, los alacranes y otros animales ponzoñosos de una alta letalidad no podían existir en otras tierras. Finalmente, hay que mencionar la temporada de lluvias, con sus tormentas y ciclones, que lo hizo cruzar ríos en balsas y a nado, a las que resistió en un rancho de paja, ciclón que desbarató a su ejército provocando más bajas de soldados, caballos y provisiones como ninguna batalla había logrado hacerlo. Así eran las tierras, reitero, que Nuño Beltrán de Guzmán describía y entregaba como regalo a su monarca para que gracias a él extendiera su reino sobre el mundo.

Así podríamos resumir el punto de vista de Nuño de Guzmán sobre su conquista: una guerra justa pues con ella se expandía la religión cristiana y el cetro de la corona de Castilla; una campaña expedicionaria heroica y sin excesos bélicos; una naturaleza formidable, accidentada pero fértil y con vetas de oro y plata, seguramente, en sus entrañas. Sin embargo, sabemos por otros testimonios, incluso por el Juicio de Residencia que aquí se presenta, que sus correrías sí fueron violentas y que sí practicó y promovió la esclavitud; que la ejecución del caltzontzin causó mucho pesar en muchos españoles pues sabían que era leal a Hernán Cortés, razón probable y principal por la que Guzmán lo condenó. Que obligaba a los caciques de las provincias por donde pasaba a entregarle oro y plata, además de alimentos para todos los expedicionarios. Que sistemáticamente tomaba como rehenes a los caciques y principales de los pueblos y que los llevaba consigo en la expedición provocando un vacío social y religioso en sus pobladores, amén del terror de la guerra, la tortura, y el saqueo, pues sistematicamente él mismo y sus capitanes quemaban los pueblos por donde pasaban. Que el trato hacia los españoles no siempre era cordial y que incluso llegó a ejecutar a algunos por causa de intento de deserción, como se aprecia en el presente Juicio de Residencia.

4. Gobernador de la Nueva Galicia

Podemos considerar el acto de fundación de la villa de San Miguel de Culiacán en 1531 como el final de la campaña de conquista de Nuño Beltrán de

Guzmán y, junto con la orden para fundar las otras villas españolas, su primera acción como gobernador. De hecho, en términos legales ya existía la Nueva Galicia, aunque nadie en la Nueva España, ni siquiera Guzmán, lo sabía. En efecto, el 25 de enero de 1531 se había firmado en Ocaña una real cédula en la que se instauraba, en los territorios que había conquistado Nuño de Guzmán, la gobernación llamada Nueva Galicia con su ciudad capital que llevaría por nombre Santiago de Galicia de Compostela. Así, la erección de villas españolas ya estaba enmarcada en un ámbito de legalidad que podemos considerar como su primera acción de gobierno.

Al principio, Nuño Beltrán de Guzmán concibió solamente la fundación de tres villas españolas: una en Culiacán, otra en Xalisco y otra en El Teúl, como él mismo lo anunció en Culiacán. Sin embargo, posteriormente ordenaría la fundación de otras dos villas españolas: Purificación y Chiametla, motivado por circunstancias eventuales y necesidades geoestratégicas. Con el establecimiento de una villa en El Teúl, que él consideraba el centro de la comarca de los teúles-chichimecas, pretendía unir territorialmente la Nueva Galicia con la gobernación de Pánuco y de esa manera tener una ruta directa de acceso al golfo de México y, por consiguiente, a Cuba y a España, sin tener que pasar por México, llena de adversarios políticos. Pero su desconocimiento sobre la geografía de la región le empujó al error, pues en 1532 cuando hizo a caballo su viaje a Pánuco atravesando kilómetros y kilómetros de tierra a menudo despoblada le hizo darse cuenta de que la distancia que había entre la costa del sur y la del norte, como se le conocía en aquella época al Pacífico y al Atlántico, era mayor de lo que imaginaba. Calculó, él mismo, que de costa a costa habría una distancia de 200 leguas, es decir, más de mil kilómetros. En ese contexto, la villa de enlace que se instaló en 1532 y que Juan de Oñate nombró Guadalajara, no fue asentada en El Teúl sino más al oriente, en Nochistlán. El establecimiento de una villa en Xalisco, por su parte, respondía a la necesidad de establecer una ciudad capital para su conquista en un sitio central, a una buena distancia entre Culiacán y Guadalajara, en una tierra fértil, con posibilidades de establecer un puerto marítimo cercano, con buenos ríos y con abundancia de pobladores. La comarca de Tepic y Xalisco reunía todas estas características. Por su parte, la villa de Culiacán, ya se ha dicho, sería la punta de lanza para realizar nuevas expediciones en los planes inmediatos de Nuño Beltrán de Guzmán.[79]

Recordemos que el 16 de enero de 1531, todavía en plena expedición de conquista, Nuño de Guzmán había enviado al capitán Verdugo a México a solicitar a la Audiencia un permiso para fundar una villa en Xalisco. La respuesta fue dada hasta agosto de ese año y, como era esperado, fue negativa. Los integrantes de la Audiencia, afines a Hernán Cortés y antagónicos a Guzmán, dijeron que el derecho de fundar villas se lo reservarían ellos y, en ese sentido, enviarían una delegación para establecer un asentamiento en ese mismo sitio bajo la jurisdicción de la Nueva España. Esa fue la noticia dada a Nuño Beltrán de Guzmán al llegar a Tepic. Pero además le dijeron que Luis de Castilla, el enviado de la Audiencia, ya se encontraba en Tonalá al mando de cien españoles armados, que también traía indicaciones de tomarlo preso y remitirlo en esa calidad a México. Entonces Guzmán ya no tuvo dudas: fundó cerca de Tepic una villa española con el nombre de "villa del Espíritu Santo de la Mayor España", nombró al ayuntamiento con alcaldes y regidores, ordenó a todos que se armaran como para resistir a un embate bélico, distribuyó posiciones entre sus hombres, montó guardias para la noche y envió a su capitán Cristóbal de Oñate, el más confiable de todos, con gente armada al encuentro de Luis de Castilla. Como lo tenía previsto, lo tomó preso y en esa calidad lo entregó a Nuño Beltrán de Guzmán quien lo instaló en su propia posada con la prohibición terminante de que nadie hablara con él.[80] Posteriormente lo regresaría a México con las manos vacías. La realidad es que las suertes estaban echadas a favor de Nuño Beltrán de Guzmán pues, como se ha mencionado, no tardaría mucho en llegar la real cédula firmada en Ocaña el 25 de enero de 1531. Dicha cédula llegó a manos de Guzmán durante los primeros días del año 1532.[81]

Ese mismo año de 1532, durante la temporada de ciclones, sucedió un acontecimiento que motivaría al gobernador Nuño Beltrán de

Guzmán la fundación de otra villa española al sur de Compostela, cerca de Autlán y Colima. Sucedió que, en junio de ese año, Hernán Cortés había despachado del puerto de Acapulco una expedición marítima al mando de su primo Diego Hurtado de Mendoza, compuesta por dos navíos bautizados con los nombres de San Marcos, la nao capitana, y San Miguel. Las instrucciones que llevaba eran las de navegar hacia el norte, apartarse de las costas de la Nueva Galicia durante su navegación y, una vez superada, seguir más al norte durante unas cien leguas. Desembarcar luego, tomar posesión de la tierra, y regresar a informar sobre lo descubierto. Sin embargo, como las distancias eran mayores que las previstas, a la altura de Nayarit los tripulantes padecieron hambre y sed pues faltaron los bastimentos. Después se dijo que Nuño Beltrán de Guzmán impidió que fondearan para tomar agua limpia y abastecerse con comida, y que la falta de alimento fue la razón por la que los tripulantes del navío San Miguel se amotinaran y emprendieran el regreso. Mientras la nao capitana siguió su ruta hacia el norte, de la que además ya nunca nada se supo, el otro barco fue arrebatado por el mal temporal de ciclones y arrojado a las costas de la bahía de Banderas donde fue estrellado contra los peñascos. Los 18 tripulantes sobrevivieron al desastre, pero al buscar saber dónde se encontraban, se internaron en la tierra y perecieron a manos de los indígenas que por ahí vivían. Dos de ellos lograron escapar y contaron todo lo sucedido.[82]

Nuño Beltrán de Guzmán, al enterarse del acontecimiento, envió al capitán Juan Fernández de Híjar inmediatamente al lugar del desastre para socorrer a los náufragos. A su regreso, el capitán informó al gobernador que no habían encontrado a nadie sino sólo "el bergantín dado al través y hecho pedazos y enterrado en la arena, y las jarcias y velas podridas, con lo demás que era de los dichos cristianos, y dos tirillos y un rezón y una muela que está en la mar, que no se parecía, y diez ballestas hechas pedazos, y unos cuadrantes". Todo lo tomó Nuño de Guzmán y se negó a regresarlo a Hernán Cortés quien no cesaba de reclamarlo. El gobernador alegó posteriormente que el barco había caído en su jurisdicción, en una alcaldía mayor de la Nueva Galicia: "dio al través en el paraje de la villa de la Purificación", dijo.[83] Ahora bien, todo parece indicar que dicha villa todavía no existía al momento de la tragedia. Por eso Nuño de Guzmán, al buscar aprovechar la circunstancia, se dio prisa y al mismo tiempo que envió al capitán Juan Fernández de Híjar al lugar del naufragio, le pidió que fundara una villa española. Al fracasar en esta última encomienda, el 18 noviembre de 1532 el gobernador insistió en la fundación de dicha villa y nuevamente comisionó al capitán Fernández de Híjar para realizar esa tarea: "he dado comisión al dicho Juan Fernández de Híjar, alcalde mayor, para que pueda buscar y busque buen asiento donde se haga y funde la dicha aldea nueva...". Y mediante esa misma cédula nombró a un alcalde ordinario y a dos regidores de dicho ayuntamiento: Martín de Rifarache, Juan Gallego y Pedro de Celaya, respectivamente.[84] Así, la fundación precipitada de la villa de la Purificación permitiría a Nuño de Guzmán reclamar para su gobernación de la Nueva Galicia un importante territorio costero que hasta ese momento parecía pertenecer legítimamente a la jurisdicción de Colima, amparada en la expedición que entre 1524 y 1525 realizó Francisco Cortés desde Colima hasta Tepic.[85] Finalmente, Nuño Beltrán de Guzmán logró su objetivo e incorporó gran parte de ese territorio costero a su Nueva Galicia.

La villa de Chiametla fue fundada el año de 1533, a medio camino entre Compostela y Culiacán. El gobernador Nuño Beltrán de Guzmán confió esta tarea a su capitán de caballería Cristóbal de Barrios.[86] "Envié a poblar la villa del Espíritu Santo, entre Compostela y San Miguel que hay ochenta leguas, porque allí estaba en el medio y era muy necesaria, y puse treinta vecinos en ella y repartíles los indios y diles ganados y herraje y ballestas y escopetas", explicó Guzmán.[87] La misión de esta villa era, en efecto, convertirse en un eslabón de conexión que evitara el aislamiento de Culiacán y que permitiera a la naciente gobernación un territorio compacto. Cerca había montañas que prometían albergar minas, y hacia la otra banda un buen puerto marítimo. Este fondeadero, de hecho, fue utilizado por Hernán Cortés en 1535 para lanzar de ahí sus expediciones exploratorias y de conquista hacia la península de California, a pesar de la oposición de Nuño

Beltrán de Guzmán.[88] Ese año, la villa de Chiametla del Espíritu Santo, como se llamaba, desapareció. Entonces, el gobernador de la Nueva Galicia acusó a su enemigo Hernán Cortés de haberla despoblado en los meses que duraron sus actividades expedicionarias.[89] La verdad es que la villa fue sometida a la presión bélica y a la hostilidad de los pueblos indígenas comarcanos y no pudo resistir. Uno de sus vecinos relató que el último día de su existencia, a plena luz del sol, los indígenas bajaron del monte a asaltar la villa, que mientras unos quemaban las casas otros rodeaban la población española con sus gritos de guerra. Todos los vecinos huyeron como pudieron y abandonaron para siempre la villa.[90]

***

La Nueva España podía ser sostenida por la ciudad de México y la importante densidad demográfica de los pueblos indígenas instalados en el altiplano central, así como en Oaxaca, en Veracruz y en Michoacán. Sin incluir Tabasco ni Yucatán, se ha estimado que la Nueva España en 1519 albergaba una población de unos 15 millones de habitantes.[91] Tenochtitlán, y luego México, por su parte, era una ciudad capaz de reunir en torno a sí misma, en una vigorosa dinámica económica y social, a toda esa población. En ese orden de ideas, la Nueva España no tenía problemas de cohesión. Era una provincia casi preexistente que, una vez decapitada políticamente y disminuida en términos demográficos, sólo había que dotar de instituciones europeas para incorporarla al imperio de Carlos V. Pero en la Nueva Galicia la situación era muy distinta. Nuño Beltrán de Guzmán nunca encontró un asentamiento indígena importante como México, lejos estuvo de eso. Por otro lado, era una comarca poco poblada, se ha calculado que la población de la Nueva Galicia al nacer apenas superaba el medio millón de habitantes y que para 1550 sólo era de 220 mil.[92] Por otra parte, la cohesión cultural entre las comarcas de Zapotlanejo, Cuitzeo, Tonalá, Nochistlán, Xalisco, Chiametla y Culiacán era prácticamente inexistente. Ni siquiera hablaban el mismo idioma. Por esta razón, el gobernador Nuño de Guzmán tuvo la necesidad de fundar villas españolas, a una distancia estratégica unas de otras, para que se convirtieran en las columnas sobre las que se sostuviera el edificio que era la gobernación de la Nueva Galicia. Las villas tuvieron la misión de dar cohesión y estructura occidental al mosaico cultural que representaban las poblaciones indígenas.

Todas las villas fueron trazadas según las "Ordenanzas para la fundación de villas" establecidas en 1523 por el emperador Carlos V,[93] y fueron dotadas de un ayuntamiento constituido por alcaldes ordinarios y regidores. El cabildo garantizaba la práctica republicana de la villa: con su elección anual de regidores y alcaldes ordinarios era la institución que velaba por los intereses locales, de sus vecinos, frente a la Monarquía. También se les asignó un alcalde mayor, responsable de cuatro rubros: la justicia, era el juez de primera instancia; la hacienda, velaba por la recolección de tributos; la guerra, era el capitán encargado de levantar un contingente militar entre los vecinos en caso de necesidad; y el gobierno. Finalmente, las villas recibieron a un párroco, capellán o religioso que ayudaba en las tareas espirituales. Y la traza urbana establecida en las villas de acuerdo con las ordenanzas de 1523 era la modernidad. "La plaza ha de formar un rectángulo que tenga de largo por lo menos una vez y media de anchura, porque esta forma es la mejor para las fiestas de caballos... Toda la plaza y las cinco calles principales deben tener portales para la comodidad de los tratantes... A trechos de la población se formarán otras plazas menores, en las que se repartirán las parroquias y monasterios. Para la iglesia mayor se señalará un solar en isla entera, de manera que ningún edificio se le arrime... Luego se señalará un solar para la casa real, consejo y cabildo, aduanas y atarazanas...".[94] Además, esta traza urbana llevaba una intención clara de desmarcarse de las comunidades indígenas: "los indios las vean [las villas] les cause admiración y entiendan que los españoles pueblan allí de asiento".[95] Y en la región occidental de México, en la Nueva Galicia, las poblaciones indígenas, en efecto, tenían una manera de poblar muy distinta. En 1524-1525, cuando por primera vez un grupo de expedicionarios comandados por Francisco Cortés se internó en esta región describieron los pueblos indígenas y la disposición de sus asentamientos, que estaban "poblados a barrios". Por ejemplo, la descripción de Xalisco fue la siguiente: "está este pueblo en ladera de unos cerros grandes y cabe una sierra junto a un gran llano. Va poblado a barrios y todo lo más junto a una arboleda de frutas". De Tepic se dijo lo siguiente: "Está este pueblo en un gran llano y pasa por él un río muy hermoso. Está a barrios, poblado desviado uno de otro y parte de él en una ladera de una sierra. Tiene tianguis...". Finalmente, Tequesquitlán fue descrito de la siguiente manera: "Está tal pueblo en valle muy hermoso de arboleda de frutas y pasa por él un río. Va poblado a barrios lejos unos de otros en torno de media legua...".[96] Es decir que los pueblos indígenas de esta región seguían más o menos el mismo patrón: agrupaciones de unas 10 o 20 casas vinculadas a otras tantas y otras tantas. Para el caso de la Nueva Galicia, el contraste entre una villa española y un pueblo indígena quedaba, entonces, bien establecido.

✳✳✳

La distancia enorme, la geografía desconocida, la falta de caminos apropiados para los caballos, sin puentes, sin posadas, con una comunidad europea de desarraigados y una población de indígenas en la que los conquistadores no podían confiar por completo, en medio de un contexto americano violento, bélico, con dificultades para establecer desplazamientos y comunicaciones seguras... ¿Cómo se controlaban las villas tan distantes en este contexto? En otras palabras, ¿cuál fue la estrategia de gobierno de Nuño Beltrán de Guzmán? Veamos el caso de Culiacán, la villa más alejada. En primer lugar, el gobernador tuvo la preocupación de nombrar alcalde mayor a un capitán de confianza para cada una de las villas. Para Culiacán fue Diego de Proaño, para Chiametla Cristóbal de Barrios, en Compostela dejó a Cristóbal de Oñate, en Guadalajara a Juan de Oñate y en Purificación a Juan Fernández de Híjar. Sin embargo, no los dejó solos. A su lado nombró a algunos regidores de su confianza como integrantes del cabildo. Incluso en Compostela, donde él mismo residía, el cabildo estaba conformado por Luis Salido, Francisco de Villegas, Álvaro de Bracamonte, Francisco Godoy, su pariente y homónimo Nuño de Guzmán, Alonso de Castañeda.[97] Además, en cada villa dejó como vecino a uno o varios de sus criados y en la medida de lo posible a algún pariente suyo. De tal suerte que en todas partes trató de crear una situación de vigilancia múltiple entre los regidores, el alcalde mayor, sus criados, sus parientes y otros vecinos que fungían como espías. Nuño Beltrán de Guzmán procuraba, de esta manera, tener información secreta, variada, diversa y complementaria de cada una de las villas. Era el único que lograba tener una visión de conjunto de cada alcaldía mayor y de cada uno de sus vecinos.

El caso de Culiacán, pues, es revelador de este sistema que podemos encontrar también en Guadalajara, Purificación e incluso en Compostela. En Culiacán dejó cien vecinos, un número mayor que en el resto de las villas porque pretendía lanzar desde ahí nuevas expediciones, como ya se dijo. También dejó todo para el sustento necesario: cerdos, borregos, yeguas y gallinas. Además, tres cañones, arcabuces, una forja, una sierra, fierro, acero, clavos, un cura y su iglesia. Todo lo necesario para el desarrollo y defensa de la villa. Ya dijimos también que un capitán de su confianza, Diego de Proaño, quedó como alcalde mayor. Pero en el cabildo puso como regidor a un pariente suyo, Diego de Guzmán, a uno de sus criados más confiables, Pedro de Bobadilla, a quien conoció incluso antes de llegar a Pánuco. Pero fuera de la asamblea edilicia tenía como simples vecinos de la villa a Álvaro de Arroyo, Bernardo de Vega y a un tal Badajoz que fungían como sus informantes. Los criados de Nuño Beltrán de Guzmán, como los que acabo de mencionar, tenían trato especial. En una carta que el gobernador envió a su alcalde mayor de Culiacán le decía: "encomiendoos especialmente a todos mis criados para que de vos sean bien tratados y honrados y aprovechados". Y al momento de distribuir el botín de esclavos, Beltrán de Guzmán autorizó que Proaño recibiera 200, cien para cada regidor, entre 10 y 20 para cada vecino de la villa, pero 80 para cada uno de sus criados.[98]

En una carta secreta que Nuño de Guzmán envió al capitán y alcalde mayor de Culiacán, Diego de Proaño, le pidió que tuviera el control total sobre los vecinos de la villa. Insistió en que no debía dejar lugar para la desobediencia y le recomendó que ninguna sesión de cabildo fuera celebrada sin su presencia. (Aunque legalmente el alcalde mayor no formaba parte del cabildo y las sesiones podían tenerse con toda normalidad y legalidad sin su presencia). A lo largo de toda la carta le conminó a que vigilara muy de cerca las acciones de los regidores. Al mismo tiempo, Guzmán enviaba cartas, también secretas, a sus criados y regidores Álvaro de Arroyo y Pedro de Bobadilla; a su pariente Diego de Guzmán y a Cosme de Tapia. Por ejemplo, a Tapia le pidió investigar, con toda discreción, a Diego de Proaño, su capitán y alcalde mayor. Le decía en la misiva que él poseía información preocupante de que Proaño había establecido comunicación con Hernán Cortés y que pretendía sumarse a su bando con un grupo de vecinos de Culiacán, "diciéndoles que el marqués [Hernán Cortés] había de mandar la tierra y que yo [Nuño de Guzmán] sería otra cosa". También le pidió a Tapia investigar si eran ciertos los rumores de que Proaño pretendía convertirse en gobernador de Culiacán y enterrar los vínculos con Guzmán... Por otro lado, le encomendó al mismo Tapia vigilar a Álvaro de Arroyo, su criado, e informarse si los documentos que envió con él para Pedro de Bobadilla y Diego de Guzmán los había entregado a sus destinatarios.[99] Por otro lado, gracias a este sistema, el gobernador tenía la posibilidad de manipular los ayuntamientos de sus villas a su antojo. Así, detrás de las demandas que elevaban los cabildos de la Nueva Galicia al rey podemos ver la mano de su gobernador. Como cuando el 26 de enero de 1533 el ayuntamiento de Compostela solicitó a la corona española la legalización de la esclavitud de los indígenas de la Nueva Galicia.[100] En efecto, esta era una petición que Nuño Beltrán de Guzmán no cesaba de hacer a título personal en sus cartas,[101] y, recordemos, una actividad a la que había recurrido desde su llegada al gobierno de Pánuco en 1527 para hacerse de capital. Así comenzó a ejercerse el primer gobierno de la Nueva Galicia.

***

Desde el nacimiento de la Nueva Galicia, toda la economía de esta gobernación recayó sobre los hombros de sus pueblos indígenas: ya como sujetos de la encomienda, ya como trabajadores explotados en las minas o en los campos, ya como esclavos. En efecto, inmediatamente después de la expedición de conquista, los indígenas sólo tenían tres opciones de vida en su horizonte: vivir bajo el régimen de la encomienda, vivir en la esclavitud o huir para vivir en lugares alejados del alcance español. Porque los pueblos que no aceptaban entregar los tributos, según la tasación que les era impuesta a través de la encomienda, eran declarados enemigos de guerra y, por consiguiente, los españoles podían hacerlos esclavos. Es cierto que desde la época de los reyes católicos Isabel y Fernando, los indígenas fueron considerados súbditos libres, por eso estaba prohibido esclavizarlos, salvo en los casos en que se negaban "a servir" y por esa razón se les declaraba la guerra. La tercera opción que les quedaba a las comunidades nativas era la de huir a las montañas. Eso hicieron muchos, abandonaron sus pueblos provocando la desaparición de un buen número de asentamientos. De esta manera, silenciosamente, desde las montañas y los sitios marginales se fue gestando un movimiento indígena bélico contrario al sistema de gobierno español, que estallaba en burbujas, en distintas partes de la Nueva Galicia, en distintos momentos; pero que explotaría con mayor fuerza, casi al unísono, en muchas partes de la gobernación durante el año 1541.[102]

En términos legales y económicos,[103] la encomienda era un sistema de recaudación tributaria. Los reyes católicos habían reconocido a los indígenas como súbditos libres de su cetro y como personas sujetas a su protección; en ese sentido, los americanos habían contraído también obligaciones, como la de pagar impuestos como lo hacía cualquier europeo en la misma situación. Por otro lado, como parte del reconocimiento que la Monarquía hacía a los conquistadores por haber expandido el reino, permitía que esos tributos que le correspondían, los recibieran para su sustento los conquistadores a cambio de participar en la labor de evangelización en esas comunidades recién incorporadas al reino español. De este modo, desde los fundamentos mismos de la estructura económica, política y social de la Nueva Galicia, y que es cierto también para México y el mundo iberoamericano en general, las relaciones sociales entre pueblos originarios y europeos estuvieron condenadas siempre a ser desiguales. Esto sumió a las comunidades indígenas en un sentimiento de inferioridad crónico del que nunca habrían de salir. Porque desde el principio el sistema de encomienda fue desvirtuado. Debía ser una herramienta casi exclusiva para la recaudación de impuestos, pero se convirtió en el medio ideal para la explotación humana. Los pueblos indígenas fueron tasados para que, en función de su tamaño demográfico, entregaran los tributos; obligación que cumplían en entregas parciales cada tres o cuatro meses regularmente. Pero los encomenderos, como se les llamaba a los conquistadores que poseían una encomienda, les exigían también un servicio personal cotidiano y para siempre.

El caso del pueblo de Xalisco es representativo. El gobernador Nuño Beltrán de Guzmán lo entregó en encomienda a su capitán Cristóbal de Oñate, por ser uno de los pueblos importantes por su ubicación y por su tamaño. El capitán Oñate les exigió como su primera tarea construir su propia casa. Del mismo modo, las demás comunidades indígenas de la jurisdicción de Compostela (Xalisco, Tepic, Sentispac...) edificaron todas las casas de la nueva ciudad española, capital de la Nueva Galicia. Algo similar pasó con el resto de las villas: los indígenas de encomienda de los conquistadores construyeron las casas de cada uno de sus encomenderos en Culiacán, Purificación, Guadalajara y Chiametla. De manera paralela, los conquistadores empleaban a los indígenas de sus encomiendas en tareas diversas según su género y su edad. Algunas mujeres y algunos hombres acudían cotidianamente a las casas de los conquistadores como si fueran personal de servicio: llevaban madera y leña, pastura para los animales, bastimento para la familia del encomendero y sus invitados. Los xaliscas informaron que Cristóbal de Oñate les exigía que llevaran todos los días a su casa 80 tamales, dos guajolotes, una jícara de sal, una de chile; que los viernes debían aportar cerca de diez gallinas de la tierra y huevo. Que durante la cuaresma les exigía mariscos, y así, durante ese periodo le llevaban diez cargas[104] de robalo ancho, diez de camarones y seis de conchas. Al terminar la cuaresma volvían a entregar 35 guajolotes, 80 conejos y codornices, 200 patos y 300 gallinas. Estas aportaciones no les eximía del tributo anual. Según dijeron, tenían que entregar 3,200 cargas de maíz, 150 fanegas de frijol, cien fanegas de sal, 600 mantas, 600 jícaras, 600 ollas y muchas arrobas de miel.

A los hombres de cierta edad los enviaban a hacer labores pesadas en el campo o en las minas. Cristóbal de Oñate, por ejemplo, obligó a los xaliscas a buscar oro en los alrededores de su pueblo durante dos meses. Al no encontrar nada envió a 160 de ellos a la provincia de Culiacán con la misma tarea. En 1533, cuando se descubrieron las arenas auríferas de Huichichila, cerca de Xalisco, los regresó para que buscaran pepitas de oro en ese río. Además, solicitó que reforzaran los trabajos en el lecho acuífero con 160 personas más. Sin embargo, el capitán Oñate se tuvo que contentar con sólo 60 trabajadores suplementarios porque los principales de Xalisco se negaron a entregar más. Otros más eran enviados a trabajar a los algodonales para producir la materia primera necesaria en la elaboración de telas, pues debían entregar al encomendero 200 mantas al año. En fin, también se les exigía trabajar en las huertas de cacao de Santa Cruz y de Tecomatlán.[105] La producción de cacao, durante todo el siglo XVI, fue una actividad muy extendida por toda la costa hasta Colima.[106] La realidad de la comunidad de Xalisco se podía ver replicada en los pueblos indígenas de casi toda la Nueva Galicia, alrededor de las villas españolas. De hecho, uno de los primeros actos de gobierno de Nuño de Guzmán fue la distribución de encomiendas entre los conquistadores: se ha calculado que entregó casi 200 pueblos indígenas en esa condición.[107] Y, como era natural, tomó para él mismo los mejores.

En efecto, según la información que obtuvo el licenciado Diego Pérez de la Torre en 1537, al realizar la pesquisa secreta durante el Juicio de Residencia que le levantó a Nuño de Gumán, encontró que sus encomiendas eran los pueblos de Tonalá, Tlaquepaque, Tetlán, Nepantla, Amajaque, Ocotlán, Tlajomulco, Cuitzeo, Tepic, Sentispac, Navito, los Veintedas y la cabecera de Culiacán.[108] A estos habría que agregar los que se reservó en la jurisdicción de la villa de la Purificación: Opono y Mezquitán, que el juez no mencionó porque no había logrado obtener toda la información. Se ha calculado que, en realidad, Nuño Beltrán de Guzmán tenía unos cuatro mil indígenas de encomienda, distribuidos en todas las alcaldías de la Nueva Galicia.[109] La pesquisa secreta del licenciado Pérez de la Torre arrojó que el tributo que recibía Guzmán de algunas de sus encomiendas era el siguiente: de Tonalá recibía 200 fanegas de maíz, 30 de frijol, 30 de ají y 40 mantas cada dos meses; pedía que todo lo llevaran a las minas de Colima, a 30 leguas de distancia, o a las de Compostela, a 20 leguas; además, estaban obligados a poner en su casa de Guadalajara, cotidianamente, maíz y yerba para alimentar a sus caballos, más frijol, maíz, pescado, huevo, gallinas, leña, agua, loza y frutas para abastecimiento de su morada. Sus tributarios de Tetlán le entregaban cada año 600 fanegas de maíz, 360 mantas, cien cargas de ají y cien de frijol; todo lo llevaban a México o a las minas de Colima. La comunidad de Ocotlán le entregaba en México 180 mantas; y asimismo le llevaban cien fanegas de maíz y 20 cargas de frijol a las minas de Colima o Compostela. Los de Zalaguatitlán entregaban un tributo más modesto de 63 mantas y 130 mantillas pequeñas, pero todo puesto a su costa en las minas. El tributo de la gente de Cuitzeo era de 600 mantas puestas en México; y de mil fanegas de maíz y cien de frijol puestas en las minas. La encomienda de Amajaque aportaba 200 fanegas de maíz, 25 cargas de ají y 15 de frijol en las minas, más 180 mantas que ponían en México. El tributo de Tlajomulco era de 240 mantas, 400 pares de suelas de alpargatas y 600 fanegas de maíz. Toneltlán daba 180 mantas de la tierra que llevaban a México, y 40 cargas de ají, 20 de frijol y cien fanegas de maíz. Finalmente, la gente de Tlaquepaque llevaba a las minas de Colima y Compostela, a su costa, cien fanegas de maíz, 50 de ají y 30 de frijol; y en México entregaban 270 mantas y 240 tapatíos de mantas.[110] Además de que todos, como lo declaró el principal de Tlaquepaque, tenían la obligación de aportar cotidianamente a la casa de Nuño de Guzmán maíz, gallinas, ají, sal "y servicio de indios que en su casa era necesario".[111] Así lo hacían también los de Xalisco para Cristóbal de Oñate, recordemos, y todas las demás comunidades para la casa de sus encomenderos, quienes, según la expresión de Salvador Álvarez, se habían convertido en "señores de indios".[112]

Hay que subrayar el comienzo de la actividad minera en la Nueva Galicia desde los primeros días. Recordemos que ya en Nochistlán, durante la campaña expedicionaria, Nuño Beltrán de Guzmán había mandado a unos barreteros a las montañas para buscar venas y filones de metal, sin suerte porque sufrieron la persecución de hombres hostiles. Pero no queda duda que los metales eran uno de los principales intereses del capitán general. Advertimos también la búsqueda de oro en la provincia de Culiacán y en Compostela, tanto en su modalidad de placeres auríferos en los ríos como de excavaciones en las montañas. El Juicio de Residencia muestra que el gobernador

Beltrán de Guzmán encontró vetas en una zona que fue bautizada con el nombre de Zacatlán de Nuestra Señora,[113] por el rumbo de Guachinango, lugar que a partir de 1544-1545 conocería un gran interés por mineros improvisados y buscafortunas venidos de todas partes.[114] La verdad es que desde antes de 1529 las minas de esas montañas ya eran explotadas por mineros españoles que llevaban trabajadores naborías y esclavos desde el pueblo de Xicotepeque. La plata era separada de las impurezas ahí mismo, en los hornos y fuelles de un platero experto que se llamaba Héctor Méndez. Después se llevaba en petates a la ciudad de México, directo a las manos del que era entonces presidente de la Audiencia: Nuño de Guzmán.[115] Así que una vez instalado en Compostela como gobernador de la Nueva Galicia, concentró sus energías en esa montaña de Zacatlán, donde se hizo propietario de más de diez minas de plata. Otra docena de españoles también poseía minas en ese sitio. Era tanto el interés del gobernador por esos filones argentíferos que nombró a Alonso López, un hombre de todas sus confianzas, como alcalde del lugar. Podemos imaginar un enjambre de indígenas trabajando en esas minas, llevados de los pueblos de encomienda de los distritos de Compostela, Purificación y Guadalajara como trabajadores libres, pero también otros en calidad de esclavos, horadando la montaña y sacando el metal impuro. Solamente Nuño de Guzmán, en sus minas, empleaba a un centenar de indígenas procedentes de sus encomiendas de las jurisdicciones de Compostela y de Guadalajara. Sin mencionar a los que continuamente llegaban y partían como tamemes, es decir, cargadores-transportistas, que aportaban bastimento, ropa y otros artículos necesarios para la explotación minera. También podemos observar en la pesquisa secreta del juicio de residencia que la distribución de las minas y el otorgamiento de las mercedes dependía completamente del ánimo que el gobernador tenía con los beneficiarios, y que mantenía en su mano férrea el control total de las mercedes en la Nueva Galicia.[116]

***

En 1533 el cabildo de Compostela solicitó la autorización de hacer esclavos en la Nueva Galicia.[117] Detrás de esta demanda, ya se dijo antes, se encontraba el gobernador Nuño Beltrán de Guzmán. Lo más seguro es que todas las villas hayan realizado la misma solicitud al unísono, aunque ya no quede rastro ¡ay! de esas actas de cabildo. La venta de esclavos era la manera más rápida de ganar dinero en una gobernación débil en términos demográficos, desprovista de una industria y de riquezas fáciles y aparentes. La verdad es que la cacería de esclavos comenzó desde los tiempos de la campaña expedicionaria. Muchas veces en su relato de conquista, Guzmán escribió que había tomado rehenes, tanto hombres como mujeres y niños. Detrás de esa nominación, rehén, se escondía otra realidad: esclavo. De igual manera, cuando el cuerpo expedicionario llegaba a un pueblo, Guzmán solicitaba tamemes para cargar los bastimentos y para llevar el hato; y otra vez, detrás de esa palabra se escondía la realidad del esclavo que era usado para abrir caminos, para construir puentes, para levantar el fortín en cada sitio en que se establecía por varios días el cuerpo expedicionario, para combatir en primera fila, para quemar los pueblos por donde pasaban, para hacer el trabajo sucio y riesgoso de la conquista... Muchos, de inmediato, eran encadenados para evitar su fuga, aunque se trataba de aliados: "muchos de los amigos encadenados porque no huyesen y dejasen las petacas", escribió el conquistador Cristóbal Flores,[118] y los que intentaban desertar eran colgados en la horca del real, o en algún árbol macizo del camino, a la vista de todos como advertencia.

La condición de esclavo también la padecieron los indígenas del altiplano central que participaron en la expedición como soldados aliados en calidad de hombres libres, tanto macehuales como principales. En Piastla, narró Cristóbal Flores que, al enterarse el capitán general de un intento de deserción de los indígenas que venían con él desde México, "mandó Nuño de Guzmán quemar a uno vivo, y oí decir que había mandado ahorcar no sé a cuántos indios".[119] Aquí los tenemos como rehenes forzados a combatir so pena de muerte. En Aztatlán, después del ciclón que los azotó, después de que la comida entera se perdió, después de que las lluvias y el río arrasaron al pueblo y se llevaron en corrientes crecidas a muchos hombres y parte del hato y los bastimentos y todo, todo lo que se podía llevar, después de que la enfermedad comenzó a cobrar vidas producto de la pestilencia que se levantaba por los cuerpos podridos en las aguas estancadas, bajo el sol tropical, los señores de Tlatelolco, de México, de Tlaxcala, de Texcoco y de Huejotzingo que habían aportado contingentes importantes de soldados para la expedición, solicitaron a Nuño de Guzmán regresar a Xalisco a reponer sus fuerzas y aliviar a los enfermos en esa tierra de mayor clemencia. Le ofrecieron, como garantía de que no desertarían, sus aderezos e insignias de guerra que eran de oro, y sus plumajes verdes que usaban para el combate. Pero Guzmán se negó terminantemente. Entonces, muchos indígenas, explicó Cristóbal Flores, "de pura desesperación se ahorcaban de diez en diez".[120] Los hombres originarios del valle de México que participaron como soldados en la expedición, que sobrevivieron a todo y que lograron ver el término de la campaña una vez que se fundó San Miguel de Culiacán, finalmente, en lugar de recibir un reconocimiento o un agradecimiento por ayudar en la conquista, que estaban deseosos por regresar a sus casas, a sus familias, a sus amigos, a sus mujeres, a sus hijos, como Odiseos americanos; después de dos años de campaña militar, fueron dejados en Culiacán en calidad de esclavos de los vecinos de esa villa, mientras Nuño Beltrán de Guzmán y el grueso de la columna expedicionaria española regresaban a fundar una ciudad en Tepic. Así lo escribió el conquistador Cristóbal Flores: "en pago de su buen servicio y trabajo al cabo de dos años que andaban cargados por los caminos y sierras, haciéndonos cada día ranchos y buscándonos de comer, los dejó en esta villa entre los vecinos de ella, de libres hechos esclavos, encadenados por los pescuezos y otros en cepos porque no se viniesen tras nosotros, dando voces y llorando cuando nos vieron partir, por el grande agravio que les hacían en pago de sus trabajos y sin tener ninguna caridad...".[121]

Había otra modalidad utilizada para evitar que los indígenas desertaran, ya fueran soldados, intérpretes, guías o cargadores: encadenar a sus líderes. Así se hizo en Michoacán, después de que el caltzontzin fue ejecutado y que enrolaron a unos ocho mil soldados de esa provincia en la expedición. Cristóbal Flores escribió: "fue hecho el repartimiento de la cantidad de todos los más pueblos de la provincia que tenían encomendados españoles, y cada señor del pueblo venía con la parte de los indios sus vasallos que le cupo por el repartimiento, los cuales todos fueron repartidos por los españoles que iban a la guerra para que les llevasen su hato; y para la seguridad de que no huyesen estos indios y dejasen el hato, iban los señores y principales en cadenas por los pescuezos y muchos de estos murieron en la prisión".[122] Otro ejemplo lo tenemos en Ahuacatlán, donde entregaron unos mil tamemes al capitán general para que llevaran el hato y el fardaje. Cristóbal Flores quedó atónito porque Nuño de Guzmán, "no contento con esto, mandó prender a los señores", los llevó consigo y más tarde algunos de ellos murieron en prisión.[123] Así también, las personas tomadas como rehenes en algunos pueblos, que eran mujeres y niños en su mayoría, servían para negociar con los principales de esa comarca bajo condiciones ventajosas. Cuando Gonzalo López llegó a Ahuacatlán en busca de refuerzos para el cuerpo expedicionario, lo primero que hizo fue apresar a las mujeres y esperar a que vinieran los principales por ellas. En efecto, acudieron a él para rescatarlas y Gonzalo López les dijo entonces: "traedme indios para tamemes y daros a vuestras mujeres".[124]

Hasta aquí, en todos estos ejemplos, observamos una sujeción de la persona siendo privada de su libertad. No es, propiamente dicho, una esclavitud con todas sus letras, pero en la práctica, se le parece en todo. Sólo faltaría la parte legal, es decir, que una autoridad declarara el acto como esclavitud y a los cautivos como esclavos. Como por ejemplo cuando el cuerpo expedicionario llegó a Xalisco por primera vez. Recordemos que Tepic declaró su obediencia inmediata mientras que los xaliscas se negaron a hacerlo, no entregaron el tributo que les exigían y huyeron a las montañas. Entonces, escribió Cristóbal Flores, "les mandó a hacer guerra Nuño de Guzmán, y así la pregonó a fuego y a sangre, y los mandó dar por esclavos, aunque después no se herró mucha parte que se tomó".[125] Aquí se conjugaron los dos elementos de formalidad: la declaración por parte de la autoridad de la condición de esclavos para los xaliscas y su consumación al momento de marcarlos con el hierro ardiente. Más adelante, cuando la columna expedicionaria fue abatida y diezmada por el ciclón en Aztatlán, el capitán general envió a Gonzalo López a conseguir refuerzos en las provincias inmediatas al sur. Desesperado porque no volvía rápido, Nuño Beltrán de Guzmán envió a García del Pilar a buscar y a apresurar a López. Lo encontró en Ahuacatlán donde tenía presos a unos mil indígenas y con muchos principales encadenados, mientras que él y sus jinetes andaban recorriendo la provincia, cazando más gente y quemando más pueblos. En el corral donde tenía aprisionada a ese millar de personas, García del Pilar vio "que tenía mucha cantidad de mujeres, e indios y niños presos, los hombres con unas prisiones al pescuezo, y las mujeres atadas de diez en diez con sogas". Llevaron a todos a Xalisco donde hicieron otro corral enorme y fuerte y en el cual metieron a más de dos mil xaliscas y a otro millar de personas procedentes de Zacualpa. Sin embargo, el día en que iban a herrarlos, los esclavos inminentes lograron escapar con ayuda de la gente de Xalisco de manera que sólo quedaron unos 200 cautivos. Gonzalo López montó en cólera y buscó a un culpable: el cacique, pensó. "Visto que se le había así ido la presa de las manos -explicó García del Pilar- incontinenti quemó a uno de los mayores señores de Xalisco". Y Cristóbal Flores: "por este enojo tomó el maestre de campo Gonzalo López al señor más principal de Xalisco y lo echó en un fuego y lo quemó vivo". Los que quedaron cautivos fueron herrados, entre los que había mujeres con niños de pecho que no pudieron soportar las dificultades de la vía: "todos los hijitos que sus mujeres tenían murieron y mataron en el camino, que era la mayor compasión del mundo todo". Y García del Pilar: "todos los demás fueron presos en sogas y en prisiones, y nos fuimos de aquí por nuestras jornadas, al cabo de doce días poco más o menos, muriendo todos los niños que estas mujeres llevaban y otros indios muchos".[126]

***

Después de ordenar la fundación de villas españolas con el nombramiento de sus autoridades y dignidades, el segundo acto de Nuño Beltrán de Guzmán como gobernador de la Nueva Galicia fue la autorización de hacer esclavos. Al conquistador Cristóbal Flores, que todo observaba, no se le escapó esta sutileza. Escribió que cuando Guzmán dio por terminada la campaña expedicionaria y al volver a la comarca de Culiacán, "pobló la villa, y habiendo dos o tres meses que estábamos en ella fundándola como he dicho, y le puso nombre: la villa de San Miguel, e hizo la elección de alcaldes y regidores y alcalde mayor y capitán, el cual se llama Diego de Proaño; y después de entrar muchas veces en cabildo con ellos, fue público entre nosotros que Nuño de Guzmán dio licencia para que se hiciesen esclavos, y que cada vecino

112

pudiese tener cierta cantidad para con qué cogiese oro". Agregó que, al partir, Guzmán había dejado en manos del alcalde mayor un escrito en el que indicaba la distribución de los pueblos de encomienda y sus encomenderos, "y de esta manera hizo el repartimiento, unos de dos en dos y otros solos, según la calidad de las personas".[127] La tercera acción del gobernador Nuño de Guzmán fue, pues, la distribución de encomiendas. En fin, con respecto a la esclavitud podemos decir que, la carta que el cabildo de Compostela dirigió a la corona española solicitando el permiso para hacer esclavos en 1533 era una mera formalidad.

La pesquisa secreta que promovió el licenciado Diego Pérez de la Torre, en el marco del Juicio de Residencia contra Nuño de Guzmán, reveló información importante sobre la actividad esclavista en la Nueva Galicia. Las preguntas 27, 28, 29 y 30 buscaban indagar sobre este tema e interpelaban, primero, si los esclavos hechos eran legítimos, es decir, si se habían herrado sin ser enemigos de guerra, menores de 14 años o mujeres, debido a que se consideraba imposible que los niños y las mujeres pudieran representar una amenaza bélica para los españoles. Una vez esclarecido el punto sobre la legalidad de los esclavos, el cuestionario preguntaba sobre el procedimiento administrativo, sobre todo si se había pagado el impuesto que le correspondía al rey: "si daban y pagaban el quinto de todos ellos a su Majestad y a sus oficiales", decía la pregunta 29. Finalmente, la número 30 buscaba saber la mane-

ra en la que se hacía la distribución de los esclavos.[128] Casi todos los testigos a los que convocó
el licenciado Pérez de la Torre y que contestaron
a estas preguntas dijeron que sí se habían hecho
esclavos ilegítima e ilegalmente, es decir, que no
habían manifestado actitudes bélicas, que tenían
menos de 14 años y que eran mujeres. Diego
Segler agregó que, para el caso de Guadalajara,
Juan de Oñate había hecho más de 600 esclavos,
y según sus propias palabras: "menores de catorce
años como mujeres, y a muchos de ellos herraban
a las tetas de sus madres, menores de edad de un
año". Dijo más, que otros tenientes y oficiales de
Nuño Beltrán de Guzmán también habían herrado muchos más indígenas en la jurisdicción de
Guadalajara, "que podrá ser en cantidad de dos
mil quinientos con los que declarado tiene". Diego
Segler tenía pruebas de lo que decía pues fungía
como contador en la alcaldía de Guadalajara,
representante del contador de la Nueva Galicia,
Juan de Sámano, así que el quinto real debía serle
entregado cada que se herraban esclavos. Y dijo
que tenía en su poder el registro de esos esclavos. El juez de residencia pidió que se lo entregara, como en verdad lo hizo, para adjuntarlo como
prueba a su pesquisa secreta. Pero el libro de la
real hacienda donde se anotaba el número de
personas herradas sólo tenía registrados a 1,580
esclavos hechos en la jurisdicción de Guadalajara,
un millar menos que los que Diego Segler declaraba; así, quedaba en evidencia que los registros
oficiales sólo podían ser aproximativos a la baja,

pues también se hicieron esclavos de contrabando.[129] Finalmente, Segler explicó que lo obtenido en cada entrada se distribuía de la siguiente manera: un esclavo para el soldado de a pie, dos esclavos para el jinete, cuatro esclavos para el capitán y uno de cada siete esclavos para Nuño de Guzmán; todo después de haber sacado el impuesto del rey.[130]

Las expediciones esclavistas se organizaban de la siguiente manera. La víspera se decidía el objetivo y muy de mañana caían los conquistadores por sorpresa sobre el pueblo en desgracia, lo rodeaban, a menudo lo quemaban, y atrapaban a todo el ser humano que podían. Los metían a un corral improvisado para la ocasión y los encadenaban para transportarlos. Muchos indígenas aliados, a veces obligados, también participaban en estas correrías al lado de los españoles. Posteriormente los enviaban a los lugares donde la gente necesitaba brazos serviles, y los sitios más recurrentes eran las minas extenuantes y la ciudad de México. Los transportaban encadenados por el cuello de cien en cien, y esto sucedió también posteriormente, en tiempos del gobernador Francisco Vázquez Coronado.[131] Nuño de Guzmán solía reunir sus esclavos en Tonalá, conforme se hacían expediciones esclavistas en la jurisdicción de Guadalajara, y antes de que emprendieran el viaje a México para venderlos se los encargaba a los principales de Tonalá para que los alimentaran. Así lo declaró Hernando, cacique del pueblo, por intermediación del traductor Pedro de Tordesillas, el 14 de marzo de 1537: "que por mandado del dicho Nuño de Guzmán y de sus oficiales, a este testigo, como a cacique, le trajeron hasta en cantidad de sesenta o setenta indios machos menores de catorce años y mujeres herradas, y le mandaron que los tuviese y guardase y diese de comer y que oyó decir... que eran chichimecas y que le habían cabido de la parte del dicho Nuño de Guzmán".[132] El cacique de Tlaquepaque, cuyo nombre era también Hernando, dijo igualmente tener conocimiento sobre la intensa actividad esclavista de los españoles, pero sin detalles.

Pedro de Tordesillas, intérprete oficial en el Juicio de Residencia en Guadalajara, calculó que en esa villa se habían hecho más de mil esclavos, que las entradas se hicieron por orden de Nuño Beltrán de Guzmán, que entre los cautivos había mujeres, menores de 14 años y bebés que "aún mamaban a las tetas de sus madres". Aceptó que él mismo había participado en una redada.[133] Francisco Barrón, vecino de la villa, explicó que la autorización para hacer esclavos había sido dada por el gobernador Beltrán de Guzmán, muy probablemente bajo la presión de algunos españoles que amagaron con abandonar la Nueva Galicia si no se les permitía dicha actividad.[134] Maximiano de Angulo, por su parte, se quejó ante el juez de que, en su ausencia, Juan de Oñate había herrado como esclavos a muchos pobladores de una encomienda suya, incluidos ciertos naguatlatos, quienes al llegar los españoles al pueblo los recibieron con comida y bastimentos, en son de paz; que sin embargo los apresaron para después herrarlos.[135]

Juan Delgado contó que participó en una redada en Juchipila, donde se hicieron unos 480 esclavos, mujeres y niños menores de dos años entre ellos, a pesar de que algunos representantes del pueblo salieron al camino a recibir a Juan de Oñate con gallinas y refrigerio; sin embargo, "los tomaron por esclavos y después fueron al dicho lugar e hicieron esclavos a los indios que hallaron en el dicho pueblo". Posteriormente vio que algunos de estos cautivos se vendieron en subasta pública en la plaza de Guadalajara.[136]

En la alcaldía de Compostela las correrías esclavistas se concentraron sobre todo en el Valle de Banderas, en la costa y en Mascota. Según Juan Pascual, los pueblos en donde se habían hecho esclavos estaban de guerra. Calculó que en la jurisdicción de Compostela se habían herrado como dos mil personas, entre las que iban niñas y niños muy pequeños, hasta de menos de dos años, y mujeres.[137] Juan Sánchez opinó que las expediciones contra el Valle de Banderas, de la que resultaron muchos esclavos, se hicieron porque los habitantes de esa comarca habían matado a una docena de españoles, expediciones en las que él mismo había participado, dijo.[138] Diego Téllez, al ser cuestionado por el juez, declaró también que había sido parte de dos redadas esclavistas en Culiacán de las que resultaron más de 50 cautivos con mujeres y niños.[139] Cristóbal de Tapia, por su parte, aceptó que en la provincia de Culiacán, de donde él venía, se había esclavizado a mucha gente, pero que era de pueblos belicosos. Sin embargo, su convecino Diego de Alcaraz agregó que ahora los esclavos se traían de Culiacán a Xalisco en barco. Incluso reveló que ayer viernes le habían contado que acababa de llegar un cargamento de esclavos por mar.[140] En efecto, los responsables del navío declararon ese mismo día que el cargamento consistía en 21 esclavos machos que pertenecían al gobernador Nuño Beltrán de Guzmán.[141] La pesquisa secreta arrojó información sobre la cacería de esclavos solamente en tres alcaldías: Guadalajara, Compostela y Culiacán. El motivo es que el juez de residencia solamente estuvo presente en Guadalajara, en las minas de Zacatlán y en la capital de la Nueva Galicia, hasta donde llegaron dos procuradores de la villa de San Miguel de Culiacán, Tapia y Alcaraz, para hacer una declaración a nombre del cabildo. Además, la villa de Chiametla ya no existía pues había sido despoblada en 1535 y Purificación quedaba muy lejos del camino real, con una población débil y con un clima difícil. De esta villa nada se dijo en esta pesquisa secreta.

Al final de los interrogatorios se incorporaron los documentos probatorios. Uno de esos documentos fue la relación de los esclavos que se hicieron oficialmente en la Nueva Galicia y de los que se pagó el impuesto a la corona española.[142] Hay registros de esclavos hechos en el Valle de Banderas, en Zacualpa, en Chacala, Matanchén, Xaltemba y Etzatlán. Hay pago del quinto real por cautivos de Mascota, Conitle y Guaxacal; pero también por los esclavos de Tonalá, Huentitán y Culiacán. La esclavitud en la Nueva Galicia, en estos primeros años, se hizo alrededor de los asentamientos españoles. Sólo la comarca de Mascota parecería escapar a este patrón, pero no hay que olvidar que cerca de ahí se encontraban las minas de Zacatlán de Nuestra Señora, necesitadas de trabajadores forzados. En total, los esclavos oficiales, o de los que se pagó el impuesto al fisco real, fueron 4,670 distribuidos de la manera que lo muestra la siguiente tabla.

Esclavos hechos en la Nueva Galicia, 1535-1537.[143]

Nombre del capitán	Lugar	Fecha	Número de esclavos
Nuño de Guzmán	V. Banderas	31/Jul/1535	510
Nuño de Guzmán	V. Banderas	30/Ab/1535	50
Nuño de Guzmán	V. Banderas	s/f	50
Nuño de Guzmán	V. Banderas	31/Jun/1535	30
Nuño de Guzmán	V. Banderas	4/Jun/1535	15
Nuño de Guzmán	V. Banderas	31/Jul/1535	10
Nuño de Guzmán	V. Banderas	29/Jul/1535	30
Nuño de Guzmán	V. Banderas	11/Jul/1535	80
Pedro de Ulloa	V. Banderas	3/Jun/1535	35
Melchor Díaz	Culiacán[144]	18/Jul/1535	10
Cristóbal de Oñate	Conitle	1/Jul/1535	100
Álvaro de Bracamonte	Mascota y comarca	22/Sept/1535	350
Gaspar Briseño	V. Zacualpa	28/Sept/1535	30
Alonso de Castañeda	Salcochan y Chacala	3/Oct/1535	30
Luis Salido	V. Mascota	20/Oct/1535	285

Nombre del capitán	Lugar	Fecha	Número de esclavos
Luis Salido	Pueblo de Guaxacal	5/Nov/1535	210
Diversos capitanes	Provincia de Tonalá	Diversos tiempos	1,280
Gaspar Briseño	Pueblo de Auchatla	30/Nov/1535	35
Juan de Villalba	V. Banderas	25/Feb/1536	280
Alonso de Castañeda	Comitlán y Matanchén	Ene/1536	30
Diversos capitanes	Provincia de Culiacán	15/Jul/1536	845
Miguel de Ibarra	Barranca de Huentitán	15/Jul/1535	300
Francisco de Godoy	Alpatlán y Xaltemba	10/Ene/1537	44
Alonso de Castañeda	Río de Etzatlán	Dic/1536	31
TOTAL			4,670

La esclavitud es una de las actividades que ha dejado más cicatrices profundas en la sociedad emanada de la Nueva Galicia, es decir, en el occidente mexicano. No fue una esclavitud africana y lejana sino indígena y local, no fue un evento pasajero ni superficial sino un trauma muy fuerte y profundo que nunca ha sido reflexionado ni hablado, por el contrario, que ha sido ocultado a veces de manera inconsciente, a veces conscientemente. Y así, nunca ha podido ser exorcizado dicho trauma, ni sanado del todo dicha cicatriz.

Esas cicatrices que todavía podemos ver 500 años después, pero que ya no sabemos de dónde proceden, vienen de la esclavitud y la encomienda. Las relaciones sociales que se establecieron en aquellos momentos iniciales entre españoles e indígenas estuvieron condicionadas por el sistema de encomienda y por la esclavitud. Las sociedades ancestrales fueron dislocadas por la expedición de conquista y expulsadas de sus territorios a comarcas lejanas y desconocidas en una condición peor que servil, de esclavos, sin razones válidas, sin respuestas válidas. Al mismo tiempo llegaron poblaciones indígenas del altiplano central mexicano y de Michoacán, fueron tratadas con rigor, forzadas a pelear sin saber por qué ni por quién combatían pues para ellos el Dios cristiano nada significaba y el rey de España era como un concepto vacío, sin significado. Durante la campaña expedicionaria murieron muchos de ellos, murió el hermano y el amigo, murió el padre y el hijo; y mataron a personas desconocidas de las que ignoraban su existencia, y quemaron los pueblos de gente que nada les había hecho para merecer ese castigo. Parecían mercenarios rabiosos que matan sin sueldo. Al final, cuando los sobrevivientes lograron escuchar que la expedición había terminado y que pensaron que sus añoranzas por el regreso se iban a cumplir, fueron obligados a poblar la tierra al lado de las villas españolas, para servir como muralla de contención ante un posible embate de los pueblos locales contra los españoles. Fueron encadenados, literalmente, por el pescuezo para evitar que huyeran. Y finalmente, los conquistadores, buscadores de amazonas, de riquezas fáciles, parecían más unos buscavidas, unos gambusinos errantes *avant la lettre*, unos gitanos eternos que ya no sabían si algún día habrían de volver, tampoco ellos, a su tierra natal. Todos estos desarraigados estuvieron condenados a convivir en la Nueva Galicia. Entre todos ellos, el único denominador común, lo único que compartían era la violencia. Y sin embargo, a pesar de todo, se reprodujeron y se mezclaron. Tuvieron hijos y una descendencia común. Aquí no hay mitos dignos, ni honrosos, ni ejemplares que hayan dado nacimiento a la nueva sociedad. Aquí no hay águila devorando una serpiente en un nopal en medio de un lago. Aquí, más bien, hay Troyas y Cartagos destruidas hasta las cenizas, Rómulos y Remos cometiendo fratricidio, hay más de un Brutus traicionero y parricida, hay hombres inseminando mujeres por violación, sin que ello signifique un fresco del rapto de las Sabinas. Hay esclavitud, encomienda, despojo y humillación.

***

En las villas comenzó a desarrollarse una vida propia con una sociedad muy a la española. Incluso si sus vecinos debían dormir en petates, conservar en casa en cántaros de barro el agua para beber, utilizar sillas, mesas y mobiliario con madera y estilo local, que paulatinamente con el tiempo comenzaron a convivir con artículos llegados de Europa. Incluso si debían vestir ropa de manta fabricada en Culiacán, Sentispac, Tonalá o Michoacán, alternando con sus zaragüelles, camisas con tela de ruan y alpargatas hechas en Tlajomulco. Usar vajilla purépecha.[145] Comer tortillas de maíz o "pan de la tierra", como le llamaban, comer guisados de frijol o de maíz, con salsas de jitomate y chile como acompañamientos; endulzar sus alimentos y bebidas con miel de la abeja americana, utilizar la sal de la costa de la Mar del Sur, tanto bermeja como blanca, y pesca de donde mismo, con alguna de los lagos de agua dulce. Comer también guajolotes, gallinas y conejos, con un poco de cerdo o venado silvestre cuando había. Nutrirse con las frutas de la tierra, como les decían, como plátanos, anonas, zapotes, aguacates, guamúchiles, guayabas, dátiles, pitayas, tunas, sandías, pepinos, melones, chiles, y diversas raíces comestibles, que pronto comenzaron a convivir con plantas y frutos llegados de Europa como peras, duraznos, membrillos, manzanas, higos, granadas y uvas.[146] Es decir que, aunque la vida en las villas no podía ser por completo europea, había elementos propios de la usanza española como su traza urbana en forma de cuadrícula, su cabildo y regimiento, su alcalde mayor, su iglesia que destacaría pronto del resto de las construcciones.

Las villas buscaban ser el alma de España en tierras americanas, en tierras de la Nueva Galicia. Ahí también decidieron reagruparse para vivir los conquistadores, con sus esclavos negros e indígenas, con sus aliados nativos de Tlatelolco, Tlaxcala, Texcoco, México y Huejotzingo. Aunque no se instalarían propiamente en solares al lado de los españoles sino en los arrabales, como si fueran las murallas de las villas. Además, los únicos que serían llamados vecinos eran los españoles. Los demás no existían en términos jurídicos. No podían acceder al cabildo como regidores o alcaldes ordinarios, no podían aspirar a alcalde mayor. El perfil de esos vecinos europeos de las villas de la Nueva Galicia, basados en la información que ofrece la pesquisa secreta del Juicio de Residencia contra Nuño Beltrán de Guzmán, todavía de carácter preliminar, es posible obtenerlo a partir de los testigos que participaron en los interrogatorios. En total, hubo 31 declarantes españoles, que representaban, quizás, poco más del 10% de la población europea de esta gobernación. Hubo 15 vecinos de Guadalajara que dieron su testimonio, tres de las minas de Zacatlán, once de Compostela y dos de Culiacán. De los vecinos de Guadalajara, la mitad era analfabeta, es decir que ocho supieron firmar contra siete que no. La mayoría eran jóvenes: seis de ellos tenían veintitantos, otros seis eran treintones, sólo dos dijeron tener arriba de 40 años y sólo declaró una persona que podemos considerar en la senectud pues tenía 80 años. Se llamaba Pedro de Bobadilla, y había pasado muchos años de su vida en el Nuevo Mundo. La ciudad de Compostela tenía más o menos la misma cara que la villa de Guadalajara. De los 11 declarantes sólo cinco dijeron que no sabían leer ni escribir, los otros seis sí plasmaron su firma. Ocho de ellos tenían menos de 40 años y el número podría aumentar porque los otros no declararon su edad. En las minas de Zacatlán, donde hubo tres declarantes, todos supieron firmar y el mayor tenía 36 años, otro 30 y otro 25. Los procuradores que acudieron a Compostela procedentes de Culiacán, ambos sabían firmar y tenían 34 y 30 años respectivamente. El rostro de las villas españolas, pues, era masculino y juvenil. La mayoría tenía menos de 40 años y menos de la mitad era analfabeta. Véanse las siguientes tablas obtenidas de la pesquisa secreta que hizo el licenciado Diego Pérez de la Torre.

Testigos españoles vecinos de Guadalajara.

Nombre	Edad	Sabe firmar	Fecha de su deposición
Diego Segler	26	Sí	13/Mar/1537 y 24/Mar/1537
Pedro de Plascencia	25	Sí	18/Mar/1537
Pedro de Bobadilla	80	No	18/Mar/1537
Santiago de Aguirre	26	Sí	19/Mar/1537
Pedro de Tordesillas	40	No	19/Mar/1537
Diego Téllez	35	No	18/Mar/1537
Miguel de Ibarra	32	Sí	20/Mar/1537
Francisco Barrón	25	Sí	20/Mar/1537
Maxiamiano de Angulo	30	Sí	22/Mar/1537
Juan Delgado	25	No	26/Mar/1537
Martín de Castañeda	30	No	26/Mar/1537
Pedro Jiménez	35	No	27/Mar/1537
Juan Sánchez de Belmonte	30	Sí	28/Mar/1537

Nombre	Edad	Sabe firmar	Fecha de su deposición
Cristóbal Romero	40	No	28/Mar/1537
Lope de Viana	29	Sí	4/Abr/1537

Testigos españoles en las minas de Zacatlán.[147]

Nombre	Oficio	Edad	Sabe firmar
Alonso López	Alcalde mayor	30	Sí
Martín de Mondragón	Minero	36	Sí
Pedro de Soto	Minero	25	Sí

Testigos españoles en Compostela.

Nombre	Edad	Sabe firmar	Fecha de su deposición
Juan Pascual	30	No	20/Abr/1537 y 24/Abr/1537
Gaspar Briseño	36	Sí	20/Abr/1537
Francisco de Ojeda		No	21/Abr/1537
Hernán Darías		Sí	21/Abr/1537
Juan Durán	28	No	21/Abr/1537
Juan de Villalba	35	Sí	21/Abr/1537
Miguel Sánchez	28	No	23/Abr/1537
Rodrigo Simón	34	Sí	24/Abr/1537
Francisco de Godoy	26	Sí	24/Abr/1537
Martín Benítez	30	Sí	24/Abr/1537
Juan Reina			1/May/1537

Procuradores de la villa de San Miguel de Culiacán.

Nombre	Edad	Sabe firmar	Fecha de su deposición

| Diego de Alcaraz | 30 | Sí | 21/Abr/1537 |
| Cristóbal de Tapia | 34 | Sí | 21/Abr/1537 |

Sobre los pueblos indígenas podemos poner en evidencia un par de observaciones, además de lo que ya se dijo sobre los tributos que entregaban a Nuño Beltrán de Guzmán. Observamos que casi todos los que hicieron su declaración en esta pesquisa secreta eran caciques de menos de 40 años, que casi todos habían sido bautizados con un nombre cristiano, salvo en dos casos: Achiltlacote, 35 años, cacique de Toneltlán; y los dos caciques de Cuistlán, de la encomienda de Francisco Barrón, quienes se llamaban Oyecuante y Quigua. Los tres, "juraron por sus leyes porque dijeron no ser cristianos, poniendo la mano en la tierra y besándola".[148] También hay que destacar que se trata de caciques que recién habían llegado a esa posición, no son los que encontraron los conquistadores por primera vez durante la campaña expedicionaria. En Tonalá, por ejemplo, ya no estaba la señora que gobernaba, el cacique que hizo su declaración se llamaba Hernando. En el mundo indígena había habido una serie de sucesiones vertiginosas y de cambios de liderazgos desde los tiempos de la conquista y durante los primeros años de la Nueva Galicia. En Sentispac, por ejemplo, el principal se llamaba Cristóbal de Oñate, y expuso ante el juez Diego Pérez de la Torre que él era el tercer cacique que había habido en su pueblo desde que pasó el cuerpo expedicionario la primera vez. Además, relató la muerte de Cuizalín: dijo que cuando llegó

Nuño de Guzmán le exigió que le entregara una cantidad muy alta de oro, y que no pudo conseguirlo porque sus opositores en el pueblo, lejos de apoyar su decisión, tomaron la decisión de matarlo. Y no solamente lo mataron a él sino también a todo su linaje. Entonces accedió al mando Xoil, quien consiguió reunir una jícara llena de joyas de plata y oro para Guzmán. Así consiguió su estabilidad como principal del pueblo. Sin embargo, murió pocos días antes de que comenzara el Juicio de Residencia y Oñate se convirtió en el nuevo cacique de Sentispac, pues, además, sabía hablar náhuatl y había participado como intérprete en muchas negociaciones con los conquistadores.[149] A la luz del ejemplo de Sentispac, alcanzamos a vislumbrar que en la mayor parte de los pueblos de la gobernación había una nueva generación de principales y dirigentes indígenas en sus pueblos, eran jóvenes y afines a los conquistadores. Al menos así parece por la información de la pesquisa secreta.

CACIQUES QUE DECLARARON EN LA PESQUISA SECRETA.

Nombre	Edad	Lugar	Encomendero	Fecha
Hernando Pañol	40	Tonalá	Nuño de Guzmán	14/Mar/37
Guzmán	40	Tetlán	Nuño de Guzmán	14/Mar/37
Hernando	40	Zalaguatitlán	Nuño de Guzmán	14/Mar/37
Hernando	30	Ocotlán	Nuño de Guzmán	15/Mar/37

Nombre	Edad	Lugar	Encomendero	Fecha
Hernando	40	Tlaquepaque	Nuño de Guzmán	15/Mar/37
Achiltlacote	35	Toneltlán	Nuño de Guzmán	16/Mar/37
Juan de Bolaños	30	Tequisistlán	Cristóbal Romero	16/Mar/37
Oyecuante y Quigua		Cuistlán	Francisco Barrón	16/Mar/37
Diego Vázquez	35	Tlajomulco	Nuño de Guzmán	16/Mar/37
Don Pedro	30	Cuitzeo	Nuño de Guzmán	18/Mar/37
Don Pedro	40	Amajaque	Nuño de Guzmán	18/Mar/37
Alonso	40	Tlacotlán	Juan de Saldívar	18/Mar/37
Juan	40	Nochistlán		23/Mar/37
Francisco	40	Ahuacatlán		20/Abr/37
Cristóbal de Oñate	40	Sentispac	Nuño de Guzmán	30/Abr/37
Antón Camargo	40	Chacalmaloa	Sujeto a Sentispac	30/Abr/37

Hay que reiterarlo, estos rasgos que aparecen sobre la composición humana de las villas españolas y sobre la dirigencia indígena, representan todavía un resultado muy preliminar que tendrá que precisarse una vez que se incorpore la información emanada de la apelación de Nuño de Guzmán en la segunda fase del proceso de residencia, en donde responden al interrogatorio un mayor número de españoles de todas las villas, incluso, ahora sí, la villa de la Purificación; y otros testigos indígenas.

***

Súbitamente, el gobierno de Nuño Beltrán de Guzmán representó una nueva organización política y económica para esas tierras bautizadas con el nombre de Nueva Galicia. Además, hubo al fin una cohesión en esos mismos términos, forzada, es cierto, alejada de parámetros culturales o tradicionales en común, pero cohesión al fin, que paulatinamente habría de reforzarse con elementos nuevos de identidad religiosa, con infraestructura y caminos nuevos y con actividades económicas nuevas. Por la pesquisa secreta advertimos que los liderazgos indígenas fueron cambiados, la mayoría de manera violenta al calor de la guerra a fuego y sangre; las actividades económicas fueron intensificadas y orientadas hacia la búsqueda de oro y minas de plata, que se convirtieron en una nueva prioridad. Y la cacería y el comercio de esclavos fue la marca de la Nueva Galicia en sus primeros años, así como lo había sido en la provincia de Pánuco. Podemos considerar que Nuño de Guzmán tuvo éxito en conseguir algunos de sus propósitos iniciales, pero fracasó en otros. Triunfó al conseguir crear un nuevo reino, aunque no tan grandioso como él hubiera querido, pues su deseo era opacar al de la Nueva España. Triunfó al conseguir escapar de la justicia española, aunque no por muchos años, pues en 1537 sería encarcelado en

México. Triunfó al descubrir un mundo ignoto, aunque ese mundo no contuviera amazonas ni ciudades de oro. Triunfó al descubrir la continuación del Mar del Sur en el septentrión, aunque no haya logrado encontrar un estrecho que lo comunicara con el Atlántico. Triunfó al viajar por tierra de la Nueva Galicia a Pánuco, en 1532, en ruta directa sin pasar por la Nueva España, aunque comprendió que debido a la enorme distancia que separaba a ambas gobernaciones, llevaría tiempo y muchos esfuerzos lograr vincularlas permanentemente. No obstante, fundó una villa de enlace en Pánuco, Santiago de los Valles, y otra en la Nueva Galicia con el mismo fin: Guadalajara. Pero no tuvo tiempo de establecer otros eslabones intermedios que convirtieran el viaje de Guzmán en una proeza en vez de una aventura. De esta manera, la gobernación de Nueva Galicia se vio obligada a vivir sola e independiente de Pánuco. El vínculo entre ambas gobernaciones tuvo que darse, sin remedio, siempre a través la ciudad de México.

En el ámbito del gobierno todo fue proeza y aventura para estos europeos, binomio indisociable de cada uno de sus pasos, pues debieron gobernar la Nueva Galicia con improvisaciones porque carecían de todo lo elemental. En 1535, cuando Hernán Cortés se hospedó por cuatro días en la casa de Guzmán antes de pasar a explorar La California, en una de sus charlas que siempre contenían buenas dosis de ironía como dos enemigos políticos que eran, Nuño de Guzmán le dijo a Cortés que debería sentirse muy afortunado y

agradecido con Dios por haberle permitido realizar grandes hazañas en el Nuevo Mundo: "Dios
hasta ahora le ha hecho tanta merced", le dijo.
Hernán Cortés le contestó que, en realidad, sentía
que tenía poco mérito y que incluso aunado a los
méritos de todos los demás conquistadores seguía
siendo menor, comparado con lo que Nuño de
Guzmán había logrado en la Nueva Galicia, porque
parecía imposible lograr sostener tanta pobreza y
él lo había conseguido: "por Dios, señor, -contestó
Hernán Cortés- que me parece que habéis hecho
más en sostener esta pobreza que todos cuantos
acá hemos pasado".[150] Era cierto. El gobernador de
la Nueva Galicia no tenía palacio de gobierno, ni
sede para impartir justicia, ni lugar para reunirse
con sus oficiales reales, ni escritorios, ni archiveros
donde conservar las diligencias, correspondencia
oficial y procesos diversos... Todo el gobierno de
la Nueva Galicia, con sus ministerios, secretarías
y oficios reales, cabía en 12 petacas que estaban en
una casa de Nuño Beltrán de Guzmán en Compostela. El 5 de mayo de 1537, el juez de residencia
acudió a esa casa para tomar todo lo que había en
ella. Hizo el debido registro ante escribano, con tres
testigos que estuvieron presente y que firmaron al
final del levantamiento. En primer lugar, había
armas muy modestas: ocho alabardas, una lanza
con su fierro, dos estandartes reales, dos ballestas con sus saetas y carcajes, dos grebas, diversos
aderezos de ballestas, dos pares de cribas, un ansa
de armas, dos quijotes, una celada y cañones cuyo
número no se menciona. Era todo el arsenal del

gobernador. Para tratar los asuntos administrativos y de justicia tenía tres resmas de papel en una petaca, otra petaca con escrituras, tres pares de acusar en otra petaca más, dos cepillos y una mancuerda de fierro para atormentar, y una petaca con varios libros de leyes y de historia. Tenía tres petacas más donde guardaba yerbas para curar, drogas y medicinas. También se inventariaron artículos de montura como cinchas, capas, estribos y látigos; ovillos de hilo, limas y recipientes con fierros diversos; una fragua con sus fuelles, un yunque y una algorza; cinco hachas de cera de la tierra; una aguja quebrada de marear y una ballesta para tomar el norte; una mesita plegable de tres pies y un juego de ajedrez con sus tablas. Podemos concluir, pues, que en 1537 el gobierno de la Nueva Galicia cabía en 12 petacas.[151]

6. Cárcel, juicio y exilio

El gran acontecimiento político del año 1535, sin embargo, no fue el encuentro cara a cara entre Hernán Cortés y Nuño de Guzmán sino la llegada a México del primer virrey de la Nueva España: don Antonio de Mendoza. Sin duda traía noticias frescas de la política española: sobre la posición de los borgoñones en la corte imperial de Carlos V, sobre la suerte de M. Gattinara, sobre los progresos de Francisco de los Cobos. Era urgente para Nuño Beltrán de Guzmán encontrarse con el virrey.

Además, su llegada significaba que los miembros de la segunda audiencia de México, enemigos abiertos de Guzmán, habían perdido todo poder. Sin embargo, el gobernador de la Nueva Galicia no se precipitó, sabía que no tenía que abandonar su gobernación mientras Hernán Cortés permaneciera con sus actividades de exploración en La California y con una presencia permanente de sus hombres en el fondeadero de Chiametla. De manera que, una vez que regresó a México, en 1536, Nuño de Guzmán se preparó para seguir sus pasos.

En el penúltimo mes de 1536 Nuño Beltrán de Guzmán llegó a la ciudad de México después de haber hecho un alto en la villa de Guadalajara, donde algunos vieron al gobernador jugar a los naipes.[152] El virrey Antonio de Mendoza le dio un trato con el mayor refinamiento, algo que hacía años no recibía Beltrán de Guzmán, y no le permitió que se hospedara en ningún lugar que no fuera su propia casa. "El virrey no me dio lugar sino que posase en su casa", escribió el gobernador de la Nueva Galicia.[153] Ahí permaneció durante varios días, varias semanas en realidad, hasta que terminó el año. En enero de 1537 se sintió muy enfermo de calenturas que lo tumbaron en la cama. Cuando se repuso y logró estar de pie aunque muy flaco y con mal aspecto, le mandaron llamar delante del virrey, de los oidores y del licenciado Diego Pérez de la Torre, quien traía bajo el brazo un nombramiento como juez de residencia del gobernador de la Nueva Galicia y quien le notificó en persona una orden de aprehensión, "para que de aquel lugar -escribió Nuño de Guzmán más tarde- donde en nombre de su Majestad y como su presidente había mandado y gobernado toda la tierra, siendo su capitán general y gobernador, me llevasen *coram populo* a la cárcel pública donde negros y ladrones y otras gentes estaban, y allí estuve dieciocho meses y dieciocho días preso sin salir de ella un día...".[154] El espectáculo estaba bien preparado. La prisión del gobernador de la Nueva Galicia, quien siempre se había mostrado reacio a la autoridad de México desde su gobernación, ahora, de manera teatral, *coram populo*, es decir frente a todo el pueblo y a la luz del día, así el gobernador Nuño Beltrán de Guzmán era llevado a la prisión común. Se trataba de dar una lección para todos: así terminaría aquel que desafiara la autoridad de México.

Por otro lado, el protector político de Nuño Beltrán de Guzmán ya se encontraba bastante desentendido de los asuntos americanos pues, como se ha dicho antes, desde su nombramiento como secretario del Consejo de Estado en 1529, Francisco de los Cobos debió acompañar al emperador Carlos V a todos sus viajes en Europa y el Mediterráneo. En 1535, un año antes del nombramiento del licenciado Diego Pérez de la Torre como gobernador de la Nueva Galicia, Francisco de los Cobos acompañó al emperador a Túnez para recuperar la ciudad de manos de Jeireddín Barbarroja, un corsario otomano que la había asaltado y tomado en 1534. La campaña fue todo un éxito y el 21 de julio de 1535 el emperador Carlos V hizo su entrada triunfal a la ciudad mientras Barbarroja precipitaba su huida. De ahí, el emperador pasó a Nápoles en agosto. Pero los acontecimientos europeos se precipitaban sin respiro. El 24 de octubre de ese año murió Francisco María Sforza, duque de Milán, y con su muerte se desató una nueva guerra entre Francia y España porque Felipe, el hijo del emperador, era el heredero del ducado de Milán. Al comenzar el año de 1536 Francisco I, rey de Francia, tomó la iniciativa y lanzó 40,000 soldados al ducado de Savoya, conquistó Turín, pero fracasó frente a la resistencia de Milán. La respuesta de Carlos V no se dejó esperar y tampoco fue tímida: invadió la Provenza con sus tropas imperiales que llegaron hasta Aix-en-Provence pero no pudieron ganar un ápice en Aviñón. Finalmente, gracias a la intermediación del Papa Pablo III, las hostilidades terminaron con la firma de una tregua en Niza, en junio de 1538.[155] Definitivamente los asuntos del imperio absorbían mucho tiempo y muchas energías; además, seguramente que el recuerdo de Nuño Beltrán de Guzmán en la mente de Francisco de los Cobos había quedado bastante diluido y lejano pues desde su nombramiento como gobernador de Pánuco en 1525, año en que Guzmán hizo sus alforjas y se despidió de él en Toledo, nunca más habían vuelto a verse y la información que debió circular en los corredores de Sevilla, de Toledo y de Madrid con respecto a Guzmán durante el periodo de la segunda audiencia que gobernó la Nueva España (1530-1535) no debieron hacer sentir orgulloso a nadie. Nuño Beltrán de Guzmán, preso en la cárcel pública de México en enero de 1537, había perdido todos sus apoyos políticos en España y muy probablemente también el sentido de la realidad política de ese tiempo. Confundido de esta manera, terminó su carta memorial ya con los pies en España, pero con un estado de ánimo de mucho pesimismo, casi de depresión que se resume bien en esta frase suya: "más valiera no ser nacido ni vivir".[156]

De esta manera comenzó y se llevó el juicio de residencia contra Nuño Beltrán de Guzmán, con el procesado preso en la cárcel pública de México en donde tuvo que oír el requerimiento para que designara un procurador que hablara en su nombre y en donde Guzmán contestó que no lo haría porque deseaba estar presente en la Nueva Galicia durante el proceso judicial: "él no podía informar por procurador sin parecer en propia persona agravio", expresó.[157] Ese era el punto y la estrategia del juez, pues según el parecer de la corte Beltrán de Guzmán era demasiado fuerte estando presente en su gobernación. No por su potencia bélica o por su artillería, no por su habilidad política, sino porque la Nueva Galicia todavía estaba demasiado aislada, alejada y desconocida para casi todos en México, y porque Nuño de Guzmán tenía fama de tomar determinaciones extremas como cuando hizo prisionero a Luis de Castilla en Tepic, representante de la audiencia de México en 1531. De manera que, para garantizar que el juicio de residencia fuera llevado sin sobresaltos y con la debida normalidad, lo mejor era que Nuño Beltrán de Guzmán estuviera arraigado en la cárcel de México. También, el juez de residencia tenía que realizar un proceso expedito con sentencias contundentes. De esta manera, podrían deshacerse de un personaje incómodo, rezongón y retador, que consideraba que por su conquista el cetro real le debía todo, para dar paso a un nuevo gobernador que, al revés, supiera que él le debía todo al cetro real. Y así fue.

El licenciado Diego Pérez de la Torre se presentó en la villa de Guadalajara el 12 de marzo de 1537 para dar comienzo a la residencia. Presentó la provisión de su Majestad al cabildo reunido en la iglesia de San Pedro y señaló como audiencia los poyos de la casa donde moraba. Designó un horario de atención y mandó citar a declarar a los caciques de los pueblos comprendidos en la alcaldía de Guadalajara, especialmente los que eran encomienda de Nuño de Guzmán. Ahí también declararon once vecinos de la villa. Ahí permaneció todo un mes. El 14 de abril ya estaba recibiendo testimonios en las minas de Zacatlán de Nuestra Señora, donde declararon tres testigos, y el día 20 del mismo mes ya se encontraba en Compostela, donde recibió las deposiciones de once vecinos de dicha ciudad, de dos procuradores de la villa de San Miguel de Culiacán y de tres indígenas principales de Ahuacatlán y de Sentispac. El primero de mayo terminaron las declaraciones. La semana que siguió el juez trabajó en Compostela en incorporar los documentos probatorios al proceso judicial y en dictar la sentencia. Culpó a Nuño Beltrán de Guzmán con 18 cargos: se le acusó de torturar, explotar, esclavizar y matar a los indígenas; se le acusó de malversación de fondos pues se atribuía a sí mismo los tributos que correspondían a la hacienda real; se le acusó de monopolizar las minas; se le acusó de favorecer más a unos conquistadores que a otros en la repartición de privilegios, sobre todo a sus parientes y allegados; se le acusó de ahorcar a algunos españoles sin el debido proceso y de avergonzar a otros en público. En vista de estos 18 cargos el juez le condenó a que regresara a los indígenas todo lo que les había arrebatado en joyas, oro y plata, y para la hacienda de su Majestad mil pesos de multa, además de un destierro de la Nueva España durante un año, y dos en caso de que no lo cumpliera. Se le condenó a pagar a la hacienda del rey el valor de todos los tributos que había recibido de los pueblos indígenas que se atribuyó en encomienda porque como gobernador tenía un salario sin derecho a tributos. Se le condenó a pagar a la real hacienda más de 2,300 pesos por lo correspondiente al quinto real de los esclavos que hizo, además le condenó a devolver el precio total de todos los esclavos que capturó porque los indígenas eran sujetos libres de la corona española. Le condenó al destierro de la Nueva España y al pago de 500 pesos de oro por haber sometido a jornadas de trabajo extenuantes a los indígenas en las minas de plata. Le condenó a pagar mil pesos a la real hacienda y al ostracismo por un año por haber ahorcado a dos españoles sin el debido proceso. Le condenó a un año de destierro y al pago de 500 pesos de oro por haber azotado y avergonzado públicamente a varios españoles. El juez determinó que los destierros tenían que ser cumplidos en los tres meses inmediatos a su liberación carcelaria y que, de no acatarlo, la condena sería doblada. Los temas relativos a la tortura y muerte del caltzontzin y todo lo sucedió antes de que asumiera como gobernador se remitieron al Consejo de Castilla pues el juicio de residencia en turno sólo contemplaba su actuación como gobernador de la Nueva Galicia. El cinco de mayo procedió al secuestro de los bienes y el nueve del mismo mes la sentencia se leyó púbicamente en los estrados de la audiencia de Compostela. A partir de este momento, el licenciado Diego Pérez de la Torre asumió como gobernador de la Nueva Galicia.

Nuño Beltrán de Guzmán reaccionó entonces desde la prisión y desde ahí promovió al fin las diligencias legales para su apelación. Durante todo ese año y parte del siguiente sus procuradores, escribanos y abogados recorrieron toda la Nueva Galicia levantando testimonios a su favor, fueron a la villa de la Purificación, a la de Guadalajara y a Compostela colectando buenas opiniones, incluso recogieron deposiciones favorables en la ciudad de México en dos ocasiones. Reunieron un expediente que junto con la pesquisa secreta superó los 800 folios. Pero todo fue inútil, la decisión ya estaba tomada, el destierro era una medida de carácter político con formato de legalidad, y hubiera sido un error dar marcha atrás. La aventura de Nuño Beltrán de Guzmán en el Nuevo Mundo había llegado a su fin.

***

Veinte años después, el 19 de octubre de 1558 en la villa española de Valladolid, el escribano de número del lugar llamado Francisco Zerón recibió de manos de un anciano un documento en un sobre cerrado y sellado. Dijo que era su testamento y su última voluntad, escrito en siete hojas y firmado de su puño y letra. También dijo que era vecino de la ciudad de Guadalajara, aunque vivía en Valladolid donde rentaba un aposento, y que se llamaba Nuño Beltrán de Guzmán. El escribano dejó asentado que el anciano estaba enfermo pero que conservaba toda su lucidez. Siete días después, el 26 de octubre, un hombre que dijo llamarse Diego de Ponte manifestó ante la autoridad de Valladolid que Nuño Beltrán de Guzmán había fallecido dos o tres horas antes. Para entonces debió haber tenido una edad de 68 años menos cinco días. Murió en presencia de Sabina de Guzmán, una parienta suya, huérfana, quien lo había acompañado durante el último trecho de su vida, viendo por él en su vejez y cuidándole en sus enfermedades. A ella le dejó buena parte de su herencia, notablemente su recámara y ciertas joyas. También estuvo con Guzmán en el tránsito al otro mundo un esclavo suyo, llamado Francisco, a quien le dejó como herencia su libertad, aunque, escribió el moribundo, "ha sido muy travieso y me ha hecho desabrimientos". Solicitó que el resto le fuera entregado a su hermano Gómez Suárez de Figueroa.

Por las preocupaciones que manifestó en su testamento sobre deudillas y asuntos en curso, podemos captar que la vida de Nuño Beltrán de Guzmán en sus últimos días era la de un mayorazgo austero y sencillo que no pasaba penurias y que vivía preocupado solamente por ir al sastre, al cordonero y al joyero. Pero también, que era un anciano con su mente en las Indias, en el Nuevo Mundo, de donde debían llegarle en cualquier momento -decía- los salarios que le debían de cuando sirvió en aquellos lugares a su Majestad. Como gobernador de Pánuco, aseguraba que se le debía "casi todo el salario, como parecerá por los libros de los oficiales". Como gobernador de la Nueva Galicia, escribió: "no tengo recibido más de tres mil ducados, y librados diez mil castellanos y no recibidos, y me está por librar un año y cuatro meses". Además, reclamaba los tributos que le correspondían como encomendero de la Nueva Galicia, "mis indios y vasallos con los frutos y rentas de ellos desde el día que se me quitaron, por descargo de su real consciencia". Solicitó, como su última voluntad, que cuando le llegaran todos esos peculios de las Indias, "se den al embajador Gómez Suárez de Figueroa, mi hermano, por lo mucho que le debo".[158] Ese dinero, quizás sobra decir, nunca llegaría... Mierda.

[DOCUMENTO]

[s/f]

NUEVA GALICIA   +   AÑO DE 1536

Residencia que el licenciado don Diego de la Torre, juez de residencia del Nuevo Reino de Galicia, tomó de Nuño de Guzmán, gobernador de la provincia de Galicia de la Nueva España.[159]

[s/f]

Residencia de Nuño de Guzmán, de la Nueva Galicia, que tomó el licenciado de la Torre.

I. En la villa de Guadalajara,[160] que es en la Nueva Galicia de esta Nueva España, a doce días del mes de marzo del año del nacimiento de Nuestro Salvador Jesucristo de mil quinientos treinta y siete años, estando dentro de la iglesia del señor San Pedro, y estando en cabildo dentro de la dicha iglesia **(2)** los señores Santiago de Aguirre,[161] alcalde en la dicha villa, y Miguel de Ibarra[162] y Francisco Barrón,[163] regidores de ella, por presencia de mí Diego de Baeza, escribano de sus Majestades, en todos los sus reinos y señoríos, **(3)** pareció presente el magnífico señor licenciado Diego de la Torre[164] e hizo presentación de una provisión de su Majestad, escrita en papel y firmada de la emperatriz y reina nuestra señora y refrendada de Juan de Sámano su secretario, firmada, en las espaldas, de los señores presidente y oidores de su Consejo de las Indias y sellada con su sello real según que por ella parecía su tenor de la cual es este que se sigue.

II. Don Carlos, por la divina clemencia emperador siempre augusto, rey de Alemania. Doña Juana su madre y el mismo don Carlos por la gracia de Dios rey de Castilla, de León, de Aragón, de las dos Sicilias, de Jerusalén, de Navarra, de Granada, de Toledo, de Valencia, de Galicia, de Mallorca, de Sevilla, de Cerdeña, de Córdoba, de Córcega, de Murcia, de Jaén, de los Algarves de Algecira, de Gibraltar, de las islas de

Canaria, de las Indias [s/f v] e islas y tierra firme del mar océano; condes de Barcelona, señores de Viscaya y de Molina, archiduques de Austria, duques de Borgoña y de Bravante, condes de Flandes y de Tirol, etc. **(2)** A vos el licenciado de la Torre, salud y gracia. ...sepais[165] que por algunas causas cumplideras al nuestro servicio y a la ejecución y administración de nuestra justicia, es nuestra merced y voluntad de mandar tomar residencia a Nuño de Guzmán, nuestro gobernador de la provincia de Galicia de la Nueva España y al alguacil mayor de ella y a sus lugartenientes y oficiales del tiempo que han tenido los dichos sus oficios y usado y ejercido la nuestra justicia en la dicha provincia y hagan ante vos la residencia que la ley así en las cortes de Toledo en tal caso manda. Y confiando de vos, que sois tal persona que entenderéis en ello y en todo lo que vos fuere mandado con aquella diligencia y mandado y fidelidad que a nuestro servicio y bien común de la dicha provincia cumple, es nuestra merced de vos encomendar y cometer lo susodicho con nuestro poder bastante vos lo encomendamos y cometemos; **(3)** por cual vos mandamos que luego que ésta veáis, vais a la dicha provincia de Galicia de la Nueva España y toméis en vos las varas de nuestra justicia de ella y, así tomadas, recibid del dicho Nuño de Guzmán y del dicho alguacil mayor y de sus lugartenientes que han sido y son de la dicha provincia y de los alcaldes ordinarios de la ciudad de Compostela[166] y de las otras ciudades y villas [f. 1] de la dicha provincia[167] y la dicha residencia por término de sesenta días según que la dicha ley lo dispone, la cual mandamos al dicho Nuño de Guzmán y a los dichos sus oficiales y alguacil mayor y lugartenientes y alcaldes que las hagan ante vos según dicho es, zanjando las causas y cosas que les fueren pedidas ante vos conforme a justicia y a lo que está mandado por las provisiones y ordenanzas de los católicos reyes nuestros señores padres y abuelos, y las que por Nos han sido dadas. La cual dicha residencia mandamos al dicho Nuño de Guzmán nuestro gobernador, y alguacil mayor y sus lugartenientes y sus oficiales y alcaldes, que las hagan ante vos según dicho es. **(4)** Y para la hacer, vengan y parezcan ante vos personalmente a la parte y lugar de la dicha provincia donde residieres[168] y que estén presentes durante el tiempo de la dicha residencia so las penas contenidas en las *Premáticas*[169] de estos nuestros reinos que sobre ello disponen. **(5)** Y otro sí, vos mandamos que os informéis de vuestro oficio cómo y de qué manera el dicho Nuño de Guzmán y los dichos sus oficiales y alguacil mayor y lugartenientes y alcaldes ordinarios han usado y ejercido los dichos oficios y cargos y ejecutado nuestra justicia, especialmente en los pecados públicos y cómo se han guardado las leyes y ordenanzas e intenciones de los dichos católicos reyes nuestros señores padres y abuelos [f. 1v] y más dadas y hechas para estas partes y cómo han guardado y defendido la dicha nuestra justicia, derechos y preeminencia, patrimonio real, y si en algo los hallares[170] culpantes por la información secreta, llamadas y oídas las partes, averiguada la verdad y así averiguada, haced sobre todo ello cumplimiento de justicia y hecha, luego pasados los dichos sesenta días, con toda diligencia y recibido sin lo detener, lo enviad ante Nos para que seamos con brevedad informados del estado de las cosas de la dicha provincia; **(6)** y asimismo hayáis información y digáis cómo y de qué manera el dicho nuestro gobernador y alguacil mayor y sus lugartenientes y oficiales y alcaldes han usado y entendido y tratado las cosas del servicios de Dios Nuestro Señor, especialmente en lo tocante a la conversión de los naturales de la dicha provincia y a las otras cosas de nuestro servicio y así en el ejercicio de la nuestra justicia como en el buen recaudo y fidelidad de nuestra hacienda y bien de la dicha provincia y vecinos y moradores de ella; **(7)** y asimismo de las penas que se han condenado con cualesquier consejos y personas particulares pertenecientes a nuestra cámara y fisco las hagáis cobrar de ellas y entreguen al nuestro tesoro de la dicha tierra o a quien su poder hubieren. **(8)** Y otro sí, vos informad cómo y de qué manera los alcaldes ordinarios, alguacil, regidores y escribanos de consejo y otros oficiales de las [f. 2] dichas ciudades y villas de la dicha provincia han usado y ejercitado los dichos oficios después que por Nos fueron proveídos, y si han ido y pasado contra las leyes hechas en las cortes de Toledo y contra lo que está mandado y ordenado por los dichos católicos reyes nuestros y por Nos proveído para la dicha provincia, y si en algo los hallares[171] culpantes por la información secreta les deis traslado de ello y averiguada la verdad de todo, hagáis y determinéis lo que hallares[172] por justicia, que Nos por la presente suspendemos y habemos por suspendidos a los dichos Nuño de Guzmán y a los dichos sus lugartenientes y alguacil mayor y otros oficiales y a las otras más justicias de los dichos oficios y cargos. **(9)** Otro sí, vos mandamos que conozcáis de todas las dichas causas y negocios que tuvieren cometidos por Nos o por el nuestro presidente y oidores de la nuestra Audiencia y Chancillería Real de la Nueva España, como por otras cualesquier nuestras justicias, y toméis los procesos en el estado que los hallares[173] y atento de tiempos y forma de las causas y provisiones y requisitorias que les fueron dadas hagáis al respecto entero cumplimiento de justicia, como si a vos fueran dirigidas, y cumplidos los dichos sesenta días de la dicha residencia enviadla ante Nos con las dichas informaciones cómo las dichas nuestras justicias y oficiales y regidores y personas susodichas han usado los dichos oficios y cargos. [f. 2v] Tened en vos las varas de la dicha nuestra justicia en tanto que tomáis la dicha residencia y hasta tanto que se provea del dicho oficio y cargo de gobierno a la persona que lo hubiere de usar. **(10)** Y mandamos a los consejos, justicias y regidores, caballeros, escuderos, oficiales y hombres[174] buenos de la dicha ciudad de Compostela y de todas las otras ciudades, villas y lugares de la dicha provincia, que luego que con esta nuestra carta fueren requeridos, sin esperar otra nuestra segunda justicia ni juicio, tomen y reciban de vos el juramento y solemnidad y fianzas que en tal caso se requieren conforme a los capítulos de los jueces de residencia y leyes de nuestros reinos y se acostumbra hacer. Y asimismo que haréis residencia del tiempo que por Nos vos fuere mandado y la ley de Toledo dispone, lo cual por vos hecho vos den y entreguen las varas de nuestra justicia y de la dicha tierra, para que vos la tengáis durante el tiempo de la dicha residencia y después hasta que se provea del dicho cargo a la persona que lo haya de tener. **(11)** Y mandamos al dicho Nuño de Guzmán y a los dichos alguacil mayor y sus lugartenientes y alcaldes y oficiales y otras cualesquier nuestras justicias de la dicha nuestra provincia que luego que hayáis hecho el dicho juramento vos den y entreguen las dichas varas y no usen más de ellas so las penas en que caen e incurren los que usan de oficios de justicia [f. 3] sin tener poder y facultad para ello. **(12)** Y mandamos que durante el dicho término conozcáis de todos los negocios y causas civiles y criminales de la dicha tierra, y hacer y hagáis todas las otras cosas y cada una de ellas que el dicho nuestro gobernador y alguacil mayor y sus lugartenientes y oficiales y alcaldes podían y deberían hacer, ca por la presente vos damos poder y facultad para ello y para tomar la dicha residencia y cumplir y ejecutar la dicha nuestra justicia en la dicha provincia, tierra y jurisdicción. **(13)** Y otro sí, mandamos que las penas aplicadas a nuestra cámara y fisco, la que condenados y las que para la dicha nuestra cámara se aplicaren y pusieren, las ejecutéis y pongáis en poder del escribano de consejo de la dicha ciudad de Compostela por inventario y ante escribano público y de allá hagáis que se acuda con ello al nuestro tesoro de la dicha tierra. Y mandamos que hayáis y llevéis y vos sea dado y pagado salario en cada un año por el dicho oficio mil quinientos ducados, que montan quinientos sesenta y dos mil quinientos maravedís, los cuales mandamos a los señores oficiales de la dicha nuestra provincia que vos den y paguen de cualesquier maravedís y oro, del castigo del nuestro tesoro de ella, desde el día que vos hicieres[175] a la vela en el puerto de Sanlúcar de Barrameda para seguir vuestro viaje a la dicha provincia y que tomen [f. 3v] vuestra carta de pago con la cual, y con el traslado de esta nuestra provisión, mandamos que le sea recibido y pasado en cuenta los maravedís que vos pagaren y mandamos y defendemos a las personas que así tomándose la dicha residencia que no se les pueda proveer ni provea de los oficios y cargos, que así tomando la dicha residencia, hasta tanto que por los del nuestro Consejo de las Indias se provea lo que a nuestro servicio convenga. **(14)** Y si para hacer y cumplir lo susodicho, favor y ayuda hubieres[176] menester, por esta nuestra carta mandamos a todos los nuestros consejos, regidores, caballeros, escuderos, oficiales y hombres buenos[177] de todas las ciudades y villas y lugares de la dicha provincia, y vos le den y hagan dar, y que en ello ni en parte de ello embargo ni otro alguno vos no pongan ni consientan poner, para lo cual, todo cual dicho es, vos damos poder cumplido con todas sus incidencias y dependencias anexidades y conexidades, guardando como vos mandamos que guardéis una instrucción que vos será dada, señalada de los del nuestro Consejo. **(15)** Dada en Madrid a veintisiete de marzo de quinientos treinta y seis años. Yo la Reina. Y yo Juan de Sámano, secretario de Cesárea y Católica Majestad. La hice escribir por mandado de su Majestad. El doctor Beltrán. El doctor Bernal. El licenciado Gutiérre Velázquez. Registrada [f. 4] Bernaldarias. Por chanciller Blas de Saavedra.

III.	Asentóse esta provisión de sus Majestades en los libros de la Casa de la Contratación de las Indias del Mar Océano que es en esta muy noble y muy leal ciudad de Sevilla en veinte días del mes de junio de mil quinientos treinta y seis años. Diego de Zárate.

IV.	Y así presentada la dicha provisión que de suso va incorporada, dijo y pidió el dicho señor licenciado la obedezcan y cumplan según y como en ella se contiene.

V.	Luego los dichos señores, justicia y regidores susodichos, tomaron la dicha provisión en sus manos y la besaron y pusieron sobre sus cabezas y dijeron que la obedecían y obedecieron como a carta y mandamiento de sus señores y reyes naturales a quien Dios Nuestro Señor guarde y deje vivir y reinar por largos tiempos con acrecentamiento de más reinos y señoríos; y que en cuanto al cumplimiento de ella, que estaban prestos de hacer cumplir lo en ella contenido. **(2)** Y en cumplimiento de ella luego el dicho Santiago de Aguirre dio y entregó la vara de justicia que en sus manos tenía y el dicho señor licenciado la tomó en sus manos y puso su mano derecha sobre la señal de la cruz y juró por Dios y por Santa María y por las palabras de los Santos Evangelios a doquier que más largamente están escritos que haría y guardaría justicia según que en tal [f. 4v] caso se requiere. Y firmólo de su nombre. El licenciado de la Torre.

VI. Luego los dichos justicia y regidores pidieron al dicho señor licenciado las fianzas que la dicha provisión de su Majestad manda, que ellos están prestos de las recibir. Y luego el dicho licenciado dijo que estaba presto a las dar.

VII. Y luego incontinenti, el dicho señor licenciado, juez de residencia, dijo que señalaba y señaló el término de la dicha residencia en esta dicha villa y en otras partes de esta dicha Nueva Galicia y donde a él le pareciere, como su Majestad por la dicha provisión manda desde hoy dicho día, y nombraba y nombró por su audiencia la posada y casa donde posa que es en la plaza de esta dicha villa, y por tiempo para hacer audiencias desde las ocho de la mañana hasta las diez, y desde las dos de la tarde hasta las cuatro. **(2)** Y para los autos de la dicha residencia a que de dicho deben ser llamados, los citaba y citó en forma y les señaló los estrados de ella donde le sean notificados no pareciendo, y que allí hechos los habría por tan firmes y valederos como si en sus personas fuesen hechos. **(3)** A lo cual fueron presentes por testigos a todo lo que dicho es Andrés de Salinas,[178] escribano de su Majestad, y Juan Sánchez de Belmonte[179] y Diego Segler, estantes y vecinos de la dicha villa.

[f. 5]

VIII. Y luego incontinenti, este dicho día, mes y año susodicho, el dicho señor licenciado de la Torre, juez de residencia susodicho, dijo que señalaba y señaló por su escribano para esta dicha residencia a mí el dicho Diego de Baeza, escribano de sus Majestades susodicho, de que son testigos los dichos. El licenciado de la Torre.

IX. Después de lo susodicho, este dicho día, mes y año susodicho, estando en la plaza pública de la dicha ciudad,[180] el dicho señor licenciado y juez de residencia dijo, que porque en la dicha villa no había pregonero, que mandaba y mandó a mí el dicho escribano leyese y notificase la dicha provisión de residencia públicamente, en faz de mucha gente que presente estaba, contra el dicho Nuño de Guzmán y sus justicias y otras cualesquier personas que durante el tiempo que el dicho Nuño de Guzmán fue gobernador en esta dicha Nueva Galicia tuvieron cargos de justicia, la cual dicha provisión, por mí el dicho escribano, les fue mostrada y leída públicamente en la plaza pública de esta dicha villa en faz de mucha gente que presente estaba. **(2)** Y asimismo les fue notificado por mandado del dicho señor juez que si hubiesen algunas personas que algunos pleitos o demandas tuvieren contra el dicho Nuño de Guzmán u otras cualesquier justicias, alguaciles y escribanos que hayan [f. 5v] sido durante el tiempo que el dicho Nuño de Guzmán fue gobernador en esta Nueva Galicia y capitán, o querellar de ellos, de algunos agravios, fuerzas, cohechos, extorsiones y malos tratamientos, daños, agravios o desaguisados que les hayan hecho durante el tiempo que hayan tenido los dichos oficios públicos y cargos de justicia, que en término de sesenta días próximos siguientes parezcan en esta dicha villa, o en las partes a donde estuviere tomando la dicha residencia ante él, a ponerle sus demandas, por el cual tiempo su Majestad manda que hagan la dicha residencia y den cuenta y descargo de sus oficios; **(3)** y los que así parecieren a ponerle sus demandas dentro del dicho término serán oídos y se les hará justicia y serán desagraviados de los agravios que hubieren recibido con apercibimiento que se les hace, que no pareciendo dentro del dicho término, que después no serán oídos ni admitidas sus demandas y querellas. **(4)** Y porque lo susodicho venga anotado todo y nadie pueda pretender ignorancia, se notifica públicamente y se hace saber y se fija en las puertas de las casas del dicho señor juez donde se hacen las dichas audiencias, de que son testigos Andrés de Salinas, escribano de su Majestad, y Francisco de la Mota[181] y Juan Sánchez[182] y Juan Delgado,[183] vecinos de la dicha villa y otros muchos.

[f. 6]

X. Y después de lo susodicho, en trece días del dicho mes de marzo del dicho año, el dicho señor juez de residencia dijo que por virtud de la cédula que de su Majestad tenía, por la cual mandaba secuestrar y depositar los bienes del dicho Nuño de Guzmán, que mandaba y mandó a mí el dicho escribano notificar a cualesquier personas que hubieren los tributos y rentas de cualesquier pueblos del dicho Nuño de Guzmán que tuviere en esta Nueva Galicia o tuviere poder para los cobrar, que no los cobren desde hoy dicho día en adelante, **(2)** y a los caciques y otras personas que le debieren las dichas rentas de los dichos pueblos y otras cosas así de oro como plata y ropa, que lo retengan en sí y no acudan con ellos ni alguna cosa de ellos al dicho Nuño de Guzmán, ni a otra persona alguna en su nombre, hasta que por el dicho señor juez sea señalada persona para que los tenga en depósito hasta tanto que por su Majestad, o por los señores del su consejo u otra persona en su nombre que para ello tenga poder, fuere proveído otra cosa, so pena de diez mil pesos de oro para la cámara de su Majestad, y que sean obligados a tornar y pagar lo que así recibieren y pagaren otra vez, en lo cual desde ahora les daba por condenados lo contrario haciendo. [f. 6v] El licenciado de la Torre.

XI.	Y luego incontinenti, este dicho día y mes y año susodicho, yo el dicho licenciado di fe que notifiqué el dicho auto, que de suso se contiene, a Pedro Cuadrado[184] en su persona, el cual dijo que lo oía, de que son testigos Diego Segler y Andrés Alonso y Gaspar Briseño, estantes en la dicha villa.

XII.	Y después de lo susodicho, en la dicha villa, a trece días del dicho mes de marzo del dicho año, el dicho señor juez dijo, que por cuanto al servicio de su Majestad convenía que los caciques naturales de los pueblos comarcanos y sujetos a la jurisdicción de esta dicha villa viniesen ante él a esta villa para ser informado de ellos, que mandaba y mandó dar su mandamiento contra los dichos caciques para que parezcan dentro de tres días primeros siguientes con pena de cada[185] veinte pesos de oro, el cual se dio luego en forma, a lo cual fueron presentes por testigos Juan Sánchez. El licenciado de la Torre.

XIII.	Y después de lo susodicho, este dicho día y mes y año susodicho, el dicho señor juez dijo que hacía e hizo presentación de cierta escritura de requerimientos que había hecho a Nuño de Guzmán en la ciudad de México, escrita en papel, y al pie de ella signada y firmada de la letra y firma [f. 7] de Julián de la Torre, escribano de su Majestad, según que por ella parecía, el tenor de la cual es este que se sigue.

XIV.	En la gran ciudad de Tenochtitlán México de esta Nueva España, en seis días del mes de febrero, año del nacimiento de Nuestro Salvador Jesucristo de mil quinientos treinta y siete años, por ante mí, Julián de la Torre, escribano de su Majestad, y de los testigos suscritos,[186] pareció el licenciado Diego de la Torre, juez de residencia de la Nueva Galicia, estando el gobernador Nuño de Guzmán presente, pidió a mí el dicho escribano leyese y notificase al dicho Nuño de Guzmán un escrito de requerimiento que ante mí hizo presentado, su tenor del cual,[187] dicho requerimiento habiéndoselo leído al dicho Nuño de Guzmán, es este que se sigue.

XV. [En el margen izquierdo] **Requerimiento del juez a Nuño de Guzmán, envíe a la residencia y exhiba allá sus letrados.**

(2) Escribano que presente estáis, dadme por testimonio en manera que haga fe a mí el licenciado Diego de la Torre, juez de residencia de la Nueva Galicia, cómo digo al señor Nuño de Guzmán, gobernador que es presente, que por estar como está preso en la cárcel pública de esta ciudad por mandamiento de su Majestad, y por causa de la dicha prisión no [f. 7v] puede estar presente a la residencia que le ha de ser tomada por mí el dicho licenciado en la dicha Nueva Galicia, que le requiero una y dos y tres veces y más cuantas de derecho debo, que envíe un procurador o dos o más, los que quisiere, inscritos y bien informados en su dicho para con quien se hagan los autos así de oficio como de demandas particulares que le sean puestas en la dicha residencia, y si así lo hiciere hará lo que debe de otra manera, por esto de la su ausencia, señalar los estrados de la audiencia y hacer el proceso y procesos que contra él se hicieren así de oficios como de partes particulares, y de fenecer las causas y dar seguimiento en ellas. **(3)** Otro sí, le pido y requiero que los oficiales que ha tenido y puesto en la dicha gobernación, así alcaldes como a sus tenientes, tesoreros y alguaciles, que los mande llamar para que estén presentes a la dicha residencia para que den cuenta de sus oficios como su Majestad les ha mandado, donde no, que protesto a su costa de dicho gobernador y contra su persona y bienes, se harán los procesos de los dichos alcaldes dándoles las culpas y cargos que resultaren de la dicha residencia y que a su costa, asimismo, enviaré a llamarlos y notificarles los autos, culpas y pedimentos que les fueran puestos y de cómo lo pido, digo [f. 8] y requiero. **(4)**

Pido a vos, el presente escribano, me lo deis por escrito en manera que haga fe y a los presentes ruego que de ello sean testigos. **(5)** Y para que le conste al dicho gobernador cómo va por juez de residencia, de ante mí el dicho escribano le lea la provisión de su Majestad y del dicho cargo que tiene, la cual le fue leída en su presencia y la tomó y puso sobre su cabeza y dijo que la obedecía como acción y provisión de sus señores y reyes naturales, a quien Dios Nuestro Señor deje vivir y reinar por largos tiempos, y que en cuanto a los del dicho requerimiento y provisión que ha de traslado, el cual le fue dado. Testigos Juan de Sámano y Salvador Martel.

XVI. [En el margen izquierdo] **Respuesta de Nuño de Guzmán y pide alimentos de los bienes secuestrados.**

Y después **(2)** de lo susodicho, en jueves, ocho días del mes de febrero y del dicho año de quinientos treinta y siete años, el señor Nuño de Guzmán, respondiendo al requerimiento que le fue hecho por el dicho señor licenciado Diego de la Torre, dijo que él no puede ir a hacer la dicha residencia con su persona por estar preso en la cárcel pública de esta ciudad de México como el dicho señor licenciado lo dice, ni menos puede enviar procurador para que en su nombre haga la dicha residencia porque él no tiene dineros para le enviar, **(3)** puesto caso que por su parte se le ha pedido que de sus bienes que tiene secuestrados se le diesen dineros para comer en la prisión y se le vendiesen en pública almoneda y se rematasen para el dicho efecto, y no lo han proveído a cabo de veinticinco días [f. 8v] que ha que está preso, y aunque sobre ello se le han hecho muchos pedimentos y requerimientos, así sobre enviar y salariar procurador y letrado para esta dicha residencia que se le manda tomar por su Majestad en la provincia de Pánuco[188] siendo cosa que tanto importa al dicho señor Nuño de Guzmán, según que todo le consta y le es instruido al dicho señor juez por los pedimentos y requerimientos que se le han hecho y pedido, siendo obligado a proveerlo conforme a dicho auto, **(4)** mas que para la dicha residencia él no la puede hacer por procurador porque en el tiempo que ha residido en la Nueva Galicia se ha ocupado en la conquista y pacificación de ella, haciendo guerra en los naturales indios así contra los rebeldes contra su Majestad como contra los que de nuevo conquistaban y se traían a la obediencia de su Majestad, en todo lo cual él, como capitán de su Majestad, se ocupó; **(5)** y se gobernó conforme a la calidad del caso y tiempos y a lo que en la dicha guerra convenía hacer como tal capitán, y algunas veces procediendo por manera de justicia y otras veces como tal capitán según que el caso y el tiempo lo requería; y en cuanto a esto y para lo demás necesario, él no podía informar por procurador sin parecer en propia persona agravio, y conquistó la dicha tierra y la ha sostenido con riesgo y gastos de su fuerza con los españoles porque no dejasen la [f. 9] tierra por la pobreza de ella como es público y notorio no se podía en todo tiempo ganarlos el rigor de la justicia y estando la dicha tierra como estaba de guerra. **(6)** Y en cuanto a lo que dicho señor licenciado dice que mande llamar a sus alcaldes mayores y tenientes y oficiales y alguacil mayor que han tenido en la dicha gobernación, donde no que a su costa los enviara a llamar, y procederá contra ellos y contra su propia persona según se contiene en el dicho requerimiento, dice que en cuanto a esto él no es obligado mas de hacer su residencia y los oficiales hagan la suya conforme a las leyes de estos reinos y a los capítulos de buena gobernación, porque los oficiales que hayan sido en la dicha provincia todos no se podrían haber y hallar porque muchos de ellos son muertos, y se han ido otros de la dicha gobernación por estar siempre de guerra y la más de ella alzada, y esto es público y notorio; los otros oficiales que al presente están en la dicha gobernación, ellos son personas corrientes que vendrán a sus llamamientos y obedecerán todo lo que les mandare, y el señor juez es obligado a los llamar y oír conforme a dicho, pues es juez por su Majestad y tiene poder para ello, el cual no tiene el [f. 9v] dicho señor Nuño de Guzmán. **(7)** Por tanto, que le pide y requiere esta vez, por las que el dicho le obliga, que en cuanto a este artículo le haga su residencia conforme a la provisión que para ello tiene de su Majestad y a lo que de derecho es obligado, donde no, protesto que si gastos o costas hiciere que sean a su culpa y cargo y no alcance al dicho Nuño de Guzmán. Y más protesta que lo que hiciere sea en sí ninguno, como hecho contra ausente e indefenso y legítimamente impedido, y todavía pide al dicho juez que le mande dar dineros para alimentos y procurador y letrado para las dichas residencias y para seguir la apelación que tiene interpuesta de la prisión ante el Consejo Real de su Majestad so las protestaciones que sobre ello le han sido hechas ante el cual dicho Consejo entiende querellarse más en litis del dicho señor juez. Y esto dijo **(8)** que daba y dio por su respuesta al dicho requerimiento y notificación, y que no le sea dado sin esta respuesta, no consintiendo alguna cosa de ello en él contenido, y pidió a mí el dicho escribano que si el dicho señor juez pidiere testimonio del dicho requerimiento y notificación, que no le sea dado sin esta respuesta, todo debajo de un signo y pídolo por testimonio, y pidió a mí [f. 10] el dicho escribano, se lo notificase al dicho señor licenciado. Nuño de Guzmán.

La cual dicha respuesta, **(9)** el dicho señor gobernador presentó ante mí el dicho escribano y que se lo notifique al dicho señor licenciado Diego de la Torre, siendo presentes por testigos Nuño de Guzmán y Alonso de Ávila.

La cual dicha respuesta, **(10)** yo el dicho escribano leí y notifiqué al dicho señor licenciado en su persona, el cual dijo que le dé el testimonio de todo y la dicha respuesta al pie de su requerimiento. Testigos: Gonzalo López y Alonso de Contreras.

Yo, el dicho escribano, **(11)** de pedimento del dicho señor licenciado di lo susodicho según que ante mí pasó, que es hecho de los dichos días, mes y año susodichos. Testigos: Juan Fernández. Y yo el dicho Julián de la Torre, escribano de su Majestad, presente fui a lo que dicho es, y por mandado del dicho señor licenciado lo escribí e hice aquí este mi signo a tal testimonio de verdad. Julián de la Torre, escribano de su Majestad.

XVII. Así presentados, el dicho señor juez los mandó poner en el proceso de residencia que hace contra el dicho Nuño de Guzmán, de que son testigos Juan Sánchez y Diego Segler.

Después de lo susodicho, **(2)** en la dicha villa, estando en audiencia pública el dicho señor juez, dijo que para tomar la dicha residencia hacía e hizo presentación de un [f. 10v] interrogatorio de preguntas para examinar a los testigos que sobre ellas se tomasen, el tenor del cual[189] y de lo que los dichos testigos dijeron y depusieron va adelante.

XVIII. [En el margen izquierdo] **El juez, por pregón, cita si hay procurador por Nuño de Guzmán para tomar juramento a los testigos.**

Después de lo susodicho, **(2)** en la dicha villa a trece días del dicho mes y año, yo el dicho escribano di fe que de mandamiento del dicho señor juez anoté y dejé en la plaza pública de la dicha villa en faz de muchas gentes que presentes estaban, que si algún procurador había en la dicha villa de parte del dicho Nuño de Guzmán, parezca para presentar juramento y conocer a los testigos que el dicho señor juez tomare y recibiere la dicha residencia, y que pareciese luego y cada día que feriado no sea, donde no, en su ausencia y rebeldía los tomaría. A lo cual fueron presentes por testigos Santiago de Aguirre y Pedro Cuadrado y otros muchos vecinos de la dicha villa.

Después de lo susodicho, **(3)** este dicho día, a la hora de las tres de la tarde, estando en audiencia pública el dicho señor juez, visto cómo no había parecido procurador del dicho Nuño de Guzmán, que le acusaba y acusó la rebeldía y comenzó a tomar la dicha información y testigos, los cuales van adelante. Testigos: Diego de la Torre y Juan Sánchez, estantes en la dicha villa.

XIX. [En el margen izquierdo] **El juez nombra un intérprete para los testigos.**

Después de lo susodicho, **(2)** en la dicha villa a trece [f. 11] días del mes de marzo y del dicho año, el dicho señor juez dijo que para examinar a los indios que tomare a cerca de la dicha residencia y declararlo en lengua castellana, que nombraba y nombró por lengua intérprete de los dichos indios a Pedro de Tordesillas que presente estaba, del cual tomó y recibió juramento en forma de derecho: ¿les declara las preguntas del dicho interrogatorio en lengua de los dichos indios y lo que respondieren ellos y cada uno de ellos acerca de lo que les fuere preguntado, lo declara en lengua castellana y en ello ni en parte de ello no hará fraude ni engaño alguno? el cual respondió y dijo: sí juro y amén. De que son testigos Juan Delgado y Pedro Cuadrado, vecinos de la dicha villa.

XX. Después de lo susodicho, en la dicha villa a catorce días del dicho mes de marzo, yo el dicho escribano doy fe que notifiqué el auto del secuestro de los bienes del dicho Nuño de Guzmán a Guzmán, cacique del lugar de Tetlán, el cual le fue declarado por el dicho Pedro de Tordesillas, español, lengua intérprete, por el dicho señor juez, el cual dijo que lo oía y que lo haría como su merced lo mandaba, el cual le fue notificado en presencia del dicho señor juez.

Este dicho día **(2)** se hizo la dicha notificación a Magdalena [f. 11v] de Alvarado,[190] mujer de Juan del Camino,[191] en su persona, de que son testigos Pedro

Cuadrado y Andrés de Villanueva,[192] vecinos de la dicha villa de Guadalajara.

Este dicho día **(3)** se hizo la dicha notificación a Fernando[193] cacique de Zalaguatitlán, por el dicho naguatlato, el cual dijo que lo oía, la cual dicha notificación se hizo en presencia del dicho señor juez.

Este dicho día **(4)** se hizo la dicha notificación a Fernando Pañol, cacique del lugar de Tonalá, por el dicho intérprete, en presencia del dicho señor juez, el cual dijo que lo oía.

Después de lo susodicho, **(5)** en la dicha villa, a quince días del dicho mes de marzo y del dicho año, se notificó la misma notificación a Fernando, cacique del lugar de Ocotlán, por el dicho intérprete, en presencia del dicho señor juez de residencia, el cual dijo que lo oía.

Este dicho día **(6)** se hizo la misma notificación a Fernando, cacique del lugar de Tlaquepaque, por el dicho intérprete, en faz del dicho señor juez, el cual dijo que lo oía.

Después de lo susodicho, **(7)** en la dicha villa, a dieciséis días del dicho mes de marzo del dicho año se hizo la misma notificación a Achiltlacoque, cacique del lugar de Toneltlán, por el dicho intérprete, el cual dijo que lo oía. [f. 12]

Después de lo susodicho, **(8)** este mismo día se hizo la misma notificación a Diego Vázquez, cacique del lugar de Tlajomulco, lugar del dicho Nuño de Guzmán, por el dicho intérprete, en presencia del dicho señor juez, el cual dijo que lo oía.

Y después de lo susodicho, **(9)** en dieciocho días del dicho mes de marzo y del dicho año se hizo la misma notificación a don Pedro, cacique del lugar de Cuyseo, en presencia del dicho señor juez, por el dicho naguatlato, el cual dijo que así lo haría. Y que el maíz de este presente año lo había pagado al dicho Nuño de Guzmán, salvo cien fanegas.

Este día **(10)** se hizo la dicha notificación a don Pedro, cacique del lugar de Amajaque, por el dicho intérprete, el cual dijo que lo oía y que así lo haría.

XXI.   [Al margen izquierdo] **Interrogatorio**.

Por estas preguntas siguientes serán preguntados los testigos que son o fueren presentados y tomados sus dichos en la residencia que su Majestad manda tomar a Nuño de Guzmán, gobernador que ha sido en esta Nueva Galicia, y a los oficiales que han sido en ella justicia al día de hoy, así tenientes de gobernadores como alcaldes y regidores y escribanos, alguaciles y más oficiales.

1) Primeramente,[194] **(2)** si conocen a Nuño de Guzmán, gobernador que fue de esta Nueva Galicia, y a Cristóbal [f. 12v] de Oñate[195] y a Juan de Oñate[196] y a Sancho de Caniego,[197] y a Diego de Proaño[198] y a Melchor Díaz,[199] tenientes de gobernador, que han sido por el dicho Nuño de Guzmán de esta Nueva Galicia durante el tiempo a su cargo.

Otro sí, **(3)** si conocieron y conocen a Pedro de Guzmán[200] y a Juan de Burgos[201] y a Francisco de Godoy,[202] alguaciles mayores que han sido por el dicho Nuño de Guzmán, de esta Nueva Galicia, y a Gonzalo López,[203] maestre de campo.

Otro sí, **(4)** si conocieron y conocen a Francisco de Villegas[204] y a Luis Salido[205] y a Juan de Villalba,[206] y a Álvaro de Bracamonte[207] y a Pedro de Ulloa,[208] y a Alonso de Castañeda,[209] alcaldes ordinarios que han sido en la ciudad de Compostela por el dicho Nuño de Guzmán.

Otro sí, **(5)** si conocieron a Diego Vázquez[210] y a Maximiano de Angulo,[211] y a Sancho Ortiz de Zúñiga,[212] y a Álvar Pérez,[213] y a Francisco Barrón, y a Miguel de

Ibarra, y a Santiago de Aguirre, y a Juan del Camino, alcaldes ordinarios que han sido en esta villa de Guadalajara por el dicho Nuño de Guzmán.

Otro sí, **(6)** si conocen y conocieron a los regidores y a otras cualesquier justicias, alguaciles y escribanos y a otras personas que han tenido cargos de justicia [f. 13] por el dicho Nuño de Guzmán en esta dicha provincia y en toda ella.

2) Item. Si saben que el dicho Nuño de Guzmán y los dichos oficiales, durante el tiempo de su gobierno llevaron o consintieron llevar a los dichos oficiales más derechos de los que el arancel de su Majestad manda llevar.

3) Item. Si saben y es que el dicho Nuño de Guzmán y los dichos sus oficiales hayan aceptado promesa o donación, o recibido algunos presentes, o sus mujeres o hijos, u otra persona alguna por ellos directa o indirecta durante el tiempo que tuvieron los dichos oficios.

4) Item. Si saben y es que el dicho Nuño de Guzmán o los dichos sus oficiales hayan visitado los lugares de la jurisdicción y los términos, y se han ejecutado las suyas dadas sobre ellas.

5) Item. Si saben y es que el dicho Nuño de Guzmán y los dichos sus oficiales hayan llevado ropa, comida, oro o plata, u otras cualesquier cosas de los vecinos de sus jurisdicciones sin se los pagar, o si les han dado algunos indios para las minas y otros servicios sin se los pagar.

6) Item. Si saben y es que el dicho Nuño de Guzmán [f. 13v] y los dichos sus oficiales hayan llevado derechos de ejecuciones sin que primero fuesen pagados o contentas las partes.

7) Item. Si saben y es que los susodichos hayan llevado penas algunas sin ser primero sentenciadas o hecho avenencia antes de la sentencia de ellas.

8) Item. Si saben y es que los susodichos hayan llevado parte de las sentencias que hayan condenado para la cámara.

9) Item. Si saben y es que los susodichos hayan llevado comercio de ellos en casos que no sean de muerte o los culpados no lo merecían.

10) Item. Si saben y es que los susodichos hayan reparado puentes, pontones, allanado caminos y otros pasos en esta jurisdicción, y si han dejado de los reparar.

11) Item. Si saben y es que si los susodichos han ejecutado penas de las *Pragmáticas* contra los que dicen mal o blasfeman de Dios Nuestro Señor, o si saben si lo han sabido y dejado de castigar oyéndolo y sabiéndolo y disimulándolo.

12) Item. Si saben y es que los susodichos hayan ejecutado las penas de los que juegan a juegos vedados, así de naipes como de dados, y si han hecho igualas [f. 14] con los tales jugadores, y si los han visto jugar y no lo han querido ejecutar disimulándoselos.

13) Item. Si saben y es que los susodichos hayan hecho repartimientos de las haciendas y bienes de algunas personas, o de los naturales de sus jurisdicciones y los hayan repartido entre ellos.

14) Item. Si saben y es que los susodichos, en los gastos y repartimientos de allanar caminos y otras obras públicas que hayan hecho, si han apremiado más a unos pueblos que a otros, o si hayan receptado plata, ropa u oro, u otras cosas, y lo que sobraba, qué le hacían e hicieron, y si lo que se gastaba, si era bien gastado.

15) Item. Si saben y es que los susodichos, en los procesos criminales y en los civiles arduos, si examinaban los testigos por sí, sin lo cometer a otra persona alguna.

16) Item. Si saben y es que los escribanos del consejo hayan llevado dichos de las escrituras que tocan al cabildo.

17) Item. Si saben y es que los dichos alguaciles hayan llevado, cuando iban o fueron a hacer ejecuciones fuera de los pueblos donde se pedían, si llevaban más derechos de los que merecían por un convenio aunque fuese a hacer muchas ejecuciones. [f. 14v]

18) Item. Si saben y es que los susodichos hayan castigado los pecados públicos, así de amancebados como los que hayan cometido el pecado nefando, o si sabiéndolo lo han dejado de castigar.

19) Item. Si saben que los susodichos hayan castigado a los indios que hayan comido en tiempo de sus oficios carnes humanas, y los que hayan hecho sacrificios sabiéndolo y disimulándolo, y no lo castigando.

20) Item. Si saben y es que hayan castigado los testigos falsos, y usurarios, y adivinos, y personas que dicen cosas por venir, y hechicerías, y alcahuetes, y si lo han dejado de castigar disimulándolo y sabiéndolo los susodichos.

21) A la veintiuna. Item. Si saben y es que si han enviado procurador a la corte de su Majestad en Castilla o a la Chancillería de esta Nueva España, y si cuando los enviaron, si asentaron el día que parten y el día que llegan, y el día que fue despachado, diciendo qué saben, y si hicieron algún repartimiento para pagar al tal procurador entre los vecinos.

22) Item. Si saben y es que el dicho Nuño de Guzmán, en los repartimientos que hizo de los pueblos, si los hizo convenientemente,[214] repartiéndolos a conquistadores de esta provincia, no dando ni teniendo por cualidad más a unos que a otros. [f. 15]

23) Item. Si saben y es que si el dicho Nuño de Guzmán, el tiempo que ha que fue gobernador en esta provin-

cia ha llevado los réditos, rentas y tributos y dineros y otras cosas del lugar de Tonalá, y del lugar de Tlaquepaque, y del lugar de Tetlán, y del lugar de Nepantla, y del lugar de Amajaque, y del lugar de Ocotlán, y del lugar de Tlajomulco, y del lugar de Cuitzeo y del lugar de Tepic, y del lugar de Sentispac, y del lugar de Navito, y del lugar de los Veintedas, y del lugar de la cabecera de Culiacán, y de otros pueblos de esta Nueva Galicia. Digan los testigos qué tantos años ha que lleva las dichas rentas y tributos de los dichos lugares, digan los testigos de qué otros lugares ha llevado los tributos y rentas, y cuántos son los que tenga y haya tenido en toda la provincia.

24) Item. Si saben y es, qué tanto podrían valer los dichos tributos en dineros, que han cobrado de los dichos pueblos y de cada uno de ellos, de todo el tiempo que los ha cobrado.

25) Item. Si saben y es que en el cobrar de los dichos tributos y rentas, así hacen algunos maltratamientos o desaguisados a los caciques y otras personas de quien lo cobran o sus mayordomos u otros criados, u otras personas por él.

26) Item. Si saben y es que el dicho Nuño de Guzmán u otra persona en su nombre, o sus oficiales durante el tiempo de su gobierno, hayan hecho malos tratamientos y desaguisados a los vecinos españoles y naturales de esta jurisdicción y provincia, y a causa de ello se hayan ausentado [f. 15v] los dichos españoles y naturales y despobládose la tierra, digan lo que saben.

27) Item. Si saben y es que desde el tiempo que ha que reside esta Nueva Galicia el dicho Nuño de Guzmán, antes que fuese gobernador, y siendo gobernador, si ha herrado muchos indios menores de catorce años y mujeres que no fuesen de guerra ni tuviesen habilidad ni posibilidad para ella. Digan lo que saben.

28) Item. Si saben y es, qué tantos indios haya herrado

sin ser de guerra conforme a la pregunta antes de esta.

29) Item. Si saben y es que todos los indios que el dicho Nuño de Guzmán y sus capitanes hacían esclavos y los herraban con el hierro del rey en todo el dicho tiempo, si daban y pagaban el quinto de todos ellos a su Majestad y a sus oficiales que residían en esta Nueva Galicia. Digan lo que saben.

30) Item. Si saben y es que de los dichos esclavos qué tantas partes llevaba el dicho Nuño de Guzmán y sus capitanes.

31) Item. Si saben y es que algunos españoles que tienen lugares en esta dicha provincia, si por el cobrar de los tributos o por otras cosas que les pedían a los naturales, de más de los tributos que están y ... de dar, si les han hecho algunos maltratamientos o llevándoles oro o plata, u otras cosas algunas. Digan lo que saben.

32) Item. Si saben y es que en esta provincia los cristianos hayan hecho abusos carnales con indias que no sean cristianas.

[f. 17][215]

XXII. Juró en trece de marzo ante el señor juez. Testigo el dicho Diego Segler, vecino y conquistador de esta villa de Guadalajara y Nueva Galicia. Testigo jurado en forma debida de derecho. Y siendo preguntado por las preguntas del interrogatorio de oficio asentado dijo y depuso en su dicho lo siguiente:

1) A la primera pregunta dijo que conoce a los citados en la dicha pregunta, y que en cuanto a los regidores, que no conoce sino los que han sido en esta villa.

Fue preguntado por las preguntas generales de la ley. Dijo que es de edad de veintiséis años y que no era pariente ni enemigo de algunos de los contenidos en la pregunta ni le incurren ninguna de las preguntas generales de la ley.

2) A la segunda pregunta dijo que no la sabe.

3) A la tercera pregunta dijo que no la sabe.

4) A la cuarta pregunta dijo que no sabe otra cosa de esta pregunta salvo que Diego Vázquez, por mandado de Nuño de Guzmán, visitó esta provincia y que por la visitación que hizo se repartió la tierra entre las personas y conquistadores en que al presente están repartidos, que puede haber cinco años poco más o menos, y que después acá nunca ha visto ni oído decir que el dicho Nuño de Guzmán ni sus oficiales hayan visitado los lugares de la dicha provincia, ni lo ha oído decir, y que si la dicha tierra se visitara este testigo lo viera y supiera porque ha residido en esta dicha provincia y no pudiera menos.

5) A la quinta pregunta dijo que no la sabe.

6) A la sexta pregunta dijo que no la sabe.

7) A la séptima pregunta dijo que no la sabe.

8) A la octava pregunta dijo que no la sabe.

9) A la novena pregunta dijo que no la sabe.

10) A las diez preguntas dijo que sabe que algunos malos pasos han aderezado, haciendo puentes de palo y otras cosas necesarias que para el reparo necesario son.

11) A las once preguntas dijo que ha visto ejecutar algunas cosas contenidas en la dicha pregunta y que nunca este testigo vio disimularlas ni dejarlas de ejecutar. [f. 17v]

12) A las doce preguntas dijo que no la sabe.

13) A las trece preguntas dijo que lo que sabe de la dicha pregunta es que conquistados algunos indios, cuando se robaba alguna cosa de los tales indios, o ellos de su voluntad lo daban, así oro como mantas,

plata y otras cosas, oyó decir que lo llevaba el dicho Nuño de Guzmán. El presente oyó decir a García del Pilar,[216] lengua intérprete que era de los indios, que en el lugar de Sentispac los naturales de él le habían dado una copa de sombrero llena de tejuelos de oro o plata, y que el dicho Nuño de Guzmán los había llevado para sí, sin dar parte ninguna a los conquistadores que conquistaban la dicha tierra, y que este testigo sabe que el dicho Nuño de Guzmán, del dicho oro ni de otras cosas que así adquiriesen de la dicha guerra no daba parte de ello a los dichos conquistadores ni a este testigo, sino antes lo llevaba para sí, y si el dicho Nuño de Guzmán lo repartiera, este testigo lo supiera y no pudiera ser menos por ser conquistador, y este testigo anduvo siempre en las dichas conquistas, pero que lo que podrá montar o no, este testigo no lo sabe mas de que oyó decir a los otros procuradores principalmente por público y notorio, que en las conquistas que hacían lo que sea de guerra en ellas lo llevaba todo el dicho Nuño de Guzmán como dicho tiene.

14) A las catorce preguntas dijo que no la sabe, excepto que sabe que si alguna iglesia o camino u otras cosas públicas se hacían, lo mandaban hacer a los indios que aún servían o estaban más cerca.

15) A las quince preguntas dijo que no la sabe.

16) A las dieciséis preguntas dijo que no la sabe.

17) A las diecisiete preguntas dijo que no la sabe.

18) A las dieciocho preguntas dijo que sabe que quemó el dicho gobernador, en esta villa de Guadalajara, por lo preguntado en la dicha pregunta y por sacrificar, a dos o un cacique que cree que se decía don Pedro, del lugar de Cuitzeo. Preguntado cómo lo sabe dijo que porque este testigo fue curador y defensor del dicho don Pedro. Y cuando se hizo justicia de los otros indios con quienes cometía el exceso del dicho pecado dijo que sabe que mandó procurar de buscarlos y oyó decir que no

los habían hallado. Preguntado quién fue el escribano del dicho proceso dijo que un Hernán Sarmiento que al presente es ido al Perú, y que esto sabe de esta dicha pregunta. [f. 18]

19) A las diecinueve preguntas dijo que es muy público y notorio que los indios naturales de esta tierra comúnmente se comen unos a otros y a los cristianos que pueden haber. Preguntado cómo lo sabe dijo que porque este testigo andando en la guerra se los quitó muchas veces porque no los comiesen, y que habrá cuarenta días que viniendo camino por esta villa tomó a unos indios que traían a otros indios a cuestas, muertos, llevándolos para comer, y se los hizo dejar, y que hasta hoy día no ha visto a ningún oficial que castigase ningún indio por ello, mas de que sabe que algunas veces faltan en esta villa, a las personas vecinos de ella, algunos indios que les sirven, así hombres como mujeres, y que se iban a quejar y reclamar de ello a Diego Vázquez, siendo corregidor en esta dicha villa de Guadalajara y los pueblos del dicho gobernador, y que después vio este testigo que el dicho corregidor no hacía dispensa alguna para los haber y castigar a los culpados, y que esto que lo sabe porque lo vio muchas veces y se hallaba presente a ello y que por esto lo sabe.

20) A las veinte preguntas dijo que no la sabe.

21) A las veintiuna preguntas dijo que sabe que se envió a Gonzalo López por procurador a España a costa de la gobernación y de los vecinos de ella, y que no sabe si se hacían las diligencias contenidas en la dicha pregunta.

22) A las veintidós preguntas dijo que lo que sabe de la dicha pregunta es que este testigo ha sido conquistador en esta dicha Nueva Galicia desde que el dicho Nuño de Guzmán comenzó a conquistar esta dicha provincia, y que sabe que a este testigo juntamente con otros treinta españoles de caballo, que eran de la compañía de Gonzalo López, los enviaban de noche y de día a descubrir tierras con muchos trabajos, y a ciénagas y

caminos ásperos con muchas hambres de sus personas y caballos, y que a este testigo y a los otros españoles susodichos les dio los más ruines repartimientos el dicho gobernador, y a los que se quedaban sin recibir estos trabajos les daba y dio los mejores repartimientos, y fueron tan buenos los que dio a cada uno que valen diez veces más que los que dio a este testigo y a los otros dichos españoles. Especialmente dio a Francisco de Villegas y a Álvaro de Bracamonte, y a Luis Salido, y a Juan de Oñate y a Cristóbal de Oñate y a Gonzalo López. Y que estos y otros que al presente [f. 18v] no se acuerda tienen de comer, y este testigo y los otros dichos españoles mueren de hambre, que no tienen qué comer, y que asimismo sabe y es muy público y notorio en esta dicha villa que desde que supo el dicho Nuño de Guzmán que el dicho señor juez estaba en esta Nueva España y le venía a tomar residencia, dio a Juan de Saldívar,[217] nuevamente venido de España, sobrino de Juan de Oñate, mil doscientas casas de indios, que son tres pueblos en esta dicha gobernación, los cuales el dicho Juan de Oñate tenía; y éste se fue al Perú desde que supo que el dicho señor juez de residencia venía, porque había sido juez en esta tierra y había hecho muchos malos tratamientos a los conquistadores y vecinos de la dicha gobernación. Y que muchos pueblos de los mejores sabe que se tomó para sí el dicho Nuño de Guzmán y que esto es muy público y notorio en esta dicha villa y provincia.

23) A las veintitrés preguntas dijo que la sabe según y como en ella se contiene. Preguntado cómo lo sabe, dijo que porque lo ha visto recoger a sus mayordomos del dicho Nuño de Guzmán y a otras personas que él señalaba para los recoger, y que sabe que puede haber que pasa y lleva los tributos de los dichos pueblos cuatro años poco más o menos tiempo.

24) A las veinticuatro preguntas dijo que no sabe la cantidad que el tributo de los dichos pueblos renten cada un año, mas de que sabe que han servido con bastimentos de maíz y frijoles, y ají, y sal y otras cosas

que son necesarias para las minas. Y que sin esto, daban su tributo de mantas que valía y ha valido la carga de las dichas mantas en los dichos años a cinco y a seis pesos de minas, que son veinte mantas de la tierra cada carga. Pero que no se acuerda qué podía valer todo en el dicho tiempo, mas de que sabe que en las dichas minas donde los dichos indios llevaban los dichos tributos de maíz y de otras cosas de bastimentos, por los dichos bastimentos valían caro los dichos bastimentos en las dichas minas, y que esto sabe de esta pregunta.

25) A las veinticinco preguntas dijo que lo que de la dicha pregunta sabe es que vio algunas veces encarcelados a algunos caciques y a otros indios principales y naguatlatos [f. 19] de los pueblos del dicho gobernador en un cepo, porque no les pagaban los tributos al tiempo que eran obligados, y sabe que los tiene un Diego Vázquez, mayordomo que a la sazón era del dicho Nuño de Guzmán, y que esto sabe de esta pregunta.

26) A las veintiséis preguntas dijo que lo que sabe de la dicha pregunta es que un Hernán Beltrán, cacique de un lugar que se dice Tonalá, anda ausentado del dicho pueblo puede haber tres años, y que anda ausentado por causa del dicho Nuño de Guzmán, y que la causa de ella no la sabe.

27) A las veintisiete preguntas dijo que sabe que el dicho Nuño de Guzmán ha herrado y mandado herrar de los indios y mujeres contenidos en la dicha pregunta, y Juan de Oñate, teniente de gobernador que a la sazón era en esta dicha villa, hasta en cantidad de seiscientas personas, así indios menores de catorce años como mujeres, y muchos de ellos herraban a las tetas de sus madres, menores de edad de un año. Preguntado que cómo lo sabe dijo que porque este testigo herró la cantidad de los dichos indios que tiene dicho por mandado del dicho Juan de Oñate y de otros tenientes del dicho Nuño de Guzmán, y que asimismo sabe que se herraban muchos más indios en la dicha villa por otros oficiales que los herraban, del dicho Nuño de

Guzmán, en todo el dicho tiempo de la dicha pregunta, que podrá ser hasta en cantidad de dos mil quinientos con los que declarado tiene, y que asimismo sabe y oyó decir que hizo herrar en Compostela y en otras partes de esta dicha jurisdicción, pero que no sabe en qué cantidad.

28) A las veintiocho preguntas dijo que dice lo que dicho tiene en la pregunta antes de esta a que se refiere.

29) A las veintinueve preguntas dijo que sabe que de los indios que el dicho Nuño de Guzmán o sus tenientes y capitanes herraban en esta dicha villa, pagaban a este testigo, como contador nombrado por el contador Juan de Sámano,[218] el quinto que cabía al rey, y que los vendía y enviaba y pagaba los dineros y valor de los dichos esclavos al dicho Juan de Sámano. Preguntado qué cantidad podían ser los indios esclavos que a su Majestad cupo de los dichos indios que se herraron todo el dicho tiempo y los que recibió, dijo que no lo sabe, excepto que tiene un libro de cuentas de los dichos esclavos que así cupieron y se le pagaron a este testigo del quinto de su Majestad, y que esto sabe de esta pregunta. [f. 19v] Y luego el dicho señor juez dijo que mandaba y mandó al dicho Diego Segler traiga y exhiba el dicho libro ante él dentro de dos horas, a lo que él dijo que estaba presto de traer. Y se presentó luego.

30) A las treinta preguntas dijo que lo que sabe de la dicha pregunta es que el dicho Nuño de Guzmán llevaba la séptima parte de los indios esclavos que se hacían, que de siete uno donde estaba, y los capitanes que el dicho Nuño de Guzmán elegía llevaban cuatro cada uno de ellos, como cuatro compañeros de a pie y como dos de caballo, y que esto sabe de esta pregunta porque lo vio y era conquistador y teniente de contador como dicho tiene.

31) A las treinta y una preguntas dijo que dice lo que dicho tiene y que esta el la verdad y afirmóse y recti-

ficóse en ello y firmólo de su nombre. Diego Segler. El licenciado de la Torre.

XXIII. Juró en catorce de marzo de mil quinientos treinta y siete años ante el señor juez este dicho Hernando, indio cacique del lugar de Tonalá, testigo susodicho. Después de haber jurado en presencia de Pedro de Tordesillas, español, intérprete nombrado para lo susodicho preguntado por el dicho señor juez. Habiendo jurado según de suso, siendo preguntado por las preguntas del dicho interrogatorio de oficio presentado, dijo y depuso en su dicho lo siguiente.

1) A la primera pregunta dijo que conoce al dicho Nuño de Guzmán y a Juan de Oñate, teniente de gobernador que fue en esta dicha villa por el dicho Nuño de Guzmán, y a Santiago de Aguirre, alcalde, y a otros que al presente no se acuerda.

Fue preguntado por las generales, dijo que es de edad de cuarenta años, poco más o menos, y que no incurren en él algunas de las preguntas generales de la ley.

2) A la segunda pregunta dijo que no la sabe.

5) A la quinta pregunta dijo que este testigo ha dado desde cuatro años a esta parte al dicho Nuño de Guzmán, en cada uno de los dichos cuatro años, de tributo del dicho pueblo de Tonalá, doscientas fanegas de maíz, treinta de frijoles, y cada dos meses cuarenta mantas y más treinta fanegas de ají, y que además de esto llevaba a su costa todo este dicho bastimento a las minas de Colima, que son de esta villa de Guadalajara treinta leguas, y a las minas de Compostela, que están a veinte leguas de esta dicha villa, y que puestos los [f. 20] bastimentos en las dichas minas, las personas que estaban por el dicho Nuño de Guzmán las vendían en ellas, y que esto daba en cada un año. Preguntado qué cosas de comer y bastimentos otros son los que dan al dicho Nuño de Guzmán cuando residía en la dicha

villa y a las otras personas que por él residen en ella, dijo que le dan maíz y yerba para sus caballos ahora[219] tenga pocos o muchos, y asimismo le dan frijoles y maíz, y pescado, y huevos, y gallinas, y leña, y agua, y loza, y otras frutas que eran menester para en casa del dicho Nuño de Guzmán y las personas que estaban en la casa, y que esto se lo daban este testigo juntamente con otros principales de pueblos que tiene el dicho Nuño de Guzmán que están cerca de este pueblo de Tonalá, y que de esto daban abasto cuanto era necesario. Preguntado si además de lo que dicho tiene, el dicho Nuño de Guzmán y otras personas en su nombre le pedían o llevaban oro o plata o mantas u otras cosas más de las que arriba tiene declaradas, dijo que no. Preguntado si se le hacían algunos malos tratamientos a este o a algunas personas al tiempo que no traían los dichos tributos, dijo que el dicho Diego Vázquez, como mayordomo del dicho Nuño de Guzmán, daba a este testigo de palos con un palo, o de azotes con un mecate, y que algunas veces lo llevaba en un cepo preso y lo tenía veinte días preso, y asimismo lo echaba preso en el dicho cepo porque no residía con su persona en casa del dicho Nuño de Guzmán para ver lo que era menester u otras cosas en casa para mandárselo hacer.

10) A las diez preguntas dijo que lo que de ella sabe es que luego que el dicho Nuño de Guzmán vino a esta gobernación limpiaban y abrían algunos caminos y ponían los pontones necesarios, y que después, por mandado del dicho Nuño de Guzmán y sus justicias y oficiales, aderezaban algunos caminos poniendo pontones en los arroyos y haciendo las otras cosas necesarias los indios de la dicha tierra que estaban más cerca de los tales caminos. Y que esto que lo sabe porque lo vio muchas veces.

13) A las trece preguntas dijo que dice lo que dicho tiene en la quinta pregunta a la cual se refiere, y que no se acuerda este testigo haberle echado a este testigo otras cosas más de lo que tiene dicho.

18) A las dieciocho y diecinueve preguntas dijo que no sabe otra cosa mas de que excepto frailes, que estaban en esta dicha villa, quemaron a varios indios que hacían lo contenido en las dichas preguntas. [f. 20v]

23) A las veintitrés preguntas dijo que dice lo que dicho tiene en las preguntas antes de esta a que se refiere.

24) A las veinticuatro y veinticinco preguntas dijo que dice lo que dicho tiene en las preguntas antes de esta a que se refiere.

26) A las veintiséis preguntas dijo que lo que de ella sabe es que por algunos malos tratamientos que es que Nuño de Guzmán y sus oficiales hacían a algunos indios, se despoblaban algunos lugares que este testigo no se acuerda al presente, y que de este su pueblo de Tonalá se fueron y despoblaron cuarenta casas del dicho pueblo y fueron a vivir y residir en otros pueblos de la dicha gobernación.

27) A las veintisiete preguntas dijo que lo que de ella sabe es que por mandado del dicho Nuño de Guzmán y de sus oficiales, a este testigo, como a cacique, le trajeron hasta en cantidad de sesenta o setenta indios machos menores de catorce años y mujeres herradas, y le mandaron que los tuviese y guardase y diese de comer y que oyó decir que aquellos eran de los que no querían trabajar, que eran chichimecas y que le habían cabido de la parte del dicho Nuño de Guzmán. Y que lo que ha dicho es verdad de lo que sabe y afirmóse en ello, y no lo firmó porque dijo que no sabía escribir. Firmólo el dicho señor juez. Y el dicho naguatlato no firmó porque dijo no saber escribir. Fuele mandada la dicha residencia y que lo diga en su pueblo. El licenciado de la Torre.

Luego el dicho señor juez dijo y preguntó al dicho Hernando, cacique, si tenía o quería dar queja o poner demanda al dicho Nuño de Guzmán o a sus oficiales de algunos malos tratamientos que le hayan hecho o cosas que le hayan tomado o llevado demasiado, o de otras cosas que le pidiese, que llevaría justicia, el cual declaró por el dicho Pedro de Tordesillas que no quería dar queja ni pedirle cosa ninguna.

XXIV. Juró en catorce de marzo de mil quinientos treinta y siete años ante el señor juez de residencia.

Testigo este dicho Guzmán, cacique de Tetlán, testigo susodicho después de haber jurado en forma de derecho, siendo preguntado por ciertas preguntas del dicho interrogatorio dijo y depuso en su dicho lo siguiente, lo cual declaró por el dicho Pedro de Tordesillas, lengua [f. 21] intérprete nombrado para lo susodicho por el dicho señor juez.

1) A la primera pregunta dijo que conoce al dicho Nuño de Guzmán y a otras personas citadas en la dicha pregunta.

Fue preguntado por las preguntas generales de la ley y dijo que es de edad de cuarenta años, poco más o menos, y que no incurre en algunas de las preguntas generales de la ley.

5) Fue preguntado por la quinta pregunta del dicho interrogatorio, dijo que no la sabe.

10) A las diez preguntas dijo que lo que sabe de la dicha pregunta es que este testigo juntamente con sus indios, por mandado del dicho Nuño de Guzmán y sus oficiales, iban a aderezar algunos caminos y los abría, y que hacían pontones y ponían palos y otros reparos que eran necesarios, y que nunca vio camino por aderezar en que recibiese daño ninguna gente por caso de aderezarles, y que esto sabe de esta pregunta.

13) A las trece preguntas dijo que no la sabe.

18) A las dieciocho preguntas dijo que sabe que el dicho Nuño de Guzmán quemó al cacique de Cuitzeo porque decía que era bellaco, que cada vez que el dicho gober-

nador Nuño de Guzmán iba a Cuitzeo se escondía, y porque yendo una vez a él no le salió a recibir lo quemó, y asimismo sabe que ciertos frailes que estuvieron en la dicha villa quemaron a ciertas personas por lo contenido en la dicha pregunta. Y que esto sabe de esta pregunta porque lo vio.

19) A las diecinueve preguntas dijo que antes que el dicho Nuño de Guzmán conquistase esta dicha provincia, los naturales de ella hacían lo contenido en la pregunta, pero que después acá nunca lo ha visto este testigo hacer a ninguna persona, ni tampoco lo ha visto castigar.

23) A las veintitrés preguntas dijo que lo que sabe de la dicha pregunta es que este testigo sabe que el dicho Nuño de Guzmán ha llevado los tributos y rentas del dicho pueblo de Tetlán, donde este testigo es cacique desde que el dicho pueblo está conquistado a esta parte, que puede haber cuatro años, y que este testigo, como tal cacique, le daba de rentas en cada un año de los dichos años, seiscientas fanegas de maíz y trescientas sesenta mantas de la tierra, y cien cargas de ají, y otras ciento de frijoles, las cuales dichas cosas las llevaba [f. 21v] del dicho lugar a México y a otras partes, que hay de este lugar a ellos cien leguas y treinta, y que las daban a sus mayordomos o personas que por ellos habían de haber, y ellos las vendían las tales por donde las ponían, y que este dicho bastimento lo llevaban a su costa sin que por ello les de cosa alguna, y que además de esto les daba por sus días los que él cobró como a un cacique de los pueblos del dicho Nuño de Guzmán todo el maíz y zacate, y gallinas y huevos, y pescados, y ají, y sal, y leña, y agua, y otras cosas necesarias para la casa del dicho Nuño de Guzmán y las otras personas y caballos que por él estaban en esta villa de Guadalajara, ahora[220] fuesen pocos o muchos. Preguntado si además de este dicho tributo si le habían dado plata u oro o mantas u otras cosas algunas al dicho Nuño de Guzmán o a otras personas algunas, dijo que no.

25) A las veinticinco preguntas dijo que no la sabe.

26) A las veintiséis preguntas dijo que sabe que por algunos malos tratamientos que un Diego Vázquez que residía por mayordomo del dicho Nuño de Guzmán en esta dicha villa que hizo a ciertos macehuales suyos se le huyeron de esta tierra y no volvieron a residir en ella, y que a este testigo asimismo le hizo algunos malos tratamientos el dicho Diego Vázquez dándole muchos azotes con unas riendas de caballo y echándole después en un cepo, y que lo sabe porque lo vio, y asimismo dijo que pedía y pidió al dicho señor juez le hiciese justicia del dicho Diego Vázquez, de los dichos malos tratamientos, condenándole por ellos en las mayores y más graves penas que por derecho hallare.

27) A las veintisiete preguntas dijo que sabe que por mandado del dicho Nuño de Guzmán y sus oficiales, herraron mucha cantidad de las personas contenidas en la dicha pregunta, pero que no se acuerda qué tantos. Y afirmóse en ello y no lo firmó porque dijo que no sabía. Firmólo el dicho señor juez. Fuele mandada la dicha residencia y que lo diga en el dicho su pueblo. El licenciado de la Torre.

XXV.   Juró en catorce de marzo de mil quinientos treinta y siete años ante el señor juez.

Testigo este dicho Hernando, cacique del lugar de Zalaguatitlán, que es de Nuño de Guzmán, testigo susodicho habiendo jurado en forma de derecho y siendo [f. 22] preguntado por el dicho Pedro de Tordesillas, lengua intérprete susodicho, y por ciertas preguntas del dicho interrogatorio dijo lo siguiente.

1) A la primera pregunta dijo que conoce al dicho Nuño de Guzmán y a otras personas contenidas en la dicha pregunta.

Fuele preguntado por las preguntas generales de la ley y dijo que es de edad de cuarenta años, que no incurre en algunas de las preguntas generales de la ley.

5) A la quinta pregunta dijo que no la sabe. Fue preguntado por las veintitrés preguntas,[221] dijo que el dicho pueblo donde es cacique, que lo posee y es del dicho Nuño de Guzmán desde cuatro años a esta parte, y que le ha dado de renta en cada uno de los dichos años sesenta y tres mantas y más ciento treinta mantillas pequeñas, y más ciento treinta fanegas de maíz, y más trece cestos de ají y trece de frijoles. Y que este tributo lo ponía a su costa en las minas y en otras partes donde le mandaban. Y que además de esto le daba por su repartimiento, cuando le cabía, sal y ají y todo el maíz y frijoles y leña y agua, y gallinas, y zacate para los caballos, y huevos para todas las personas que están en la dicha villa por el dicho Nuño de Guzmán, y al dicho Nuño de Guzmán cuando estaba en ella, ahora[222] fuese mucha gente, ahora[223] poca. Preguntado si además de esto le habían llevado al dicho Nuño de Guzmán y a sus oficiales otras cosas más de las que dichas tiene, dijo que no. Preguntado si sobre el cobrar de los dichos tributos le ha hecho el dicho Nuño de Guzmán u otras personas algunos malos tratamientos, dijo que algunas veces porque no le daba lo que eran obligados le daba de palos y le echaba o tenía de preso en el cepo Diego Vázquez, mayordomo que era del dicho Nuño de Guzmán. Y que esto pasó así como dicho tiene y es la verdad.

26) A las veintiséis preguntas dijo que por algunos malos tratamientos que el dicho Diego Vázquez hizo a ciertos indios del dicho lugar se le fueron y despoblaron de él veinte casas. Y que esto sabe porque lo vio.

27) A las veintisiete preguntas dijo que sabe y vio que herraron muchos indios de la manera y edad que la pregunta dice, pero que no sabe qué cantidad, y que lo que dicho tiene es la verdad y lo que él sabe, y no lo firmó porque dijo que no sabía. Firmólo el dicho señor juez. Fuele mandada la dicha residencia y que lo diga en el dicho su pueblo. El licenciado de la Torre.

[f. 22v]

XXVI. Juró en quince de marzo de mil quinientos treinta y siete años ante el señor juez.

Testigo este dicho Hernando, cacique del lugar de Ocotlán, testigo susodicho, después de haber jurado en forma debida y de derecho, y siendo preguntado por las preguntas del dicho interrogatorio por el dicho intérprete dijo y depuso en su dicho lo siguiente.

1) A la primera pregunta dijo que conoce a algunos de los contenidos en la dicha pregunta.

Fuele preguntado por las preguntas generales de la ley. Dijo que es de edad de treinta años y que no incurre en alguna de las preguntas generales de la ley.

18) A las dieciocho preguntas dijo que no la sabe.

19) A las diecinueve preguntas dijo que no la sabe ni ha visto hacer cosas de lo contenido en la pregunta después que el dicho Nuño de Guzmán conquistó esta dicha tierra.

22) A las veintidós preguntas dijo que este testigo, como dicho tiene, es cacique del lugar de Ocotlán, y sabe que desde cuatro años a esta parte llevaba los tributos desde dicho lugar de Ocotlán el dicho Nuño de Guzmán, que son en cada año ciento ochenta mantas de la tierra y cien fanegas de maíz, y veinte cargas de frijoles. Y que este dicho tributo lo pone a su costa en las minas de Colima y Compostela y en otras partes donde le mandaban, que puede haber veinte y treinta leguas, y que las mantas lleva a México, que son ochenta leguas de su lugar. Fue preguntado si además de este dicho tributo le ha dado otras cosas así oro como plata, dijo que no.

24) A las veinticuatro preguntas dijo que no la sabe.

25) A las veinticienco preguntas dijo que no la sabe.

26) A las veintiséis preguntas dijo que no la sabe.

27) A las veintisiete preguntas dijo que sabe que por mandado del [f. 23] dicho Nuño de Guzmán se herraron muchos esclavos así hombres como mujeres de la edad contenida en la dicha pregunta, pero que todos los que mandaba herrar estaban de guerra, que no sabe la cantidad que podrán ser. Y que esta es la verdad de lo que sabe y afirmóse en ello y no lo firmó porque dijo que no sabía. Fuele mandada por el dicho señor juez la residencia y que lo diga en el dicho su pueblo. El licenciado de la Torre.

XXVII.　　　　Juró en quince de marzo de mil quinientos treinta y siete años ante el señor licenciado juez de residencia.

Testigo el dicho Hernando, cacique del lugar de Tlaquepaque, que es del gobernador Nuño de Guzmán, testigo susodicho, después de haber jurado en forma debida de derecho, siendo preguntado por el dicho intérprete por ciertas preguntas del dicho interrogatorio, dijo y depuso en su dicho lo siguiente.

1) A la primera pregunta dijo que conoce a algunos de los contenidos en la dicha pregunta.

　　　　Fuele preguntado por las preguntas generales de la ley. Dijo que es de edad de cuarenta años y que no incurren en este testigo algunas de las preguntas generales de la ley.

10) A las diez preguntas dijo que no la sabe.

13) A las trece preguntas dijo que no la sabe.

18) A las dieciocho preguntas dijo que no la sabe.

19) A las diecinueve preguntas dijo que no la sabe.

23) A las veintitrés preguntas dijo que este testigo, como dicho tiene, es cacique del lugar de Tlaquepaque y sabe que puede haber cuatro años que el dicho Nuño de Guzmán ha llevado los tributos que este testigo daba de renta de dicho lugar, que son en cada un año

de los dichos años, cien fanegas de maíz y cincuenta fanegas de ají, y treinta fanegas de frijoles, y que esto lo llevaba veinte y treinta leguas de su lugar a su costa a las minas de Compostela y Colima, y que asimismo le daba de renta doscientas setenta mantas de la tierra y doscientos cuarenta tapatíos de mantas, y que estas las ponía en México, que son ochenta leguas del dicho su lugar a su costa. Preguntado si además de esto le ha llevado algunas otras cosas [f. 23v] dijo que cuando le cabía por sí dar la de cierto repartimiento que estaba hecho entre algunos de los dichos lugares contenidos en la dicha pregunta le traía todo el maíz y gallinas y ají y sal y servicio de indios que en su casa era necesario y se gastaban.

24) A las veinticuatro preguntas dijo que no la sabe.

25) A las veinticinco preguntas dijo que no la sabe.

26) A las veintiséis preguntas dijo que no la sabe.

27) A las veintisiete preguntas dijo que sabe que por mandado del dicho Nuño de Guzmán se herraron muchos esclavos indios y que eran de ellos menores de catorce años y mujeres, pero que no sabe si eran de guerra o no y qué tanta cantidad se harían. Y que lo que dicho tiene es la verdad, y afirmóse en ello y no lo firmó porque dijo que no supo. Firmólo el dicho señor juez. Fuele mandada la dicha residencia y que lo diga en su pueblo. El licenciado de la Torre.

XXVIII. Juró en su ley, porque dijo no ser cristiano, besando la tierra, en dieciséis de marzo de mil quinientos treinta y siete años ante el señor juez.

Testigo el dicho Achiltlacote, cacique del lugar de Toneltlán que es de Nuño de Guzmán, testigo susodicho, después de haber jurado en su ley siendo preguntado por ciertas preguntas del dicho interrogatorio por el dicho intérprete dijo y depuso en su dicho lo siguiente.

1) A la primera pregunta dijo que conoce al dicho Nuño de Guzmán y a algunos de los contenidos en la dicha pregunta.

Fuele preguntado por las generales. Dijo que es de edad de treinta y cinco años poco más o menos tiempo, y que no incurren en este testigo algunas de las preguntas generales de la ley.

10) A las diez preguntas dijo que a este testigo en todo el tiempo que el dicho Nuño de Guzmán fue gobernador, él ni otra persona en su nombre nunca le mandó a este testigo hacer lo en la pregunta contenido, y que nunca vio camino ni mal paso por donde recibiese daño alguna gente.

13) A las trece preguntas dijo que nunca este testigo dio otra cosa más de cierto tributo en cada un año. [f. 24]

18) A las dieciocho preguntas dijo que no la sabe.

19) A las diecinueve preguntas dijo que no la sabe.

23) A las veintitrés preguntas dijo que como dicho tiene este testigo es cacique del dicho lugar de Toneltlán, que sabe que puede haber cuatro años que el dicho Nuño de Guzmán lleva los tributos que este testigo como tal cacique del dicho pueblo, que da de renta en cada un año de los dichos años, que son ciento ochenta mantas de la tierra y que estas pone a su costa en México, que son ochenta leguas del dicho su lugar, y que asimismo da cuarenta cargas de ají y veinte cargas de frijoles, que es media fanega cada carga, y más cien fanegas de maíz, y que este dicho bastimento pone a su costa treinta y veinte leguas de su lugar donde le mandan, y que además de esto le da el bastimento que para su casa es menester, como lo hacen los otros caciques cuando le cabe por cédula. Fue preguntado si además de esto le da otra cosa alguna. Dijo que no.

24) A las veinticuatro preguntas dijo que no la sabe.

25) A las veinticinco preguntas dijo que no la sabe.

26) A las veintiséis preguntas dijo que no la sabe.

27) A las veintisiete preguntas dijo que sabe que herraron muchos indios así hombres menores de catorce años como mujeres, pero que lo demás no lo sabe. Y que lo que dicho tiene es la verdad y lo que sabe. Y afirmóse en ello y no lo firmó porque dijo que no sabía. El licenciado de la Torre.

XXIX. Juró en dieciséis de marzo de mil quinientos treinta y siete años ante el señor juez.

Testigo el dicho Juan de Bolaños, cacique del lugar de Tequisistlán, que es de Cristóbal Romero,[224] testigo susodicho, después de haber jurado en forma de derecho, siendo preguntado por las preguntas del dicho interrogatorio por el dicho intérprete, dijo y depuso en su dicho lo siguiente.

1) A la primera pregunta dijo que conoce al dicho Nuño de Guzmán y a algunas otras personas de las contenidas en la dicha pregunta.

Fue preguntado por las generales. Dijo que es de edad de treinta años y que no incurre en algunas de las preguntas generales de la ley. [f. 24v]

10) A las diez preguntas dijo que no la sabe.

13) A las trece preguntas dijo que no la sabe.

18) A las dieciocho preguntas dijo que no la sabe.

19) A las diecinueve preguntas dijo que lo que sabe de la dicha pregunta es que en el tiempo que el dicho Nuño de Guzmán era gobernador y al presente, algunos indios del lugar de Juchipila sacrifican y comen carne humana de los indios que toman en las guerras que los indios tienen unos con otros. Preguntado si supo el dicho Nuño de Guzmán y sus oficiales y justicias o el dicho Romero, señor del dicho pueblo, lo susodi-

cho y no lo hacían castigar y castigaban lo susodicho, dijo que no lo sabe.

27) A las veintisiete preguntas dijo que no la sabe.

31) A las treinta y una preguntas dijo que no la sabe. Preguntado qué está concertado con el dicho Romero de le dar de renta en cada un año, dijo que da setenta mantas de la tierra y más todo el bastimento de maíz y gallinas y otras cosas que tienen necesidad para su casa. Preguntado que qué tantas casas hay en el dicho su pueblo, dijo que treinta, y que lo que dicho tiene es la verdad y lo que sabe. Y afirmóse en ello y no lo firmó porque dijo que no sabía. Fuele mandado por el dicho señor juez diga en su pueblo que si hay alguno que quiera quejar y pedir algo al dicho Nuño de Guzmán o sus oficiales y al dicho Romero su amo, que parezca ante él dentro de sesenta días próximos siguientes, con apercibimiento que les hace, que es término pasado o no pareciéndoles dará por libres; lo que les fue mandado y declarado por el dicho intérprete. El licenciado de la Torre.

XXX.   Juraron en sus leyes, porque dijeron no ser cristianos, poniendo la mano en la tierra y besándola en presencia del dicho señor juez en dieciséis de marzo de mil quinientos treinta y siete años.

Testigos los dichos Oyecuante y Quigua, caciques del lugar de Cuistlán, lugar de Francisco Barrón, testigo susodicho, después de haber jurado en forma según su uso, siendo preguntado por la treinta y una preguntas del dicho interrogatorio por el dicho intérprete, dijo lo siguiente.

1) A la primera pregunta dijeron que conocen al dicho Nuño de Guzmán [f. 25] y a otros algunos de los contenidos en la dicha pregunta.

Fueron preguntados por las preguntas generales. Dijeron que no incurren en algunas de las preguntas generales de la ley.

31) A las treinta y una preguntas dijeron que como dicho tienen, el dicho lugar es del dicho Barrón y que no tienen hecho ningún concierto con él, mas de que yendo el dicho Barrón les pide veinte mantas, se las dan en teniéndolas, y todo el bastimento que ha menester para su casa. Fue preguntado qué tantas casas de indios hay en el dicho lugar. Dijeron que ochenta, y que sobre el cobro de los dichos tributos no les ha hecho ningunos malos tratamientos y que no le han dado otras cosas algunas. Y que lo que han dicho es la verdad, y no lo firmaron porque dijeron que no sabían escribir. Fueles preguntado por el dicho señor juez que digan en el dicho lugar si hubiere alguna persona que quiera por él o por otras personas que parezcan dentro de sesenta días lo que les fue declarado por el dicho intérprete. El licenciado de la Torre.

XXXI. Juró en dieciséis de marzo de mil quinientos treinta y siete años ante el señor juez.

Testigo el dicho Diego Vázquez, cacique del lugar de Tlajomulco, testigo susodicho, habiendo jurado en forma debida de derecho y siendo preguntado por ciertas preguntas del dicho interrogatorio por el dicho intérprete dijo y depuso en su dicho lo siguiente.

1) A la primera pregunta dijo que conoce al dicho Nuño de Guzmán y a otras personas contenidas en la dicha pregunta.

Fue preguntado por las generales. Dijo que es de edad de treinta y cinco años y que no incurren en él algunas de las preguntas generales de la ley.

18) A las dieciocho preguntas dijo que no la sabe.

19) A las diecinueve preguntas dijo que después que el dicho Nuño de Guzmán gobernó y conquistó esta dicha provincia no ha visto que los naturales de ella hagan cosa alguna de lo contenido en la dicha pregunta.

23) A las veintitrés preguntas dijo que este testigo es

cacique del dicho lugar de Tlajomulco, y ha dado este testigo desde cuatro años [f. 25v] a esta parte el tributo que el dicho lugar da al dicho Nuño de Guzmán, en cada uno de los dichos años, doscientas cuarenta mantas de la tierra y cuatrocientos pares de suelas de alpargatas y seiscientas fanegas de maíz. Preguntado si al presente si le debe algún tributo dijo que no, que antes le había pagado el tributo del maíz de este presente año y que nunca le han llevado ni les ha dado otra cosa.

26) A las veintiséis preguntas dijo que por mandar el dicho gobernador y sus oficiales guardar a ciertos puercos y ovejas cerca del dicho su pueblo, a los indios del dicho su pueblo se le ausentaron los vecinos de veintiocho casas, que nunca han vuelto a residir en el dicho lugar, y que esto sabe porque lo vio.

27) A las veintisiete preguntas dijo que no la sabe y que lo que dicho tiene es la verdad y afirmóse en ello y no lo firmó porque dijo que no sabía.

Fuele dicho y mandado por el dicho señor juez diga y haga saber en el dicho su pueblo que si hubiera algunas personas que quieran demandar y quejar del dicho Nuño de Guzmán, de sus justicias y oficiales que parezcan ante él dentro de los dichos sesenta días, que les hará justicia. Fuele mandada la dicha residencia y que lo diga en el dicho su pueblo. El licenciado de la Torre.

XXXII.   Juró en dieciocho de marzo de mil quinientos treinta y siete años ante el señor juez.

Testigo el dicho don Pedro, cacique del lugar de Cuitzeo, lugar del dicho Nuño de Guzmán, testigo susodicho, después de haber jurado en forma de derecho, siendo preguntado por algunas de las preguntas del dicho interrogatorio por el dicho intérprete, dijo y depuso en su dicho lo siguiente.

1) A la primera pregunta dijo que conoce al dicho Nuño de Guzmán y a otras personas de las contenidas en la dicha pregunta.

Fue preguntado por las preguntas generales. Dijo que es de edad de treinta años poco más o menos y que no incurren en este testigo algunas de las preguntas generales de la ley.

18) A las dieciocho preguntas dijo que la sabe. Que siendo Ulloa corregidor en esta provincia quemó a algunas personas, indios naturales [f. 26] de la tierra, por lo contenido en la pregunta, que puede haber cuatro años, y que después ya nunca ha visto hacer lo contenido en la dicha pregunta.

19) A las diecinueve preguntas dijo que sabe que en el dicho lugar había ciertas personas hechiceras hasta en cantidad de cuarenta, y que fueron del dicho lugar a otro porque decían que los quería prender el dicho Ulloa; y que asimismo sabe que en el dicho su lugar hay tres mujeres que curan a los indios con ciertas yerbas y que hacen ciertas invocaciones en sus curaciones con granos de maíz, y que a este testigo le parece que es todo lo que hacen en nombre del diablo.

Y luego el dicho señor juez le mandó las traigan ante él. Luego el cual dijo que las traería asimismo. Le fue apercibido por el dicho señor juez que no haga ni consienta hacer lo contenido en las dichas dieciocho y diecinueve preguntas, porque a los cristianos que lo hacen los manda quemar su Majestad por ello, lo cual le fue declarado por el dicho naguatlato.

23) A las veintitrés preguntas dijo que este testigo, como dicho tiene, es cacique del dicho lugar de Cuitzeo, y que sabe que el dicho Nuño de Guzmán ha llevado los tributos del dicho lugar desde cuatro años a esta parte, que en cada un año mil fanegas de maíz, y de frijoles cien fanegas, y que este dicho tributo pone a treinta leguas de su lugar: en las minas de Colima y Compostela a su costa. Y que asimismo le da de tributo en cada un año, de los dichos años, seiscientas mantas de la tierra, y que estas pone en México que son ochenta leguas de su lugar, a su costa, o en otras partes, y

que esto lo sabe porque lo ha dado como dicho tiene. Y que asimismo le da, cuando le cabe por cédula, todo el bastimento que ha menester para su casa del dicho Nuño de Guzmán o a las otras presonas que están por él en la dicha villa. Fuele preguntado por el dicho señor juez, si además de esto, si le ha llevado otra cosa o él le ha dado otras cosas de su voluntad. Dijo que no.

25) A las veinticinco preguntas dijo que no la sabe.

27) A las veintisiete preguntas dijo que no la sabe. Y que lo que dicho tiene es la verdad y afirmóse en ello, y no firmó porque no supo firmar. Fuele notificada la residencia y que lo diga en su pueblo. El licenciado de la Torre.

[f. 26v]

XXXIII. Juró en dieciocho de marzo de mil quinientos treinta y siete años ante el señor juez.

Testigo este dicho don Pedro, cacique del lugar de Amajaque, lugar del dicho Nuño de Guzmán. Después de haber jurado en forma de derecho y siendo preguntado por las preguntas del dicho interrogatorio por el dicho naguatlato dijo lo siguiente.

1) A la primera pregunta dijo que conoce al dicho Nuño de Guzmán y a otras personas de las contenidas en la dicha pregunta.

Por las generales dijo que es de edad de cuarenta años y que no incurren en él algunas de las preguntas generales de la ley.

18) A las dieciocho preguntas dijo que no la sabe.

19) A las diecinueve preguntas dijo que no la sabe.

23) A las veintitrés preguntas dijo que este testigo como tal cacique del dicho lugar, sabe que el dicho

Nuño de Guzmán ha llevado los tributos del dicho pueblo de Amajaque de cuatro años a esta parte, que son en cada un año doscientas fanegas de maíz y veinticinco cargas de ají, y quince cargas de frijoles, y ciento ochenta mantas de la tierra, y que este dicho tributo pone a veinte y treinta leguas, y a ochenta, de su lugar, a su costa. Y que además de esto le da todo el bastimento que es necesario para su casa y la gente que tiene en la dicha villa cuando le cae por cédula. Preguntado si le ha dado o llevado otra cosa a él o a sus oficiales u otra persona por fuerza, dijo que no.

26) A las veintiséis preguntas dijo que no la sabe.

27) A las veintisiete preguntas dijo que no la sabe y que lo que dicho tiene es la verdad, y afirmóse en ello, y no lo firmó porque dijo que no sabía. Fuele avisado por el dicho señor juez diga en el dicho su pueblo que si hubiere alguna persona que quisiere pedir algo o querellar al dicho Nuño de Guzmán o a sus oficiales, que parezcan dentro del término.

XXXIV. Juró en dieciocho de marzo de quinientos treinta y siete años ante el dicho señor juez.

Testigo el dicho Pedro de Plascencia,[225] vecino de esta villa, testigo susodicho, después de haber jurado en forma de derecho dijo y depuso su dicho.

1) A la primera pregunta dijo que conoce al dicho Nuño de Guzmán y a otras personas de las contenidas en la dicha pregunta. [f. 27]

Fuele preguntado por las generales. Dijo que es de edad de veinticinco años arriba y que no incurren en él algunas de las preguntas generales.

2) A la segunda pregunta dijo que no sabe ni ha visto haber llevado derechos demasiados a ninguna persona, y que antes cree y ha visto soltar a muchos jueces los derechos que les venían.

3) A la tercera pregunta dijo que no la sabe.

4) A la cuarta pregunta dijo que sabe que antes que se repartiese la tierra de la jurisdicción de esta dicha villa un Diego Vázquez, por mandado del dicho gobernador Nuño de Guzmán, fue a visitar la dicha tierra por la cual dicha visitación sabe que se repartió la tierra, y que después acá nunca ha visto ni oído decir que se visitase la dicha tierra otra vez, y que este testigo vio cómo el dicho gobernador Nuño de Guzmán y otras personas en su nombre han defendido esta provincia de Tonalá en todo cuanto han podido porque la querían meter en la provincia y jurisdicción de México.

5) A la quinta pregunta dijo que no la sabe.

6) A la sexta pregunta dijo que no la sabe.

7) A la séptima pregunta dijo que no la sabe.

8) A la octava pregunta dijo que no la sabe.

9) A la novena pregunta dijo que no la sabe.

10) A las diez preguntas dijo que sabe que algunas veces se han aderezado algunos caminos y puentes en algunos pasos malos donde había necesidad, y que no sabe otra cosa de esta pregunta mas de que sabe que si antes que se aderezaron los caminos y malos pasos los pudieran aderezar algún tiempo antes.

11) A las once preguntas dijo que ha oído decir a algunas personas que habían castigado a algunas personas por decir mal a Nuestro Señor y a los santos, teniéndolos presos, y que nunca ha visto que ninguna justicia que estuviese en este dicho pueblo haya dejado de castigar ni disimular cosa de lo contenido en esta dicha pregunta. [f. 27v]

12) A las doce preguntas dijo que sabe este testigo y vio jugar a algunas personas a juegos vedados estando delante de Juan de Oñate, teniente de gobernador y de otras justicias que han sido en esta dicha villa, pero que

no sabe a qué cantidad, salvo que cree que eran en más cantidad de diez pesos de oro de minas, y que a la sazón no les ha visto tener dineros, oro ni plata, ni otra cosa ninguna.

13) A las trece preguntas dijo que lo que sabe de la dicha pregunta es que este testigo ha visto que el repartimiento de los indios que está hecho entre los españoles y que sabe que algunos de los que tienen ruines pueblos lo han trabajado mejor que algunos de los que tienen mejores, y que sabe que un Juan de Oñate que fue teniente de gobernador en esta dicha jurisdicción, tenía tres lugares de indios que son Tlacotlán, y Acatic, y Atlemacapuli. Y que habrá tres o cuatro meses, poco más o menos tiempo, que este testigo oyó decir principalmente que el dicho Juan de Oñate se iba al Perú y que había pedido al dicho Nuño de Guzmán que los dichos pueblos los diesen a un sobrino suyo que se dice Juan de Saldívar, y que ha visto este testigo la cédula por donde le hizo el dicho Nuño de Guzmán merced de ellos, la cual sabe que sí era del dicho tiempo a esta parte. Preguntado si el dicho Juan de Saldívar es conquistador de la dicha gobernación, dijo que sabe que no lo es, sino que hace dos años, poco más, que ha venido de Castilla y que cuando la dicha merced le hicieron ya estaban conquistados los dichos pueblos de que tiene merced, y que de los dos años a esta parte sabe este testigo que el dicho Saldívar ha ido juntamente con otras personas a apaciguar a los indios rebeldes y a hacerlos esclavos.

14) A las catorce preguntas dijo que no la sabe.

15) A las quince y dieciséis preguntas dijo que no las sabe.

17) A las diecisiete preguntas dijo que no la sabe.

18) A las dieciocho preguntas dijo que sabe que el dicho gobernador mandó quemar a un cacique de Cuitzéo porque decían que hacía lo contenido en la dicha

pregunta, y que lo demás en ella contenido que no lo sabe, y ha oído decir principalmente que los naturales de esta dicha jurisdicción pecan y hacen lo contenido en la dicha pregunta y que esto que lo hacen algunos de ellos.

19) A las diecinueve preguntas dijo que lo ha oído decir principalmente por [f. 28] público y notorio que los indios de esta dicha provincia sacrifican y comen carne humana, y que esto hacían en el tiempo que el dicho Nuño de Guzmán era gobernador y antes, y al presente lo usan.

20) A las veinte preguntas dijo que sabe que en la ciudad de Compostela se encorozaron a ciertas mujeres indias por hechiceras, y que lo demás no lo sabe.

21) A las veintiuna preguntas dijo que sabe que han ido por procuradores a los reinos de España Gonzalo López, y que cuando se hacían esclavos sacaron ciertos esclavos de montón de los que iban a hacerlos y que decían que eran para el procurador que iba a España y para los negocios que iba a negociar.

22) A las veintidós preguntas dijo que dice lo que dicho tiene en la pregunta antes de esta a que se refiere.

23) A las veintitrés preguntas dijo que sabe que el dicho Nuño de Guzmán ha llevado los tributos y rentas de los dichos pueblos contenidos en la dicha pregunta desde cuatro años a esta parte que se repartió la tierra, y que lo sabe porque este testigo es conquistador y sabe que los tiene por suyos y porque después lo ha visto cobrar los dichos tributos a los mayordomos del dicho Nuño de Guzmán y a otras personas en su nombre.

24) A las veinticuatro preguntas dijo que no la sabe.

25) A las veinticinco preguntas dijo que sabe que porque algunas veces algunos caciques y otras personas de los dichos pueblos no querían traer los dichos tributos, un Diego Vázquez, mayordomo que era del

dicho gobernador, los azotaba y echaba en el cepo y que esto era a los principios.

26) A las veintiséis preguntas dijo que no la sabe.

27) A las veintisiete preguntas dijo que sabe que al tiempo contenido en la dicha pregunta vio que se herraron muchos indios así hombres como mujeres de catorce años y aún menos, y que estaban a las tetas de sus madres, pero que no sabe en qué cantidad.

28) A las veintiocho preguntas dijo que la no sabe. Preguntado cuánto más o menos, dijo que no lo sabe.

29) A las veintinueve preguntas dijo que sabe que algunas veces [f. 28v] este testigo vio herrar a algunos esclavos, pagaban el quinto que venía de ellos a su Majestad y los entregaban a sus oficiales.

30) A las treinta preguntas dijo que sabe que de los indios que se hacían esclavos el dicho Nuño de Guzmán llevaba como capitán y gobernador de siete uno, y los capitanes que elegía llevaban cada uno de ellos tanto como dos de a caballo.

31) A las treinta y una preguntas dijo que no lo sabe y que lo que dicho tiene es la verdad y lo que sabe, y afirmóse en ello y firmólo de su nombre. Pedro Plascencia. El licenciado de la Torre.

XXXV. Juró en dieciocho de marzo de mil quinientos treinta y siete años ante el señor juez.

Testigo el dicho Alonso, cacique del lugar de Tlacotlán, que es de Juan de Saldívar, testigo susodicho, después de haber jurado en forma de derecho y siendo preguntado por la primera y segunda preguntas del dicho interrogatorio, siendo preguntado por Juan de Oñate, indio naguatlato de la lengua chichimeca en lengua de México, y por el dicho Pedro de Tordesillas, español, después de haber jurado asimismo en forma de derecho dijo y depuso asimismo lo siguiente.

1) A la primera pregunta dijo que conoce a algunos de los contenidos en la dicha pregunta.

Fue preguntado por las generales. Dijo que es de edad de cuarenta años y que no incurren en él las generales de la ley.

31) A las treinta y una preguntas dijo que como dicho tiene es cacique del dicho pueblo de Tlacotlán y del lugar de Guautlán, y del lugar de Tescatitlán, y sabe que puede haber cuatro años que este testigo como tal cacique daba el tributo de los dichos pueblos a Juan de Oñate y al presente los da a un Juan de Saldívar, que son en cada un año de los dichos años doscientas cuarenta mantas y más el maíz y ají y frijoles que les piden, y más todo el servicio que les piden para su casa así de gallinas como de otras cosas de bastimentos. Preguntado si les han hecho algunos malos tratamientos dijo que no. Fuele mandada la dicha residencia y que lo diga en el dicho su pueblo. El licenciado de la Torre.

XXXVI. Juró en dieciocho de marzo de mil quinientos treinta y siete años ante el dicho señor juez. [f. 29] Testigo el dicho Pedro de Bobadilla,[226] testigo jurado en forma de derecho, y siendo preguntado por las preguntas del dicho interrogatorio dijo lo siguiente.

1) A la primera pregunta dijo que conoce a algunos de los contenidos en la dicha pregunta.

Fue preguntado por las generales. Dijo que es de edad de ochenta años, poco más o menos tiempo, y que no le empecen algunas de las preguntas generales.

2) A la segunda pregunta dijo que no la sabe.

3) A la tercera pregunta dijo que no la sabe.

4) A la cuarta pregunta dijo que la sabe, que se han visitado ciertas tierras de esta Nueva Galicia, y que lo demás no sabe.

5) A la quinta pregunta dijo que no la sabe.

6) A la sexta pregunta dijo que no la sabe.

7) A la séptima pregunta dijo que la no sabe.

8) A la octava pregunta dijo que la no sabe.

9) A la novena pregunta dijo que la no sabe.

10) A las diez preguntas dijo que sabe que algunos caminos ha visto aderezar.

11) A las once preguntas dijo que sabe y ha visto castigar lo contenido en la dicha pregunta.

12) A las doce preguntas dijo que la no sabe.

13) A las trece preguntas dijo que la no sabe.

14) A las catorce preguntas dijo que la no sabe.

15) A las quince preguntas dijo que la no sabe.

16) A las dieciséis preguntas dijo que la no sabe.

17) A las diecisiete preguntas dijo que la no sabe.

18) A las dieciocho preguntas dijo que la no sabe.

19) A las diecinueve preguntas dijo que lo ha visto castigar y que es muy público y notorio que los naturales de la tierra hacen lo contenido en la dicha pregunta y que este testigo, siendo juez, hizo justicia de cinco principales por lo contenido en la dicha pregunta.

20) A las veinte preguntas dijo que no la sabe.

21) A las veintiuna preguntas dijo que sabe que fue procurador a los reinos de España de esta Nueva Galicia, y que de ciertos esclavos que se hacían sacaron para el dicho procurador, y que los recibió Miguel de Ibarra, alcalde que era a la sazón de esta dicha villa, y que esto sabe porque los vio sacar y entregar como dicho tiene. [f. 29v]

22) A las veintidós preguntas dijo que no la sabe, excepto que sabe que algunos pueblos que repartieron al tiempo que se repartió la tierra, pensaban que eran buenos y a la sazón les salían malos.

23) A las veintitrés preguntas dijo que este testigo hace que reside en esta dicha villa desde año y medio a esta parte y sabe lo contenido en la pregunta porque lo vio, y es público y notorio.

24) A las veinticuatro preguntas dijo que no la sabe.

25) A las veinticinco preguntas dijo que no la sabe.

26) A las veintiséis preguntas dijo que no la sabe.

27) A las veintisiete preguntas dijo que sabe que se herraron muchos indios de los contenidos en la dicha pregunta, pero que cree que eran de guerra.

28) A las veintiocho preguntas dijo que la no sabe.

29) A las veintinueve preguntas dijo que así era público y notorio que de los indios que herraban se pagaba el quinto a su Majestad y a sus oficiales en su nombre.

30) A las treinta preguntas dijo que sabe que de los esclavos que se hacían llevaba el dicho Nuño de Guzmán de siete uno, y que cada uno de los capitanes que él elegía tenían como dos de a caballo.

31) A las treinta y una preguntas dijo que no la sabe.

32) A las treinta y dos preguntas dijo que este testigo ha visto una instrucción por donde manda el dicho Nuño de Guzmán castigar lo contenido en la dicha pregunta, la cual está firmada del dicho gobernador, y que nunca ha visto que él ni sus oficiales lo vean o sepan y disimulen, y que lo demás contenido en la pregunta, que no lo sabe. Que lo que dicho tiene es la verdad y lo que sabe y afirmóse en ello y no lo firmó porque dijo que no sabía. El licenciado de la Torre.

XXXVII. Juró en diecinueve de marzo de mil quinientos treinta y siete años ante el señor juez.

Testigo el dicho Santiago de Aguirre, vecino de esta villa de Guadalajara y alcalde que ha sido en ella, testigo susodicho, después de haber jurado según forma de derecho dijo siendo preguntado por las preguntas del dicho interrogatorio lo siguiente.

1) A la primera pregunta dijo que conoce a algunos de los contenidos en la dicha pregunta.

Fue preguntado por las generales. Dijo que es de edad de veintiséis años [f. 30] y que ha sido alcalde ordinario por el dicho Nuño de Guzmán en esta dicha villa, pero que no incurren en él algunas de las preguntas generales de la ley.

2) A la segunda pregunta dijo que no la sabe.

3) A la tercera pregunta dijo que no la sabe.

4) A la cuarta pregunta dijo que no la sabe y que si la han visitado que este testigo no se acuerda.

5) A la quinta pregunta dijo que la no sabe.

6) A la sexta pregunta dijo que la no sabe.

7) A la séptima pregunta dijo que la no sabe.

8) A la octava pregunta dijo que la no sabe.

9) A la novena pregunta dijo que la no sabe.

10) A las diez preguntas dijo que sabe que han aderezado algunos caminos.

11) A las once preguntas dijo que sabe y ha visto castigar a algunas personas por lo contenido en la dicha pregunta.

12) A las doce preguntas dijo que ha visto y oído decir todo lo contenido en la dicha pregunta, que habían

castigado a algunas personas y que nunca ha visto que
la justicia supiese alguna cosa de lo contenido en la
dicha pregunta y lo disimulase no lo queriendo castigar.

13) A las trece preguntas dijo que la no sabe.

14) A las catorce preguntas dijo que la no sabe.

15) A las quince preguntas dijo que la no sabe y que si
lo ha visto hacer no se acuerda al presente.

16) A las dieciséis preguntas dijo que la no sabe.

17) A las diecisiete preguntas dijo que la no sabe.

18) A las dieciocho preguntas dijo que la no sabe.

19) A las diecinueve preguntas dijo que es público y
notorio que los naturales indios de la tierra hacen lo
contenido en la dicha pregunta pero que este testigo
nunca lo ha visto hacer, porque si lo hubiera visto en
el tiempo que era juez lo hubiera castigado. Sobre este
caso, cuando este testigo era juez decía a algunos de los
dichos indios que no lo hiciesen dándoles a entender la
causa por qué no lo debían hacer, y el deservicio que se
hacía a Dios Nuestro Señor, y que si lo hiciesen que los
castigaría sobre ellos, y que nunca vio que otras justicias supiesen lo contenido en la dicha pregunta y no lo
castigasen disimulándolo.

20) A las veinte preguntas dijo que no sabe ni ha visto
personas que hagan lo contenido en la dicha pregunta.

21) A las veintiuna preguntas dijo que sabe que se envió
de esta dicha provincia por procurador a los reinos de
España a su Majestad a Gonzalo [f. 30v] López y que al
tiempo que se dio el poder, este testigo, como procurador que a la sazón era de esta dicha villa de Guadalajara, asentó el día que se le dio, pero que lo demás no
sabe.

22) A las veintidós preguntas dijo que sabe que el dicho

Nuño de Guzmán ha repartido la dicha tierra entre los conquistadores de ella y que al tiempo que hizo el dicho repartimiento dio a unos más que a otros, y a los que daba más sabe que era a sus capitanes y personas que habían ayudado a sostener el campo teniendo caballos y haciendo algunas obras pías a algunas otras personas que estaban en necesidad, y sabe que al tiempo que se hizo el dicho repartimiento dio a algunas personas algunos pueblos que se habían conquistado y que después acá sabe que se han alzado muchos de ellos y no han querido servir. Y que asimismo sabe que puede haber tres o cuatro meses, poco más o menos, que el dicho gobernador dio tres pueblos que están en esta dicha provincia a un Juan de Saldívar y que sabe que no es conquistador y que esto dice y sabe de esta pregunta.

23) A las veintitrés preguntas dijo que sabe la dicha pregunta como en ella se contiene porque lo ha visto pasar así como la pregunta dice, y así es muy público y notorio que el dicho Nuño de Guzmán ha llevado los dichos tributos de cuatro años a esta parte.

24) A las veinticuatro preguntas dijo que no la sabe.

25) A las veinticinco preguntas dijo que lo que sabe de esta pregunta es que vio algunas veces que un Diego Vázquez y otras personas que han tenido cargo de cobrar esos dichos tributos en esta villa, hacían pagar el dicho tributo dándoles de palos o echándoles en un cepo, y que sabe que esto hacían porque los indios no servían como los de México.

26) A las veintiséis preguntas dijo que no la sabe.

27) A las veintisiete preguntas dijo que sabe que por mandado del dicho Nuño de Guzmán se herraron muchos esclavos machos y hembras y muchachos menores de edad de catorce años, pero que le parece a este testigo que eran de justa guerra porque se defendían y mataban a cristianos, y que no querían servir.

28) A las veintiocho preguntas dijo que no la sabe.

29) A las veintinueve preguntas dijo que este testigo ha visto que de los indios que tomaban para hacer esclavos en algunas partes donde este testigo se hallaba, veía que daban el quinto a su Majestad y a sus oficiales, y que es muy público y notorio, y que este testigo por tal lo ha oído decir que de todos los esclavos que se han hecho se pagaba el quinto a su Majestad.

30) A las treinta preguntas dijo que sabe que de los esclavos que se hacían donde este testigo se ha hallado, que el dicho Nuño de Guzmán llevaba, después de sacado el quinto de su Majestad, de siete uno, y que sus capitanes llevaban cada uno de ellos tanto como cuatro hombres de a pie. [f. 31]

31) A las treinta y una preguntas dijo que la no sabe.

32) A las treinta y dos preguntas dijo que la no sabe mas de que ha visto que en esta dicha villa ha visto castigar a algunas personas que hacían lo en la pregunta contenido, y que lo que dicho tiene es la verdad y lo que sabe, y afirmóse en ello y firmólo de su nombre. Santiago de Aguirre.

XXXVIII. Juró en diecinueve de marzo de mil quinientos treinta y siete años ante el señor juez.

Testigo el dicho Pedro de Tordesillas, vecino de la dicha villa, testigo susodicho, después de haber jurado en forma de derecho dijo y depuso en su dicho lo siguiente, siendo preguntado por las preguntas del dicho interrogatorio.

1) A la primera primera pregunta dijo que conoce a algunos de los en la dicha pregunta contenidos.

Fue preguntado por las preguntas generales. Dijo que es de edad de cuarenta años y que ha sido alguacil por el dicho Nuño de Guzmán en la ciudad de Compostela, pero que no incurre en alguna de las preguntas generales de la ley.

2) A la segunda pregunta dijo que lo que sabe de la dicha pregunta es que este testigo estando y residiendo en la dicha ciudad de Compostela por alguacil, oyó decir y quejarse a este testigo, a algunas personas, que un Pedro Ruiz de Haro,[227] escribano que a la sazón era de la dicha ciudad, llevaba un peso por hacer una obligación, por una escritura pública, y que no sabe otra cosa de lo contenido en la pregunta.

3) A la tercera pregunta dijo que la no sabe.

4) A la cuarta pregunta dijo que la no sabe.

5) A la quinta pregunta dijo que lo que sabe de la dicha pregunta es que este testigo oyó decir que el dicho Nuño de Guzmán pidió a ciertos indios para sacar oro y plata en las minas de Compostela a los caciques del lugar de Tepic y Sentispac, y que este testigo vio, en la dicha ciudad de Compostela, traer, a los dichos caciques al dicho Nuño de Guzmán, veinte indios poco más o menos. Preguntado que si los dichos indios eran esclavos, dijo que no estaban herrados, mas que oyó decir que eran esclavos de los dichos caciques.

6) A la sexta pregunta dijo que la no sabe.

7) A la séptima pregunta dijo que la no sabe.

8) A la octava pregunta dijo que la no sabe. [f. 31v]

9) A la novena pregunta dijo que la no sabe.

10) A las diez preguntas dijo que no ha visto hacer alguna cosa de lo contenido en la pregunta.

11) A las once preguntas dijo que ha visto entregar a algunas personas por lo contenido en la dicha pregunta.

12) A las doce preguntas dijo que oyó decir que algunas personas denunciaban de algunos jugadores, pero que

nunca vio llevar penas algunas.

13) A las trece preguntas dijo que la no sabe.

14) A las catorce preguntas dijo que la no sabe.

15) A las quince preguntas dijo que no la sabe.

16) A las dieciséis preguntas dijo que la no sabe.

17) A las diecisiete preguntas dijo que la no sabe.

18) A las dieciocho preguntas dijo que vio este testigo tener muy gran voluntad al dicho Nuño de Guzmán de saber de algunas personas que hiciesen lo contenido en la dicha pregunta para los castigar.

19) A las diecinueve preguntas dijo que ha visto castigar a una mujer por lo contenido en la dicha pregunta.

20) A las veinte preguntas dijo que la no sabe.

21) A las veintiuna preguntas dijo que la no sabe. [f. 32]

22) A las veintidós preguntas dijo que no la sabe, mas de que ha oído decir que el dicho gobernador no ha repartido los dichos pueblos igualmente, salvo que dio más a unos que a otros. Y que asimismo sabe que el dicho Nuño de Guzmán, puede haber cuatro meses poco más o menos, que dio a un Juan de Saldívar tres pueblos y que sabe asimismo que no ha sido conquistador.

23) A las veintitrés preguntas dijo que la sabe según y como en ella se contiene. Preguntado cómo la sabe dijo que porque así lo vio y es muy público y notorio entre las personas que de ello tienen noticia, que el dicho Nuño de Guzmán ha llevado los dichos tributos desde cuatro años a esta parte.

24) A las veinticuatro preguntas dijo que la no sabe.

25) A las veinticinco preguntas dijo que no la sabe, excepto que oyó decir a algunos españoles de que no

tiene noticia que Francisco del Barco,[228] que estaba por mayordomo del dicho Nuño de Guzmán en la ciudad de Compostela, porque decían que no querían servir los indios, los azotaba y cortaba a algunos pies y manos, y mataba a algunos de ellos.

26) A las veintiséis preguntas dijo que lo que sabe de la dicha pregunta es que lo vio hacer algunos malos tratamientos a algunos caciques y a otros indios y a causa de ello se ausentaban e iban de los lugares donde vivían a otros pueblos.

27) A las veintisiete preguntas dijo que sabe que en dos otras [f. 32v] entradas que se hicieron vio que herraron hasta en cantidad de mil esclavos, poco más o menos, y que de ellos eran muchos menores de edad de catorce años y aún mamaban a las tetas de sus madres, y asimismo vio a muchas mujeres, en que las dichas entradas se hicieron por madado del dicho Nuño de Guzmán, y aún él fue a una de ellas.

28) A las veintiocho preguntas dijo que la no sabe.

29) A las veintinueve preguntas dijo que sabe que de los esclavos que herraron en las dichas entradas se pagó el quinto a su Majestad y a sus oficiales que estaban en esta dicha provincia.

30) A las treinta preguntas dijo que sabe que el dicho Nuño de Guzmán, después de sacado el quinto de su Majestad, llevaba de siete uno; y que cada uno de sus capitanes llevaban tanto como dos hombres de a pie, mas después llevaban lo que les cabía como tales conquistadores.

31) A las treinta y una preguntas dijo que la no sabe.

32) A las treinta y dos preguntas dijo que es público y notorio que algunos españoles tienen cópula carnal con algunas mujeres de la tierra, y que tienen hijos de ellas, pero que cree este testigo que son cristianas las dichas indias, y que este testigo no conoce a alguna que

no sea cristiana ni tampoco sabe que algún español tenga india que no lo sea, y que lo que dicho tiene es verdad y lo que sabe, y afirmóse en ello y no lo firmó porque dijo que no sabía. El licenciado de la Torre.

[f. 33]

XXXIX. Juró en dieciocho de marzo de mil quinientos treinta y siete años ante el señor juez.

Testigo el dicho Diego Téllez,[229] testigo susodicho, después de haber jurado en forma de derecho, siendo preguntado por las preguntas del dicho interrogatorio dijo y depuso en su dicho lo siguiente.

1) A la primera pregunta dijo que conoce a algunos de los contenidos en la dicha pregunta.

Fue preguntado por las generales. Dijo que es de edad de treinta y cinco años y que no incurren en este testigo ninguna de las preguntas generales de la ley.

2) A la segunda pregunta dijo que no la sabe.

3) A la tercera pregunta dijo que no la sabe.

4) A la cuarta pregunta dijo que no la sabe.

5) A la quinta pregunta dijo que no la sabe.

6) A la sexta pregunta dijo que no la sabe.

7) A la séptima pregunta dijo que no la sabe.

8) A la octava pregunta dijo que no la sabe.

9) A la novena pregunta dijo que no la sabe.

10) A las diez preguntas dijo que sabe que se han allanado parte de dos caminos.

11) A las once preguntas dijo que ha visto castigar a una persona por lo contenido en la dicha pregunta, y que

nunca ha visto que los oficiales viesen alguna cosa de lo contenido en la dicha pregunta y no lo castigasen.

12) A las doce preguntas dijo que este testigo ha oído decir a personas de que no se acuerda, que el dicho Nuño de Guzmán jugaba a los naipes más cantidad de diez pesos de minas, y que esto era público y notorio entre las personas que de ello tienen noticia. [f. 33v]

13) A las trece preguntas dijo que sabe que yendo este testigo juntamente con Diego de Proaño, teniente de capitán y alcalde mayor en la villa de Culiacán, por un camino vieron venir a dos indios que traían preso a un cacique de un pueblo del valle de Culiacán porque andaba ausentado, y fueron para ellos y les preguntó el dicho Proaño que por qué le llevaban preso, y a la sazón el dicho cacique se le quejó que los indios que le llevaban le habían tomado un costal de piedras turquesas menudas y dos de las muñecas que podían tener de largo el collar grande de una vara de medir, y vio cómo el dicho Proaño las pidió a los dichos indios y las tomó todas, y las de las muñecas se volvió a otra parte, porque no lo viese este testigo, y las desató. Y le parece a este testigo que sacó algunas de ellas y las demás volvió a los dichos indios, salvo el collar grande. Preguntado qué podrían valer dijo que no lo sabe.

14) A las catorce preguntas dijo que no la sabe.

15) A las quince preguntas dijo que no la sabe.

16) A las dieciséis preguntas dijo que no la sabe.

17) A las diecisiete preguntas dijo que no la sabe.

18) A las dieciocho preguntas dijo que ha visto quemar en la villa de Culiacán a ciertos indios, y que decían que era por lo contenido en la dicha pregunta.

19) A las diecinueve preguntas dijo que no la sabe.

20) A las veinte preguntas dijo que no la sabe.

21) A las veintiuna preguntas dijo que no la sabe.

22) A las veintidós preguntas dijo que este testigo fue conquistador de la provincia de Culiacán y sabe y vio que el dicho gobernador no quiso repartir la tierra ni dar cédulas de los pueblos luego que se conquistó la dicha tierra, y hasta que los españoles se querían ir y la tierra estaba muy perdida y los indios no querían servir, y que cuando repartió la dicha tierra y dio cédulas de los pueblos, sabe que dio a unos más que a otros, y tomó para sí así lo más y lo mejor, especialmente dio muy mejores indios a Pedro de Bobadilla porque era su criado y le había traído en guarda unos puercos en las entradas que hacían para comer sin ser conquistador, y que asimismo dio a un Francisco de Villegas, cerca de la ciudad de Compostela, un lugar que se dice Ahuacatlán porque era su criado, y sin lo haber conquistado.

23) A las veintitrés preguntas dijo que sí es muy público y notorio que el dicho Nuño de Guzmán ha llevado los tributos de los pueblos contenidos en la dicha pregunta desde el dicho tiempo a esta parte, y que este testigo asimismo ha visto coger los tributos de algunos de los dichos pueblos al dicho Nuño de Guzmán y a sus mayordomos y a otras personas en su nombre.

24) A las veinticuatro preguntas dijo que no la sabe.

25) A las veinticinco preguntas dijo que ha oído decir o ha visto que algunos mayordomos y personas que cobraban las rentas de los dichos pueblos maltrataban los pueblos de los dichos indios y a algunos de ellos dándoles de palos y echándoles en un cepo, y yendo a sus lugares o teniéndolos amarrados les echaban unos perros para que los mordiesen, y que especialemente vio castigar a un Juan del Camino a ciertos caciques de los dichos pueblos dando a algunos de ellos de palos y azotes, y a los otros teniéndolos de cabeza en el cepo y que no sabe el tiempo que los tuvo presos, y que esto sabe de esta pregunta.

26) A las veintiséis preguntas dijo que no la sabe, excepto que sabe que por no dar cédulas cuando se repartió la provincia de Culiacán entre los españoles, luego que se conquistó, [f. 34v] fue mucha causa que los indios se alzasen y se muriesen por los montes andando alzados, y se despoblara más de la mitad de la gente que había a la sazón que se conquistó. Porque si les dieran cédulas de los indios, cada uno procurara por sus indios y los hiciera servir, y por no tener cédulas se los quitaran otro día, como vieran que hicieran a esta causa los dichos españoles no procuraron por los dichos indios y se despobló la dicha tierra.

27) A las veintisiete preguntas dijo que sabe que este testigo fue conquistador de esta Nueva Galicia y sabe que en dos entradas que este testigo fue a hacer esclavos con otra gente, vio que se hicieron esclavos entre, hombres y mujeres, quinientas personas; y que asimismo vio en la provincia de Culiacán que estaban hechos esclavos cincuenta indios y mujeres y que sabe que eran muchos de ellos mujeres e indios menores de catorce años, y que asimismo es público y notorio que en otras partes de esta dicha Nueva Galicia se hicieron mucha cantidad de esclavos de la manera que dicho tiene.

28) A las veintiocho preguntas dijo que no la sabe.

29) A las veintinueve preguntas dijo que sabe que de las dichas entradas a que este testigo fue, vio que pagaron por esclavos que cabían a su Majestad por el quinto; y asimismo vio que los pagaban de otras entradas que se hacían.

30) A las treinta preguntas dijo que sabe y vio que, en sacándose el quinto de su Majestad, se sacaba de siete esclavos uno para el dicho Nuño de Guzmán aunque no fuese a las tales entradas, y que el capitán que iba allá en su nombre llevaba tanto como tres personas de caballo, y otros tenientes de capitanes llevaban tanto como dos de caballo. [f. 35]

31) A las treinta y una preguntas dijo que no la sabe.

32) A las treinta y dos preguntas dijo que no la sabe y que lo que dicho tiene es la verdad y lo que él sabe, y afirmóse en ello y no lo firmó porque dijo que no sabía, salvo que hizo una señal de firma. El licenciado de la Torre.

XL. Juró en veinte de marzo de mil quinientos treinta y siete años, ante el señor juez.

Testigo el dicho Miguel de Ibarra, vecino de esta villa de Guadalajara, testigo susodicho, después de haber jurado en forma de derecho y siendo preguntado por las preguntas del interrogatorio dijo lo siguiente.

1) A la primera pregunta dijo que conoce a los contenidos en la dicha pregunta.

Fue preguntado por las preguntas generales. Dijo que es de edad de treinta y dos años, poco más o menos, y que ha sido alcalde ordinario en esta dicha villa pero que no incurren en él algunas de las preguntas generales de la ley.

2) A la segunda pregunta dijo que no la sabe.

3) A la tercera pregunta dijo que no la sabe.

4) A la cuarta pregunta dijo que sabe que un Diego Vázquez salió de esta dicha villa por visitador para visitar la tierra, y que después sabe y vio que por la visitación que hizo se repartió la tierra entre los españoles.

5) A la quinta pregunta dijo que no la sabe.

6) A la sexta pregunta dijo que no la sabe.

7) A la séptima pregunta dijo que no la sabe.

8) A la octava pregunta dijo que no la sabe. [f. 35v]

9) A las nueve preguntas dijo que no la sabe.

10) A las diez preguntas dijo que no la sabe, excepto que sabe que en algunos caminos hay muchos pasos malos pero que no se podrían aderezar si no fuese a mucha costa.

11) A las once preguntas dijo que no la sabe.

12) A las doce preguntas dijo que no la sabe.

13) A las trece preguntas dijo que no la sabe.

14) A las catorce preguntas dijo que no la sabe.

15) A las quince preguntas dijo que no la sabe.

16) A las dieciséis preguntas dijo que no la sabe.

17) A las diecisiete preguntas dijo que no la sabe.

18) A las dieciocho preguntas dijo que sabe lo contenido en la dicha pregunta. Ha visto castigar a algunas personas naturales de la tierra y que lo demás que no lo sabe.

19) A las diecinueve preguntas dijo que no lo sabe.[230]

21) A las veintiuna preguntas dijo que sabe y vio que se enviaron por procuradores de esta Nueva Galicia a Gonzalo López a los reinos de Castilla a la corte de su Majestad; y a Pedro de Ulloa a la Chancellería de esta Nueva España y que lo demás no lo sabe.

22) A las veintidós preguntas dijo que sabe que a unas personas dio más repartimientos de indios que a otros, pero que a este testigo le parece que lo hizo y repartió convenientemente[231] en el repartimiento que hizo de la jurisdicción de esta villa de Guadalajara.

23) A las veintitrés preguntas dijo que sabe que el dicho Nuño de Guzmán y sus mayordomos por él han llevado los réditos y rentas, tributos y servicios [f. 36] de los dichos pueblos de esta jurisdicción de Guadalajara y de la ciudad de Compostela desde tres años y medio o

cuatro a esta parte; y que asimismo ha oído decir que los ha llevado de los pueblos que estaban en la jurisdicción de la villa de San Miguel que es en Culiacán. Que esto es muy público y notorio.

24) A las veinticuatro preguntas dijo que no la sabe.

25) A las veinticinco preguntas dijo que sabe que porque decían que los caciques de los dichos pueblos no querían pagar el tributo ni servir, los mayordomos del dicho Nuño de Guzmán, que eran Diego Vázquez y Juan del Camino, echaban a algunos de los dichos caciques y naguatlatos en un cepo.

26) A las veintiséis preguntas dijo que no la sabe.

27) A las veintisiete preguntas dijo que este testigo ha sido conquistador en esta Nueva Galicia y ha visto y es muy público y notorio que se han herrado muchos esclavos así hombres como mujeres y muchachos menores de catorce años, y aún de dos, que estaban a las tetas de sus madres de ellos en esta dicha Nueva Galicia, y que muchos de ellos hacían esclavos porque decían, y era muy público y notorio, que mataban a algunos españoles.

28) A las veintiocho preguntas dijo que sabe que en esta jurisdicción de esta dicha villa de Guadalajara se han hecho esclavos de los que eran de guerra y mataban a los españoles, hasta en cantidad de quinientas o seiscientas personas de muchachos menores de catorce años y mujeres. Y que los que se han hecho en otras partes de esta dicha Nueva Galicia este testigo no lo sabe, mas de que ha oído decir y es muy público y notorio que se ha hecho mucha cantidad [f. 36v] de unos y de otros, y así hombres como mujeres, y esto lo sabe porque ha sido conquistador como dicho tiene, y aún teniente de capitán.

29) A las veintinueve preguntas dijo que sabe y vio que los esclavos que se hacían en esta jurisdicción de esta villa, Juan de Oñate, teniente de capitán que a la sazón

era por el dicho gobernador Nuño de Guzmán, y este testigo como su teniente, pagaron el quinto de todos los esclavos que se hicieron en la dicha jurisdicción a los oficiales que por su Majestad residían en esta dicha villa.

30) A las treinta preguntas dijo que sabe que después de pagado el quinto a su Majestad, llevaba el dicho Nuño de Guzmán de siete uno, y cada uno de los capitanes que iban a las dichas entradas llevaban por dos de caballo.

31) A las treinta y una preguntas dijo que no la sabe.

32) A las treinta y dos preguntas dijo que no la sabe, excepto que sabe que el dicho Nuño de Guzmán había prohibido y mandado que no se hiciesen. Y que lo que dicho tiene es la verdad y lo que sabe, y afirmóse en ello y firmólo de su nombre.

XLI. Juró en veinte de marzo de mil quinientos treinta y siete años ante el señor juez.

Testigo el dicho Francisco Barrón, vecino de la dicha villa, testigo susodicho, después de haber jurado en forma de derecho y siendo preguntado por las preguntas del dicho interrogatorio dijo y depuso en su dicho lo siguiente.

1) A la primera pregunta dijo que conoce y conoció a muchas personas de los contenidos en la dicha pregunta.

Preguntado por las generales dijo que es de edad de veinticinco años y más, y que no incurren en él algunas de las preguntas generales de la ley. [f. 37]

2) A la segunda pregunta dijo que no la sabe.

3) A la tercera pregunta dijo que no la sabe.

4) A la cuarta pregunta dijo que no la sabe.

5) A la quinta pregunta dijo que no la sabe.

6) A la sexta pregunta dijo que no la sabe.

7) A la séptima pregunta dijo que no la sabe.

8) A la octava pregunta dijo que no la sabe.

9) A la novena pregunta dijo que no la sabe.

10) A las diez preguntas dijo que ha visto aderezar algunos caminos.

11) A las once preguntas dijo que ha visto castigar a algunas personas por lo contenido en la dicha pregunta.

12) A las doce preguntas dijo que ha visto ejecutar a algunas personas por juego y que lo demás no sabe.

13) A las trece preguntas dijo que no la sabe.

14) A las catorce preguntas dijo que no la sabe.

15) A las quince preguntas dijo que no la sabe.

16) A las dieciséis preguntas dijo que no la sabe.

17) A las diecisiete preguntas dijo que no la sabe.

18) A las dieciocho preguntas dijo que no la sabe.

19) A las diecinueve preguntas dijo que ha visto castigar a algunos indios por lo contenido en la dicha pregunta.

20) A las veinte preguntas dijo que ha visto castigar a algunas personas de los naturales por lo contenido en la dicha pregunta.

21) A las veintiuna preguntas dijo que sabe que se ha enviado de esta Nueva Galicia a Gonzalo López por procurador a los reinos de España, a la corte de su Majestad, y de la ciudad de Compostela [f. 37v] fueron por procuradores a la Chancellería de su Majestad que está en la ciudad de México Pedro de Ulloa y Juan

Sánchez, y que lo demás no sabe.

22) A las veintidós preguntas dijo que sabe y vio que en el repartimiento de los indios que el dicho Nuño de Guzmán hizo de los pueblos de esta jurisdicción de esta dicha villa de Guadalajara dio más a unas personas que a otras, y que al parecer de este testigo, cree que se lo dio porque lo merecían algunos mejor que otros. Y que asimismo sabe que el dicho Nuño de Guzmán ha repartido y dado indios a personas que no eran conquistadores y les ha dado indios en esta dicha villa y su jurisdicción: que sabe que a un Juan del Camino y a otro que se dice Juan de Saldívar. Y que los que tiene el dicho Juan de Saldívar son tres pueblos que tenía antes Juan de Oñate, que es tanto como tienen otros tres conquistadores.

23) A las veintitrés preguntas dijo que ha visto llevar al dicho Nuño de Guzmán y a otras personas en su nombre los tributos y rentas de los pueblos contenidos en la dicha pregunta, que están en la jurisdicción de esta dicha villa de Guadalajara desde tres años y medio poco más o menos.

24) A las veinticuatro preguntas dijo que no la sabe.

25) A las veinticinco preguntas dijo que sabe y vio que porque decían que los caciques y personas que habían de pagar los tributos de los dichos pueblos no los daban cuando eran obligados, los echaban en un cepo y hacerles otros malos tratamientos. Preguntado que quién hacía los dichos malos tratamientos dijo que un Diego Vázquez y un Juan del Camino que cobraban los dichos tributos.

26) A las veintiséis preguntas dijo que no la sabe.

27) A las veintisiete preguntas dijo que sabe que [f. 38] hicieron muchos esclavos machos y hembras y niños y niñas menores de catorce años y de menos y de más edad en esta dicha Nueva Galicia, pero que no querían servir y mataron a algunos españoles; y que

estos dichos esclavos los mandó hacer el dicho Nuño de Guzmán y dio licencia para ello porque se querían ir los españoles que estaban en la dicha gobernación, y porque no tenían qué comer y estaban muy adeudados, y que esto que lo sabe porque los vio herrar a muchos de ellos.

28) A las veintiocho preguntas dijo que no la sabe.

29) A las veintinueve preguntas dijo que sabe que de los indios que vio herrar siempre vio pagar el quinto de ellos a su Majestad y sus oficiales que estaban en esta dicha villa.

30) A las treinta preguntas dijo que después de sacado el dicho quinto a su Majestad, y los esclavos que este testigo ayudó a hacer, sabe y vio que se daba y llevaba el dicho Nuño de Guzmán de siete uno, y cada uno de sus capitanes tanto como dos de a caballo.

31) A las treinta y una preguntas dijo que no la sabe.

32) A las treinta y dos preguntas dijo que sabe que el dicho Nuño de Guzmán tenía muy gran cuidado de castigar lo contenido en la dicha pregunta y que vio castigar a algunas personas por ello. Y que lo que dicho tiene es la verdad y afirmóse en ello y firmólo de su nombre. Francisco Barrón.

XLII. Juró en veintidós días de marzo de mil quinientos treinta y siete años ante el señor juez.

Testigo este dicho Maximiano de Angulo, vecino de esta dicha villa de Guadalajara, testigo susodicho, después de haber jurado en forma de derecho y siendo preguntado por las preguntas del dicho interrogatorio dijo y depuso en su dicho lo siguiente. [f. 38v]

1) A la primera pregunta dijo que conoce a muchos de los contenidos en la dicha pregunta.

Fue preguntado por las generales. Dijo que es de edad de más de treinta años y que ha sido alcalde ordinario el primer año que se pobló esta dicha villa en ella, y que asimismo ha sido capitán de alguna gente de a caballo y de a pie, y que no incurren en él algunas de las preguntas generales de la ley.

2) A la segunda pregunta dijo que no la sabe.

3) A la tercera pregunta dijo que no la sabe.

4) A la cuarta pregunta dijo que no la sabe.

5) A la quinta pregunta dijo que no la sabe.

6) A la sexta pregunta dijo que no la sabe.

7) A la séptima pregunta dijo que no la sabe.

8) A la octava pregunta dijo que no la sabe.

9) A la novena pregunta dijo que no la sabe.

10) A las diez preguntas dijo que no la sabe.

11) A las once preguntas dijo que no la sabe.

12) A las doce preguntas dijo que no la sabe.

13) A las trece preguntas dijo que no la sabe.

14) A las catorce preguntas dijo que no la sabe.

15) A las quince preguntas dijo que no la sabe.

16) A las dieciséis preguntas dijo que no la sabe.

17) A las diecisiete preguntas dijo que no la sabe.

18) A las dieciocho preguntas dijo que no la sabe.

19) A las diecinueve preguntas dijo que no la sabe.

20) A las veinte preguntas dijo que no la sabe.

21) A las veintiuna preguntas dijo que sabe que ha ido por procurador a la corte de su Majestad a los reinos de España Gonzalo López de esta Nueva Galicia, y que lo

demás no lo sabe.

22) A las veintidós preguntas dijo que sabe que en el repartimiento [f. 39] de los pueblos de los indios que están en la jurisdicción de esta dicha villa y de los de la ciudad de Compostela, fueron algunos españoles, que eran conquistadores, engañados. Y sabe que no tienen de comer, y lo tienen otros algunos que no lo han servido tan bien en la guerra y algunos que no son conquistadores. Y que algunos de los que no tienen de comer es porque los indios que les dieron en repartimiento no quieren servir ni son de provecho, ni trabajan, ni quieren tributar ni dar alguna cosa, ni nunca lo dieron. Y que sabe que donde es este testigo y muchos de los conquistadores que este testigo conoce, no tienen de comer.

23) A las veintitrés preguntas dijo que sabe y vio que es público y notorio que el dicho Nuño de Guzmán y sus procuradores en su nombre han llevado y cogido los tributos de los dichos lugares contenidos en la dicha pregunta desde cuatro años a esta parte.

24) A las veinticuatro preguntas dijo que no la sabe.

25) A las veinticinco preguntas dijo que no la sabe.

26) A las veintiséis preguntas dijo que lo que sabe de la dicha pregunta es que un Juan de Oñate, siendo teniente de gobernador de esta dicha villa de Guadalajara, hizo muchos malos tratamientos a muchas personas españoles vecinos de esta dicha villa, y que era mal acondicionado, y que en lugar de tener en paz a los dichos vecinos como justicia, los revolvía y daba, y era mucha causa para que se matasen. Y asimismo sabe que era muy bandolero y que sabe que tenía muy mal arte para ser juez. Y asimismo sabe y vio que algunos de los dichos vecinos se quejaron del dicho Juan de Oñate al dicho Nuño de Guzmán diciéndole todo lo susodicho y sabe que nunca el dicho Nuño de Guzmán le quitó el dicho oficio. Y que sabe y vio que muchos

de los vecinos de esta dicha villa, conquistadores, estuvieron para dejar y despoblar esta dicha villa e irse de ella a otras por solamente los malos tratamientos del dicho Juan de Oñate. Y que asimismo sabe [f. 39v] que el dicho Juan de Oñate ahorcó a un cacique en la dicha villa estando la villa en el pueblo de Nochistlán, que era de un pueblo del dicho Juan de Oñate, porque decían que no lo querían servir. Preguntado qué malos tratamientos hizo durante el tiempo que tenía y usaba el dicho oficio, dijo que sabe y vio que favoreciendo a algunas personas que eran de su bando decía mal de otros y los deshonraba diciéndoles muy feas palabras que no convenían a juez; y que a un conquistador que se dice Arceo[232] le dio un bofetón por lo cual dejó la tierra y se fue de ella perdido. Y que sabe que no había hombre que le osase hablar por ser un hombre muy deslenguado y ver que tenía mucho favor del gobernador, y porque si algunos le hablaran por tener mucho favor, pusiera las manos en ellos y les hiciera muchos malos tratamientos.

27) A las veintisiete preguntas dijo que lo que sabe de la dicha pregunta es que a la sazón que se hicieron esclavos en esta dicha Nueva Galicia este testigo no estaba en esta provincia, pero que ha visto herrados a muchas mujeres y muchachos menores de catorce años y aún de menos, y que asimismo oyó decir que yendo a hacer esclavos Juan de Oñate, teniente, y otros españoles, fueron a un lugar de este testigo que los tenía encomendados y les salieron ciertos naguatlatos, porque el cacique andaba ausentado del pueblo, de paz con comida y bastimentos para los dichos españoles; que no embargante lo susodicho hicieron esclavos a los dichos naguatlatos y a otras personas indios del dicho pueblo, así mujeres como muchachos menores de edad de catorce años, hasta en cantidad de cuatrocientas o quinientas personas poco más o menos, y que después este testigo vio a muchos indios del dicho lugar herrados, y que esto sabe de esta pregunta y es muy público y notorio.

28) A las veintiocho preguntas dijo que sabe que herraron a mucha cantidad de naturales pero que no sabe qué [f. 40] tanta cantidad podría ser.

29) A las veintinueve preguntas dijo que no la sabe porque este testigo no estaba a la sazón en la dicha provincia, mas de que oyó decir a Diego Segler, que ha sido teniente de contador en esta dicha villa, que tenía el hierro del rey de herrar esclavos, y que el dicho Juan de Oñate, algunas veces que iba a entrar o enviaba él a algunas personas, tomaba el dicho hierro al dicho Segler contra su voluntad como teniente de contador, y herraba a los esclavos que hacían. Y esto es público y notorio.

30) A las treinta preguntas dijo que no la sabe, excepto que oyó decir por público y notorio que el dicho Nuño de Guzmán después de sacado el quinto tomaba para sí de siete partes una, y que su teniente Juan de Oñate llevaba cuatro partes. Preguntado cómo se repartían estas partes, dijo que no lo sabe.

31) A las treinta y una preguntas dijo que no la sabe.

32) A las treinta y dos preguntas dijo que no la sabe. Y que lo que dicho tiene es la verdad de lo que sabe y firmólo de su nombre.

Y luego el dicho señor juez mandó al dicho Maximiano de Angulo que traiga a los naguatlatos del pueblo ante él dentro de diez días so pena de veinte pesos.

XLIII. Juró en veintitrés de marzo de mil quinientos treinta y siete años ante el dicho señor juez.

Testigo el dicho Juan, indio cacique de Nochistlán, testigo susodicho, después de haber jurado en forma de derecho y siendo preguntado por la primera pregunta y ciertas preguntas del dicho interrogatorio por el dicho naguatlato dijo y depuso lo siguiente.

1) A la primera pregunta dijo que conoce a algunas personas de las contenidas en la dicha pregunta.

A las generales dijo que es de edad de cuarenta años y que no le empecen algunas de las preguntas generales. [f. 40v]

18) A las dieciocho preguntas dijo que no la sabe.

19) A las diecinueve preguntas dijo que no la sabe. Fuele mandado por el dicho señor juez que no hagan ni consientan hacer en su lugar lo contenido en estas dos preguntas sino que los quemarán por ello.

31) A las treinta y una preguntas dijo que no la sabe y lo que dicho tiene es verdad y no lo firmó porque no supo. Fuele mandada la residencia y que lo diga en su pueblo, que si hay alguno que se quiera quejar o demandar alguna cosa al dicho Nuño de Guzmán o a sus alcaldes o a otras justicias, que parezcan a pedirle dentro de cincuenta días, si no, que pasado el término no les oirá ni serán admitidos sus dichos. El licenciado de la Torre.

XLIV. Y después de lo susodicho, en veinticuatro días del dicho mes de marzo del dicho año, ante el señor juez y en presencia de mí, el dicho escribano, pareció presente el dicho Diego Segler y dijo que él había dicho su dicho sobre cierta información que su merced hacía, y porque a él se le acordaban de declarar a ciertas preguntas que le fueren preguntadas pedía a su merced le admitiese la dicha declaración, y siendo preguntado por ciertas preguntas del dicho interrogatorio y mostrándole su dicho dijo lo siguiente.

13) A las trece preguntas dijo que además de lo que tiene dicho y declarado en la dicha pregunta en la primera declaración, oyó decir por público y notorio a muchas personas públicamente que en esta provincia de Tonalá, cuando se comenzó a conquistar, los caciques y naturales de la tierra le dieron mucho oro y plata al dicho Nuño de Guzmán, pero que no sabe en

qué cantidad. Y asimismo sabe que lo que así dieron no lo repartió entre los conquistadores, porque si lo repartiera este testigo lo supiera por ser uno de los conquistadores.

22) A las veintidós preguntas dijo que además de lo que dicho había, sabe que porque el dicho repartimiento que se hizo no sirvió [f. 41] y tomarse para sí lo mejor, y lo que sobró de lo bueno darlo a quien él quiso sin que lo mereciese, se fueron muchos conquistadores de esta dicha gobernación, desesperados, a buscar de comer y a otras partes, los cuales sabe que si les dieran alguna cosa con qué se sustentaran como dio a otros muchos que no lo merecían no se fueran, antes residieran en la dicha gobernación y estuviera más poblada. Y asimismo sabe y vio que algunos de los conquistadores que están en la dicha Nueva Galicia al presente y de los que son idos que no tenían qué comer, y aún este testigo, iban y fueron a rogar y suplicar al dicho Nuño de Guzmán diciéndole que mirase cómo ellos lo habían trabajado y conquistado muy bien y estaban muy adeudados por razón de los gastos que habían hecho en la guerra, conquistando la dicha tierra y que al presente había repartido la tierra y que a unos sin merecerlo les daba de comer y a los que lo merecían no se lo daban, y que ellos no tenían de comer y que estaban muy perdidos, que les mandase dar y diese con qué se pudiesen sustentar; el cual respondía que no tenía qué les dar ni qué repartir, y que de lo suyo no le pidiesen que no lo daría a su padre Hernán Beltrán, y que el que le pedía lo suyo que no era su amigo. Y que esto sabe y vio responder al dicho Nuño de Guzmán a muchas personas que se lo decían, y que sabe que finalmente no les dan cosa ninguna si no era a quien él quería y se le antojaba.

26) A las veintiséis preguntas dijo que además de lo que ha dicho en la dicha pregunta, sabe que un Juan de Oñate, teniente de gobernador que fue de esta dicha villa, era hombre revoltoso y apasionado y parcial, y que revolvía a los españoles y los maltrataba mucho de

palabras muy deshonestas, especialemente deshonró a Santiago de Aguirre siendo alcalde en la dicha villa, y a Francisco Barrón, y a Martín de Castañeda, y a Juan de Ojeda,[233] y a Pedro de Plascencia, y a Cristóbal Romero, y a este testigo diciéndoles bellacos sucios, judíos jodidos y otras palabras muy feas de que al presente no se acuerda. Y que asimismo oyó decir [f. 41v] que el dicho Juan de Oñate dio un bofetón en el rostro a un español que se decía Arceo por lo cual sabe este testigo que se fue de esta tierra y no quiso residir en ella, y que esto todo fue y es muy público y notorio. Y que sabe que cuando se hacían esclavos muchas veces sin saberlo los vecinos y conquistadores de esta dicha Nueva Galicia, enviaba el dicho Juan de Oñate a ciertas personas allegados suyos que tenía en su casa, a hacer esclavos escondidamente y que iba a este testigo a pedirle el hierro del Rey que tenía por Juan de Sámano como su teniente, y que este testigo le decía: "yo el hierro no le tengo de dar a ninguna persona porque en nombre de su Majestad tengo el hierro" y si quería hacer esclavos y herrarlos con el dicho hierro que este testigo iría y llevaría el dicho hierro a donde se hacían esclavos, y si no que los trajesen y preguntasen ante él, que él los herraría porque había de cobrar el quinto de los esclavos que venían a su Majestad, y que el dicho Juan de Oñate como tal teniente le decía: "dad acá el hierro, si no, tomárelo yo de manera que eso os pese". Y por temor que este testigo tenía de él por ser hombre deslenguado y de mala manera que hacía todo lo que se le antojaba, se lo daba. Y que se lo dio algunas veces y que este testigo no se acuerda qué tantas. Y que lo que dicho tiene es la verdad y afirmóse en ello y firmólo de su nombre. Diego Segler.

XLV.		Juró en veintiséis de marzo de mil quinientos treinta y siete años ante el señor juez.

Testigo el dicho Juan Delgado, testigo susodicho, después de haber jurado según forma de derecho, siendo preguntado por las preguntas del dicho interrogatorio, dijo y depuso en su dicho lo siguiente.

1) A la primera pregunta dijo que conoce a algunos de los contenidos en la dicha pregunta.

Fue preguntado por las generales. Dijo que es de edad de veinticinco años poco más o menos y que no es pariente ni [f. 42] incurren en este dicho testigo algunas de las preguntas generales.

2) A la segunda pregunta dijo que no la sabe.

3) A la tercera pregunta dijo que no la sabe.

4) A la cuarta pregunta dijo que vio en la provincia de Culiacán visitar la tierra una vez a Pedro de Bobadilla, siendo alcalde, y que lo demás no sabe.

5) A la quinta pregunta dijo que no la sabe.

6) A la sexta pregunta dijo que no la sabe. A la séptima pregunta dijo que no la sabe.

8) A la octava pregunta dijo que no la sabe.

9) A la novena pregunta dijo que no la sabe.

10) A las diez preguntas dijo que no la sabe.

11) A las once preguntas dijo que no la sabe.

12) A las doce preguntas dijo que no la sabe.

13) A las trece preguntas dijo que no la sabe.

14) A las catorce preguntas dijo que no la sabe.

15) A las quince preguntas dijo que no la sabe.

16) A las dieciséis preguntas dijo que no la sabe.

17) A las diecisiete preguntas dijo que no la sabe.

18) A las dieciocho preguntas dijo que no la sabe.

19) A las diecinueve preguntas dijo que no la sabe.

20) A las veinte preguntas dijo que no la sabe.

21) A las veintiuna preguntas dijo que sabe que fue por procurador a la corte de su Majestad, a los reinos de España, Gonzalo López y que vio que de los esclavos que hacían los conquistadores, hacían algunos para la paga y gastos del procurador y que lo demás no sabe.

22) A las veintidós preguntas dijo que lo que sabe de la dicha pregunta es que este testigo vio que en el un repartimiento [f. 42v] que el dicho Nuño de Guzmán hizo de los indios de esta provincia de Xalisco, dio a unos más que a otros, especialmente a un Cristóbal de Oñate y a Juan de Oñate, y a otras personas de que este testigo no se acuerda, y que el dicho Cristóbal de Oñate, le parece a este testigo que lo merecía, y que algunos de los otros y el dicho Juan de Oñate no lo merecían tan bien como otros muchos conquistadores que ayudaron a conquistar y ganar la dicha provincia. Y que sabe que muchos de ellos están sin tener de comer y padecen necesidad porque algunos pueblos que les dio el dicho gobernador, algunos de ellos son muy pobres indios y no tienen qué dar ni qué servir. Y sabe y vio que el dicho Nuño de Guzmán se tomó para sí los mejores pueblos e indios más ricos que había en la gobernación, y que ha oído decir públicamente que algunos de los españoles que habían conquistado la dicha provincia habían pedido de comer al dicho Nuño de Guzmán pues que lo habían trabajado bien, y que el dicho Nuño de Guzmán les respondía que no tenía qué darles, que de lo suyo no se lo pidiesen, que no se los había de dar. Y que sabe que por esta causa algunos conquistadores se fueron perdidos.

23) A las veintitrés preguntas dijo que la sabe según y como en ella se contiene. Preguntado cómo la sabe dijo que porque así lo vio como la pregunta lo dice desde dos años a esta parte, y que este testigo vino a esta villa de Guadalajara de la provincia de Culiacán que está en esta misma gobernación, y que esto es muy público y notorio.

24) A las veinticuatro preguntas dijo que no la sabe.

25) A las veinticinco preguntas dijo que no la sabe.

26) A las veintiséis preguntas dijo que sabe que Diego de Proaño, teniente de gobernador y alcalde que era por el dicho Nuño de Guzmán en la villa de San Miguel, que es en la provincia de Culiacán, estando este testigo en ella vio hacer muchos malos tratamientos a españoles, tratándoles mal de palabra y otras cosas. Y asimismo oyó decir depués que vino [f. 43] a esta villa que un Juan de Oñate, siendo asimismo teniente de gobernador en la dicha villa de Guadalajara, trató e hizo muchos malos tratamientos a muchos españoles y conquistadores de palabra, que era hombre muy revoltoso y que esto se decía muy públicamente.

27) A las veintisiete preguntas dijo que lo que sabe de la dicha pregunta es que se hicieron muchos esclavos menores de catorce años y mayores, y mujeres en esta dicha gobernación; pero que fueran de guerra o no, que este testigo no lo sabe, mas de que cuando los iba a hacer el capitán que elegía el dicho Nuño de Guzmán decían que eran de guerra. Y que asimismo vio que yendo Juan de Oñate, teniente de gobernador y capitán, juntamente con este testigo y otros muchos españoles a hacer esclavos en el lugar de Juchipila porque decían que no querían servir, que salieron al camino del dicho pueblo y al capitán y a los españoles, ciertos indios con comida y refrigerio de gallinas para el dicho capitán y españoles, y vio que en llegando el dicho capitán luego los tomaron por esclavos y después fueron al dicho lugar e hicieron esclavos a los indios que hallaron en el dicho pueblo. Preguntado si los dichos indios salieron de paz del dicho pueblo o de guerra, dijo que no lo sabe mas de que cree que pues los dichos indios salieron del dicho pueblo con refrigerio para los españoles eran de paz. Preguntado qué tanta cantidad de esclavos se hicieron en el dicho lugar, dijo que hicieron cuatrocien-

tos ochenta poco más o menos de mayores de catorce años y menores de dos y aún menos y mujeres, y que esto sabe porque lo vio.

28) A las veintiocho preguntas dijo que no la sabe, excepto que han sido mucha cantidad los esclavos que eran hechos conforme a lo que dicho tiene en la pregunta antes de esta.

29) A las veintinueve preguntas dijo que lo que sabe de esta pregunta sabe [*sic*] es que de los dichos esclavos que se hicieron en dicho lugar de Juchipila se entregó y pagó el quinto de ellos a Diego Segler, oficial de su Majestad que era a la sazón [f. 43v] y después vio vender algunos de ellos en almoneda pública, y asimismo es muy público. Y este testigo lo ha oido decir que otros esclavos que se hacían pagaban el quinto de su Majestad.

30) A las treinta preguntas dijo que sabe que de algunos esclavos que este testigo vio hacer y se hacían llevaba el dicho Nuño de Guzmán después de sacado el quinto, de siete uno, y cada uno de sus capitanes tanto como dos de caballo, y esto es muy público y notorio.

31) A las treinta y una preguntas dijo que no la sabe.

32) A las treinta y dos preguntas dijo que no la sabe excepto que el dicho Nuño de Guzmán lo tenía prohibido y mandado que no se hiciesen. Y que lo que dicho tiene es la verdad y lo que sabe, y afirmóse en ello y no lo firmó porque dijo que no sabe. El licenciado de la Torre.

XLVI.   Juró en veintiséis de marzo de mil quinientos treinta y siete años ante el señor juez.

Testigo este dicho Martín de Castañeda, vecino de la dicha villa, conquistador de la Nueva Galicia, después de haber jurado en forma de derecho, y siendo preguntado por las preguntas del interrogatorio dijo lo siguiente.

1) A la primera pregunta dijo que conoce al dicho Nuño de Guzmán y a otras personas de las contenidas en la dicha pregunta.

Fue preguntado por las generales. Dijo que es de edad de treinta años y que no incurre en este testigo ninguna de las preguntas generales de la ley. Y que venza quien tuviere justicia.

2) A la segunda pregunta dijo que no la sabe.

3) A la tercera pregunta dijo que no la sabe.

4) A la cuarta pregunta dijo que no la sabe. [f. 44]

5) A la quinta pregunta dijo que lo que sabe de la dicha pregunta es que los caciques y principales de los dichos pueblos del dicho Nuño de Guzmán daban naborías[234] e indios de sus pueblos, que no fuesen esclavos herrados, al dicho Nuño de Guzmán para le servir y sacar plata y oro en las minas y servicio para ellos, además de sus tributos que pagan cada un año; y que esto sabe porque lo vio, y que no se acuerda de la cantidad que daba cada cacique de los indios para las dichas minas. Y que es muy público y notorio que no les daban cosa alguna por su trabajo sino de vestir.

6) A la sexta pregunta dijo que no lo ha visto.

7) A la séptima pregunta dijo que no la sabe.

8) A las ocho preguntas dijo que no la sabe.

9) A la novena pregunta dijo que no la sabe.

10) A las diez preguntas dijo que ha oído decir que han allanado caminos en la jurisdicción de Guadalajara.

11) A las once preguntas dijo que ha visto castigar a algunas personas por lo contenido en la dicha pregunta.

12) A las doce preguntas dijo que no la sabe.

13) A las trece preguntas dijo que no la sabe.

14) A las catorce preguntas dijo que no la sabe.

15) A las quince preguntas dijo que no la sabe.

16) A las dieciséis preguntas dijo que no la sabe.

17) A las diecisiete preguntas dijo que no la sabe.

18) A las dieciocho preguntas dijo que no la sabe.

19) A las diecinueve preguntas dijo que no la sabe.

20) A las veinte preguntas dijo que no la sabe.

21) A las veintiuna preguntas dijo que sabe que por esta Nueva Galicia se envió por procurador a los reinos de España a la corte de su Majestad a Gonzalo López, y que se [f. 44v] repartieron y sacaron esclavos que se hacían para pagar al dicho procurador, pero que no sabe qué tantos. Y esto sabe porque lo vio y es así muy público. Y lo demás contenido en la dicha pregunta que no lo sabe.

22) A las veintidós preguntas dijo que lo que sabe de la dicha pregunta es que al tiempo que el dicho Nuño de Guzmán repartió la tierra de la jurisdicción de esta dicha villa de Guadalajara y de la ciudad de Compostela, el dicho Nuño de Guzmán se tomó los mejores y más pueblos para sí como es notorio, y que lo demás que repartió para los conquistadores, sabe que dio a algunos conquistadores y personas que no fuesen conquistadores más que a otros sin los merecer, y aún tanto a uno como a dos conquistadores, especialmente dio a Juan del Camino y a Juan de Saldívar que no son conquistadores, al dicho Juan del Camino dos pueblos, que uno se dice Ocotique y el otro Tlaquepaque, que tienen mil casas entre más a dos, y que este era criado del dicho Nuño de Guzmán; y al dicho Juan de Saldívar le dio tres pueblos. Y que asimismo vio este testigo que muchos españoles conquistadores, después de haber repartido la tierra, venían a pedir al dicho

Nuño de Guzmán les diese de comer porque no lo tenían y lo habían trabajado muy bien, y aún este testigo se lo pidió, y el dicho Nuño de Guzmán respondía que a todos no tenía que darles, que de lo suyo no se lo pidiesen, que no lo había de dar, y el que se lo pidiese que era su enemigo; y a esta causa sabe y es muy público que se fueron algunos españoles perdidos, y que esto sabe porque lo vio.

23) A las veintitrés preguntas dijo que sabe la dicha pregunta como en ella se contiene. Preguntado cómo la sabe dijo que porque así lo vio y es muy público y notorio desde cuatro años a esta parte, poco más o menos.

24) A las veinticuatro preguntas dijo que no la sabe. [f. 45]

25) A las veinticinco preguntas dijo que sabe y vio algunas veces que un Diego Vázquez y Juan del Camino, mayordomos que han sido del dicho Nuño de Guzmán en esta dicha villa, echaban a algunos caciques y a otros indios de cabeza y de pies en un cepo que decían que los tenían allí hasta tanto que cumpliesen sus tributos.

26) A las veintiséis preguntas dijo que lo que sabe de la dicha pregunta es que sabe que el dicho Juan de Oñate, teniente de gobernador en esta dicha villa por el dicho Nuño de Guzmán, hizo muchos malos tratamientos a los vecinos y españoles de la dicha villa diciéndoles mil bellaquerías y las cosas que a él se le antojaban, que este no se acuerda por qué le decían. Que en los esclavos que se hacían llevaba partes demasiadas y más de lo que merecía, y vio que por lo susodicho echó presos de cabeza y después en el cepo a los alcaldes y regidores que a la sazón eran en la dicha villa, que eran ocho españoles por todos, y los tuvo presos dos o tres días. Y que además de esto era hombre muy revoltoso y que hacía muchos malos tratamientos del arte que tiene dicho, y que sabe y vio quejarse del dicho Juan de Oñate al dicho Nuño de Guzmán a muchos de los dichos vecinos de los malos tratamientos que les hacía

el dicho Juan de Oñate, y sabe que el dicho Nuño de Guzmán nunca puso remedio en ello, salvo antes darle favor y alas para lo que hacía, y que esto sabe de esta pregunta.

27) A las veintisiete preguntas dijo que lo que sabe de la dicha pregunta es que este testigo fue algunas veces a hacer esclavos en ciertas capitanías con el dicho Nuño de Guzmán y vio que hicieron muchos esclavos de los que estaban de guerra, y que sabe y vio que los esclavos que se hacían eran de más edad de catorce años y menores y niños y mujeres, y que estaban a las tetas de sus madres.

28) A las veintiocho preguntas dijo que no la sabe.

29) A las veintinueve preguntas dijo que sabe y vio que los esclavos que se hacían en la capitanía que este testigo iba, veía pagar el quinto de ellos a Diego Segler y a Hernán Flores[235] como oficiales de su Majestad. [f. 45v]

30) A las treinta preguntas dijo que sabe que después de sacado el quinto de su Majestad llevaba el dicho Nuño de Guzmán de siete uno, y cada uno de sus capitanes tanto como dos de caballo, y que esto sabe porque lo vio.

31) A las treinta y una preguntas dijo que no la sabe.

32) A las treinta y dos preguntas dijo que no la sabe, excepto que sabe que el dicho Nuño de Guzmán lo había prohibido. Y que lo que dicho tiene es la verdad y lo que sabe, y afirmóse en ello y no lo firmó porque no supo. El licenciado de la Torre.

XLVII.　　　　Juró en veintisiete de marzo de mil quinientos treinta y siete años ante el señor juez.

Testigo este dicho Pedro Jiménez, testigo susodicho, después de haber jurado en forma de derecho, siendo preguntado por las preguntas del dicho interrogatorio dijo lo siguiente.

1) A la primera pregunta dijo que conoce y conoció al dicho Nuño de Guzmán y a otras personas de las contenidas en la dicha pregunta.

Fue preguntado por las generales. Dijo que es de edad de treinta y cinco años y que no incurren en él algunas de las preguntas generales de la ley.

2) A la segunda pregunta dijo que no la sabe, a la tercera pregunta dijo que no la sabe.

4) A la cuarta pregunta dijo que no la sabe.

5) A la quinta pregunta dijo que lo que de ella sabe es que los caciques de los lugares de Nuño de Guzmán daban al dicho Nuño de Guzmán naborías de sus pueblos para sacar plata y oro en las minas del dicho Nuño de Guzmán porque se los pedía el dicho Nuño de Guzmán o sus mayordomos u otras personas por él. Y además de esto le pagaban su tributo lo que solían, y que nunca este testigo vio, ni supo, ni oyó decir que el dicho Nuño de Guzmán les pagase trabajo ninguno de los dichos naborías que le sacaban oro o plata, y que esto es muy público y notorio. [f. 46]

6) A la sexta pregunta dijo que la no sabe.

7) A la séptima pregunta dijo que la no sabe.

8) A la octava pregunta dijo que oyó decir a Diego Téllez que el dicho Nuño de Guzmán le había llevado de una pena que le echaron por sentencia treinta o cuarenta pesos de minas.

9) A las nueve preguntas dijo que no la sabe.

10) A las diez preguntas dijo que no la sabe.

11) A las once preguntas dijo que no la sabe y que cree que si el dicho Nuño de Guzmán supiera alguna cosa de ello lo castigaría, porque le parecía ser hombre de buena conciencia y temeroso de Dios.

12) A las doce preguntas dijo que sabe y vio jugar al dicho Nuño de Guzmán en su casa en esta villa, siendo gobernador, y a Cristóbal de Oñate y a un (...) y a otros muchos españoles estando delante el dicho Nuño de Guzmán, en más cantidad de veinte y treinta y cuarenta y cincuenta pesos de oro de minas y más cantidad. Y vio que a ninguno se castigó por los juegos. Y sabe que ordinariamente, cuando el dicho Nuño de Guzmán estaba en esta dicha villa, se iban a jugar a su casa los susodichos, y Francisco de Villegas; y el dicho Nuño de Guzmán jugaba asimismo a los naipes, y perdían y ganaban los unos a los otros en más cantidad de cincuenta pesos algunas veces. Y que esto sabe porque lo vio, y nunca lo vio castigar, y si se castigara este testigo lo supiera y no pudiera ver menos por haber residido en esta dicha villa en aquel tiempo, y esto era público y notorio.

13) A las trece preguntas dijo que no la sabe.

14) A las catorce preguntas dijo que no la sabe.

15) A las quince preguntas dijo que no la sabe.

16) A las dieciséis preguntas dijo que no la sabe.

17) A las diecisiete preguntas dijo que no la sabe. [f. 46v]

18) A las dieciocho preguntas dijo que lo que sabe de la dicha pregunta es que estando este testigo en la provincia de Culiacán vio andar a muchos indios en hábitos de mujeres, y que preguntó este testigo a algunos indios muchas veces si eran indios o indias, y que le decían que eran indios y que hacían el pecado nefando con los otros indios, y que esto era muy público y común entre ellos, y que sabe que lo sabían a la sazón las justicias que estaban en la dicha provincia por el dicho Nuño de Guzmán, que eran Cosme de Tapia, difunto, y Francisco Velázquez, y Cristóbal de Tapia,[236] que eran alcaldes en ella, y que nunca vio que los castigasen por ello, salvo que vio que trayendo un indio al dicho Cosme

233

de Tapia para que lo castigase, le tiró de las orejas y le dijo por una lengua que no lo hiciese más, si no que lo quemaría por ello.

19) A las diecinueve preguntas dijo que sabe y que es muy público que en la provincia de Culiacán, que los naturales comen carne humana y sacrifican, porque aunque están pobladas las provincias de españoles todavía están de guerra y no quieren servir y no los pueden haber para castigarlos.

20) A las veinte preguntas dijo que no la sabe.

21) A las veintiuna preguntas dijo que lo que sabe de la pregunta es que oyó decir que fue por procurador a la corte de su Majestad Gonzalo López, de esta Nueva Galicia, y que cuando se hacían esclavos decían ciento cuatro para los procuradores, y que lo demás no sabe.

22) A las veintidós preguntas dijo que lo que sabe de la dicha pregunta es que en el repartimiento que hizo el dicho Nuño de Guzmán en los pueblos de la jurisdicción de esta [f. 47] dicha villa de Guadalajara y de la ciudad de Compostela no lo hizo convenientemente porque los más y mejores pueblos se tomó para sí y los que quedaron dio a algunas personas conquistadores tanto repartimiento como a dos y tres españoles conquistadores de a caballo. Y asimismo dio a algunas personas que no eran conquistadores tanto repartimiento como a dos y a tres españoles y conquistadores, y los mejores pueblos que había, que son: Juan de Saldívar y Juan del Camino, y a Valadera, y a Varela,[237] y a otro León,[238] y a Juan López, los cuales sabe este testigo que no son conquistadores. Y que sabe que muchos españoles conquistadores, viendo lo susodicho y no teniendo ningún repartimiento ni de comer, iban a decir al dicho Nuño de Guzmán que pues que ellos lo habían trabajado les diese de comer, pues lo daba a otros que no lo merecían y al presente ellos estaban perdidos y adeudados. Y que el dicho Nuño de Guzmán les respondía que no lo tenía y que de lo suyo

no le pidiesen porque el que se lo pedía era su enemigo, y aún este testigo le pidió lo mismo y le repartió otro tanto. Y sabe y vio que por esta causa se fueron algunos conquistadores perdidos y adeudados de los gastos que hicieron en la conquista de esta dicha gobernación viéndose perdidos y que no les querían dar ningún repartimiento. Y que esto es muy público y notorio.

23) A las veintitrés preguntas dijo que lo que de ella sabe es que este testigo residió desde dos años a esta parte y más tiempo en esta villa de Guadalajara, y sabe y vio que el dicho Nuño de Guzmán y sus mayordomos [f. 47v] por él han llevado los tributos de los dichos pueblos contenidos en la dicha pregunta desde el dicho tiempo a esta parte y los ha tenido por suyos después que hizo el dicho repartimiento a esta parte, y que esto es muy público y notorio.

24) A las veinticuatro preguntas dijo que no la sabe.

25) A las veinticinco preguntas dijo que no la sabe.

26) A las veintiséis preguntas dijo que lo que sabe de la dicha pregunta es que estando este testigo en la villa de San Miguel, que es en la provincia de Culiacán de esta Nueva Galicia, residiendo en ella, Diego de Proaño, alcalde mayor por el dicho Nuño de Guzmán, le vio este testigo hacer muchos malos tratamientos a los vecinos de la dicha villa y a este testigo especialmente le deshonraba de palabra, diciéndoles lo que quería y dándoles de palos a algunos de ellos y echándolos en la cárcel presos sin tener causa para hacer cosa alguna en ellos, a lo que este testigo le parece, y que muchos de los que dicho tiene lo vio.

27) A las veintisiete preguntas dijo que sabe que se hicieron mucha cantidad de esclavos machos grandes y menores de catorce años, y niños y mujeres, pero que cree que eran de guerra, y así era notorio y público.

28) A las veintiocho preguntas dijo que la no sabe.

29) A las veintinueve preguntas dijo que sabe y vio que de los esclavos que este testigo fue a ayudar a hacer se pagó el quinto que cabía a su Majestad y a sus oficiales, que eran Diego Segler, y Flores, y Castañeda, y Cristóbal de Oñate.

30) A las treinta preguntas dijo que sabe que de los esclavos que se hacían en la capitanía en que este testigo iba, después de sacado el quinto de su Majestad, llevaba el dicho Nuño de Guzmán de siete uno, y cada uno de sus capitanes, a las veces, tanto como dos de caballo y otro tanto como tres de a pie.

31) A las treinta y una preguntas dijo que no la sabe.

32) A las treinta y dos preguntas dijo que no la sabe. [f. 48] Y que lo que dicho tiene es la verdad y lo que él sabe, y afirmóse en ello y no lo firmó de su nombre porque dijo que no sabía escribir. El licenciado de la Torre.

XLVIII. Juró en veintiocho de marzo de mil quinientos treinta y siete años ante el señor juez.

Testigo este dicho Juan Sánchez, vecino de la villa de Guadalajara, conquistador, testigo susodicho, después de haber jurado en forma de derecho, siendo preguntado por las preguntas del dicho interrogatorio dijo y depuso en su dicho lo siguiente.

1) A la primera pregunta dijo que conoce al dicho Nuño de Guzmán y a otras personas de los contenidos en la dicha pregunta.

Fue preguntado por las generales. Dijo que es de edad de treinta años poco más o menos, y que no incurren en él algunas de las preguntas generales.

2) A la segunda pregunta dijo que nunca lo vio.

3) A la tercera pregunta dijo que no la sabe.

4) A la cuarta pregunta dijo que no la sabe.

5) A la quinta pregunta dijo que nunca lo ha visto.

6) A la sexta pregunta dijo que nunca lo ha visto llevar.

7) A la séptima pregunta dijo que no la sabe.

8) A la octava pregunta dijo que no la sabe.

9) A la novena pregunta dijo que no la sabe.

10) A la décima pregunta dijo que ha visto reparar algunos pasos malos en los caminos.

11) A las once preguntas dijo que sabe que ha visto estar preso a un español porque dijo que pese a tal, y que lo demás no sabe.

12) A las doce preguntas dijo que oyó decir a muchas personas públicamente que el dicho Nuño de Guzmán siendo gobernador había mandado que pudiesen jugar los españoles y cada uno de ellos hasta [f. 48v] en cantidad de veinte pesos y no más, y que vio una vez jugar al dicho gobernador y a otras personas a los naipes en casa del dicho gobernador, y tenían cantidad de oro delante, pero que no sabe qué tanta cantidad perdieron o ganaron los unos y los otros.

13) A las trece preguntas dijo que no la sabe.

14) A las catorce preguntas dijo que no la sabe.

15) A las quince preguntas dijo que no la sabe.

16) A las dieciséis preguntas dijo que no la sabe.

17) A las diecisiete preguntas dijo que no la sabe.

18) A las dieciocho preguntas dijo que ha visto castigar a algunos indios por lo contenido en la dicha pregunta y sabe que el dicho Nuño de Guzmán lo había prohibido y mandado castigar.

19) A las diecinueve preguntas dijo que dice lo que dicho tiene en la pregunta antes de esta.

20) A las veinte preguntas dijo que vio castigar a una india por lo contenido en la dicha pregunta y que nunca vio caso que se disimulase.

21) A las veintiuna preguntas dijo que sabe que de la ciudad de Compostela fue por procurador a la corte de su Majestad a los reinos de España Gonzalo López, y que sabe que para la paga de los procuradores vio sacar un esclavo de ciertos esclavos que hicieron ciertos españoles y un capitán del dicho Nuño de Guzmán, y que lo demás no sabe cosa alguna de la dicha pregunta.

22) A las veintidós preguntas dijo que sabe que el dicho Nuño de Guzmán en el repartimiento que hizo de los indios de la jurisdicción de la ciudad de Compostela dio a algunos bien de comer y a otros no les dio nada, y aunque les daba cédulas de indios, hacían en blanco, y que de estos es este testigo uno. Y que sabe que en ciertos pueblos que repartió de la dicha jurisdicción que los repartió [f. 49] entre Francisco de Villegas, y Luis Salido, y Pedro de Guzmán, y Guzmán de Herrera,[239] y que después dio los pueblos que dio a estos cuatro a los dichos Francisco de Villegas y Luis Salido, que eran sus criados y conquistadores. Y que asimismo sabe y oyó decir y es público y notorio, que el dicho Nuño de Guzmán, en el repartimiento que hizo de los pueblos de la jurisdicción de esta villa de Guadalajara, dio a Juan del Camino, que había sido su criado en México, que no era conquistador, repartimiento de indios. Y asimismo dio, puede haber cuatro meses poco más o menos, a Juan de Saldívar mil casas que son en tres pueblos y que este Juan de Saldívar, sabe que no es conquistador. Y que sabe que por tomarse el dicho Nuño de Guzmán los más indios para sí y los de más repartimientos, y a otras personas a quien él quiso, se quedaron este testigo y otros muchos conquistadores sin darles repartimientos y perdidos. Y sabe que muchos de ellos y este testigo se iban a quejar al dicho Nuño de Guzmán que por qué no les daba repartimientos de indios pues lo habían trabajado y gastado, y que el dicho Nuño de Guzmán les respondía que él no tenía qué les dar, que

de lo suyo no le pidiesen, que era su enemigo el que le decía y pedía tal. Y que este testigo a la sazón era casado y tenía su mujer en la dicha gobernación y al presente la tiene con su casa e hijos, y que lo sabía el dicho Nuño de Guzmán, y que asimismo le respondió a este testigo que esperase con dignidad, que de lo suyo no daría aunque su padre Hernán Beltrán resucitase.

23) A las veintitrés preguntas dijo que sabe que de los lugares contenidos en la dicha pregunta que están en las jurisdicciones de [f. 49v] esta villa de Guadalajara y de la ciudad de Compostela, ha llevado los tributos de ellos y de cada uno de ellos el dicho Nuño de Guzmán y otras personas, sus mayordomos en su nombre, desde cuatro años a esta parte poco más o menos y que esto es público y notorio.

24) A las veinticuatro preguntas dijo que no la sabe.

25) A las veinticinco preguntas dijo que no la sabe.

26) A las veintiséis preguntas dijo que lo que sabe de la dicha pregunta es que este testigo vio que siendo el dicho Nuño de Guzmán gobernador, dijo muchas palabras descorteses y deshonestas a Francisco Barrón, siendo alcalde ordinario de la dicha villa, hablándole en ciertas cosas cumplideras a la república y servicio de su Majestad, y que le decía que era jugador y que tenía tablajería en su casa, de juegos, y que si él le hubiera castigado no le dijera que por qué llevaba de siete esclavos uno de los que herraban. Y que estando en estas palabras respondió un vecino de la dicha villa que se dice Hernán Flores: "no tenemos en esta villa por tal al dicho Francisco Barrón". Y que porque le respondió aquellas palabras le mandó echar de pies en un cepo y lo llevó preso un alcalde. Y que esto sabe porque lo vio, y que asimismo vio que un Juan de Oñate, siendo teniente de gobernador en esta dicha villa por el dicho Nuño de Guzmán, deshonró en esta dicha villa a un Martín de Castañeda, vecino y conquistador, diciéndole que era un bellaco y la puta que lo parió y otras muchas

palabras deshonestas que al presente no se acuerda. Y que asimismo oyó decir en esta dicha villa por público y notorio que el dicho Juan de Oñate, teniendo el dicho [f. 50] cargo, deshonraba a muchos de los vecinos de la dicha villa diciéndoles palabras muy feas y deshonestas y revolviéndolos. Y que vio quejar a algunos vecinos de ellos al dicho Nuño de Guzmán, del dicho teniente de gobernador Juan de Oñate, de los malos tratamientos que les hacía en esta villa y les respondía con enojo que se fuesen con Dios, que aunque no quisiesen había de ser su teniente. Y que así sabe este testigo y le vio tener el dicho cargo hasta que se partió el dicho Nuño de Guzmán para México y se fue el dicho Juan de Oñate para el Perú.

27) A las veintisiete preguntas dijo que sabe que por mandado del dicho Nuño de Guzmán se hicieron mucha cantidad de esclavos grandes y menores de catorce años y niños y mujeres, pero que eran de guerra todos los que hacían, y que nunca vio ni oyó decir que hiciesen esclavos que no fuesen de guerra, salvo que vio que hicieron a ciertos indios esclavos de la provincia del valle de Banderas porque habían muerto a doce o trece españoles y que esto es público.

28) A las veintiocho preguntas dijo que no la sabe.

29) A las veintinueve preguntas dijo que sabe que de ciertos esclavos que se hicieron en las entradas a que este testigo iba, veía que pagaban el quinto de ellos a los oficiales de su Majestad que estaban en esta provincia.

30) A las treinta preguntas dijo que sabe y vio que después de pagado el quinto de su Majestad llevaba el dicho Nuño de Guzmán de siete uno, y sus capitanes cada uno llevaba tanto y medio como uno de a caballo en los esclavos que este testigo vio hacer. [f. 50v]

31) A las treinta y una preguntas dijo que lo que sabe de la dicha pregunta es que, estando este testigo en la

ciudad de Compostela, vio traer a Cristóbal de Oñate, sus indios, un poco de oro y no se lo quiso tomar y se lo volvió.

32) A las treinta y dos preguntas dijo que la no sabe, excepto que el dicho Nuño de Guzmán lo había prohibido y mandado castigar. Y que lo que dicho tiene es la verdad y afirmóse en ello y firmólo de su nombre. Juan Sánchez de Belmonte.

XLIX.　　　Juró en XXVIII de marzo de MDXXXVII años ante el señor juez.[240]

Testigo el dicho Cristóbal Romero, vecino de la dicha villa de Guadalajara y conquistador, testigo susodicho, después de haber jurado en forma debida de derecho, siendo preguntado por las preguntas del dicho interrogatorio, dijo y depuso en su dicho lo siguiente.

1) A la primera pregunta dijo que conoce a algunos de los contenidos en la dicha pregunta.

Fuele preguntado por las preguntas generales de la ley. Dijo que es de edad de cuarenta años y que no incurren en este testigo ninguna de las preguntas generales de la ley.

2) A la segunda pregunta dijo que no la sabe.

3) A la tercera pregunta dijo que no la sabe.

4) A la cuarta pregunta dijo que no la sabe.

5) A la quinta pregunta dijo que no la sabe.

6) A la sexta pregunta dijo que no la sabe.

7) A la séptima pregunta dijo que no la sabe. [f. 51]

8) A la octava pregunta dijo que la no sabe.

9) A la noventa pregunta dijo que la no sabe.

10) A las diez preguntas dijo que ha visto castigar a

algunas personas por lo contenido en la pregunta y que nunca vio que oyesen cosa alguna y lo disimulasen.

11) A las once preguntas dijo que ha visto castigar a algunas personas por lo contenido en la pregunta y que nunca vio que oyesen cosa alguna y lo disimulasen.

12) A las doce preguntas dijo que no la sabe.

13) A las trece preguntas dijo que no la sabe.

14) A las catorce preguntas dijo que no la sabe.

15) A las quince preguntas dijo que algunas veces vio examinar a algunos testigos a algunos jueces pero que no sabe si eran criminales.

16) A las dieciséis preguntas dijo que no la sabe.

17) A las diecisiete preguntas dijo que no la sabe.

18) A las dieciocho preguntas dijo que no la sabe ni lo ha visto disimular.

19) A las diecinueve preguntas dijo que vio castigar a algunos indios al dicho Nuño de Guzmán por lo contenido en la pregunta y que nunca vio disimularlo.

20) A las veinte preguntas dijo que no la sabe.

21) A las veintiuna preguntas dijo que no la sabe.

22) A las veintidós preguntas dijo que sabe que al tiempo que el dicho Nuño de Guzmán repartió la tierra y naturales de esta Nueva Galicia, este testigo sabe y es público y notorio que el dicho Nuño de Guzmán tomó para sí de los mejores los más pueblos, y los demás que quedaron dio y repartió por parcialidad y amistad a [f. 51v] algunos conquistadores, especialmente a Juan de Oñate y a Diego Vázquez en la jurisdicción de esta dicha villa. Y en la de Compostela a Francisco de Villegas y a otras personas que no se acuerda. Y asimismo sabe que dio y repartió indios a Juan de Saldívar y a

Juan del Camino, que no eran conquistadores. Y que sabe que algunos conquistadores se venían a quejar al dicho Nuño de Guzmán les diese repartimiento de indios, y que les respondía que él no tenía, que ya les había dado indios en otras partes a algunos de ellos, y a otros que no les había dado que no les tenía que dar. Y que vio irse de la dicha gobernación a algunos conquistadores perdidos y que esto es público y notorio.

23) A las veintitrés preguntas dijo que sabe que el dicho Nuño de Guzmán y sus mayordomos en su nombre han llevado los tributos y rentas de los lugares de la jurisdicción de esta dicha villa y de la ciudad de Compostela contenidos en la dicha pregunta desde cuatro años a esta parte poco más o menos y que esto es muy público y notorio.

24) A las veinticuatro preguntas dijo que no la sabe.

25) A las veinticinco preguntas dijo que sabe y le vio tener presos algunas veces a algunos caciques, de los dichos pueblos del dicho Nuño de Guzmán, en un cepo, y que los echaba en él un Diego Vázquez, mayordomo que era a la sazón del dicho Nuño de Guzmán, y que decía que los tenía presos porque no pagaban los tributos al tiempo que eran obligados.

26) A las veintiséis preguntas dijo que lo que sabe de la dicha pregunta es que el dicho Juan de Oñate, siendo teniente de gobernador [f. 52] en esta dicha villa por el dicho Nuño de Guzmán, decía y deshonraba a muchas personas de los vecinos de la dicha villa y conquistadores, dicéndoles bellacos y ladrones y otras palabras muy feas que al presente no se acuerda. Y que sabe que un Arceo, conquistador, se fue de esta dicha villa y que decía que se fue por el dicho Juan de Oñate porque le dijo muchas palabras feas y le deshonró. Y vio que se quejaron al dicho gobernador muchos españoles y que proveyese sobre ello y no diese lugar a que por causa del dicho Juan de Oñate maltratase a los españoles y se despoblase la tierra, y vio que el dicho

Nuño de Guzmán nunca proveyó cosa alguna sobre ello y lo disimulaba. Y sabe que muchos de los dichos conquistadores y vecinos se querían ir y ausentar de la dicha villa y provincia por lo susodicho. Y que esto es público y notorio.

27) A las veintisiete preguntas dijo que sabe y vio que por mandado del dicho Nuño de Guzmán y sus capitanes en el dicho tiempo se hicieron muchos esclavos menores de catorce años, y aún de doce, y mujeres. Pero que eran de guerra y que nunca ha visto hacer esclavos que no fuesen de guerra.

28) A las veintiocho preguntas dijo que no la sabe.

29) A las veintinueve preguntas dijo que sabe y vio que de los esclavos que este testigo vio hacer se pagaba el quinto que venía a su Majestad a los oficiales que por su Majestad residían en esta dicha villa.

30) A las treinta preguntas dijo que sabe que después de sacado el quinto de su Majestad llevaba el dicho Nuño de Guzmán de siete partes una, y cada uno de sus capitanes tanto como dos personas de a caballo y que esto es público y notorio. [f. 52v]

31) A las treinta y una preguntas dijo que no la sabe.

32) A las treinta y dos preguntas dijo que vio castigar a unas personas por lo contenido en la pregunta y que nunca vio que sabiéndolo los susodichos lo disimularan. Y que lo que dicho tiene es verdad y no firmó porque dijo no saber escribir.

L.   Juró en cuatro de abril de mil quinientos treinta y siete.

Testigo el dicho Lope de Viana, vecino de la dicha villa, escribano que ha sido en ella, siendo preguntado por las preguntas del dicho interrogatorio dijo y depuso en su dicho lo siguiente.

1) A la primera pregunta dijo que conoce y conoció a

muchos de los contenidos en la dicha pregunta.

Fue preguntado por las generales. Dijo que es de edad de veintinueve años, poco más o menos, y que no incurren en él algunas de las preguntas generales de la ley.

2) A la segunda pregunta dijo que no la sabe.

3) A la tercera pregunta dijo que no la sabe.

4) A la cuarta pregunta dijo que lo que de esta pregunta sabe es que este testigo vio al dicho Nuño de Guzmán que vino al pueblo de Nochistlán, donde estaba asentada esta dicha villa de Guadalajara a la sazón, y vio que fue a la villa de los Valles a las visitar según era público y notorio, y que esto puede haber tres años poco más o menos. Y que asimismo vio este testigo ejecutar las quejas que sobre las dichas visitaciones dieron a la sazón, porque este testigo se halló presente a todo ello. [f. 53]

5) A la quinta pregunta dijo que la no sabe.

6) A la sexta pregunta dijo que no la sabe.

7) A la séptima pregunta dijo que no la sabe.

8) A la octava pregunta dijo que no la sabe.

9) A la novena pregunta dijo que no la sabe.

10) A la décima pregunta dijo que lo que sabe de la dicha pregunta es que este testigo ha visto que las justicias de esta dicha villa de Guadalajara han mandado allanar y aderezar algunos caminos de esta jurisdicción y después este testigo los ha visto aderezados.

11) A las once preguntas dijo que lo que de ella sabe es que este testigo ha visto que el alcalde ordinario de esta dicha villa ha sentenciado a algunas personas porque han dicho mal a Dios Nuestro Señor y que lo demás no lo sabe.

12) A las doce preguntas dijo que lo que sabe de la dicha pregunta es que este testigo vio jugar algunas veces en esta dicha villa a los naipes. A la primera, al dicho Nuño de Guzmán, siendo gobernador, y a Francisco Barrón, siendo alcalde en la dicha villa, y a Francisco de Villegas, en más cantidad de veinte y treinta pesos de oro de minas, y que no sabe el que los perdía y ganaba, salvo que cuando se levantaban del juego decía uno de ellos: "yo he ganado ahora[241] veinte o treinta pesos de oro de minas". Y otros decían: "yo he perdido otros tantos". Y que era estando entre los susodichos, y que nunca vio ejecutar en contra de lo susodicho pena ninguna, y que esto sabe de esta pregunta. [f. 53v]

13) A las trece preguntas dijo que la no sabe.

14) A las catorce preguntas dijo que la no sabe.

15) A las quince preguntas dijo que lo que sabe de la dicha pregunta es que este testigo ha sido escribano en esta dicha villa y ha visto que algunas veces por comisión de Juan de Oñate, teniente de gobernador, y de Santiago de Aguirre, y de Miguel de Ibarra, y de Juan del Camino, siendo alcaldes, examinaban a algunos testigos por sí, sin que esto viesen ninguna de las justicias ante quien pendiesen los pleitos presentes de algunos pleitos civiles y criminales de poca importancia.

16) A las dieciséis preguntas dijo que no la sabe.

17) A las diecisiete preguntas dijo que no la sabe.

18) A las dieciocho preguntas dijo que no sabe.

19) A las diecinueve preguntas dijo que no la sabe, no lo ha visto ni oído disimular, salvo que sabe que yendo a conquistar muchos españoles con indios de guerra, los indios amigos y de paz tomaban muchos indios de guerra que mataban los dichos españoles y los llevaban para comer. Y este testigo vio que el capitán y los españoles que allí iban, que lo veían, se los tiraban y les reñían que no los comiesen ni llevasen sino que los

castigarían si se lo viesen hacer otra vez. [f. 54]

20) A las veinte preguntas dijo que no la sabe ni la vio disimular.

21) A las veintiuna preguntas dijo que sabe que se ha enviado por procurador a los reinos de España, a la corte de su Majestad, a Gonzalo López, de esta Nueva Galicia, y a la Chancellería de su Majestad que reside en esta Nueva España a Pedro de Ulloa, pero que lo demás que no lo sabe.

22) A las veintidós preguntas dijo que lo que sabe de la dicha pregunta es que este testigo vio que, en el repartimiento de indios que el dicho Nuño de Guzmán hizo de la jurisdicción de esta dicha villa de Guadalajara, no lo hizo convenientemente porque de los mejores pueblos que había en la dicha jurisdicción, el dicho Nuño de Guzmán se tomó para sí los más y mejores de ellos y algunos de los demás pueblos dio y repartió entre los conquistadores, de los cuales dio más a unos que a otros porque lo habían servido y trabajado con más gastos que otros al parecer de este testigo, y lo vio. Y que asimismo vio que al tiempo que se hizo el dicho repartimiento dio a un Juan del Camino porque era su criado, no siendo conquistador, un pueblo. Y asimismo vio que puede haber tres meses, poco más o menos, que el dicho Nuño de Guzmán dio a un Juan de Saldívar tres pueblos no siendo conquistador, y que esto es público y notorio.

23) A las veintitrés preguntas dijo que lo que de ella sabe es que este testigo vio llevar los tributos y rentas y servicios de algunos de los pueblos contenidos en la dicha pregunta que están en la jurisdicción de esta dicha villa, cuatro años o cinco poco más o menos a esta parte, y que esto es muy público y notorio.

24) A las veinticuatro preguntas dijo que la no sabe.

25) A las veinticinco preguntas dijo que lo que sabe de la dicha pregunta es que este testigo ha visto a algunos

de los caciques y otras personas de los [f. 54v] pueblos del dicho Nuño de Guzmán estar presos de pies y de cabeza en un cepo, porque decían que no querían pagar los tributos y decían muchas mentiras sobre ello, y que vio que los echaba presos Diego Vázquez y Juan del Camino, mayordomos que eran en esta dicha villa por el dicho Nuño de Guzmán, y que esto es muy público.

26) A las veintiséis preguntas dijo que este testigo ha visto algunas veces que el dicho Nuño de Guzmán y Juan de Oñate, teniente de gobernador por el dicho Nuño de Guzmán, han ofendido de palabras a Francisco Barrón, siendo alcalde, y a Cristóbal Romero y a Hernán Flores y a otras personas diciéndoles muchas palabras injuriosas, y que lo demás que no lo sabe.

27) A las veintisiete preguntas dijo que lo que sabe de la dicha pregunta es que en el dicho tiempo vio hacer muchos esclavos de más edad de catorce años y menores, y de dos, y mujeres. Pero que sabe que eran de guerra porque no querían servir ni venir a mandado de sus amos y señores en quien estaban encomendados, antes si iban a los pueblos los dichos españoles los mataban luego y se iban a los montes, y que esto es muy público.

28) A las veintiocho preguntas dijo que no la sabe.

29) A las veintinueve pregunas dijo que sabe que de los esclavos que este testigo vio hacer, vio que pagaban el quinto que cabía a su Majestad a los oficiales que por su Majestad residían en esta dicha villa.

30) A las treinta preguntas dijo que sabe que después de sacado el quinto de su Majestad de los esclavos que así vio hacer, este testigo vio que llevaban el dicho Nuño de Guzmán de siete esclavos uno y cada uno de sus capitanes tanto como dos personas de a caballo, y que esto vio y es muy público.

31) A las treinta y una preguntas dijo que no la sabe.

32) A las treinta y dos preguntas dijo que no la sabe.

33) A las treinta y tres preguntas dijo que no la sabe y que lo que dicho tiene es la verdad y afirmóse en ello y firmólo de su nombre.

Y luego, incontinenti, el dicho señor juez le mandó que traiga y exhiba ante él todas las escrituras que él tiene en su poder desde el tiempo que es escribano a esta [f. 55] parte, y las que otros escribanos hayan dejado en su poder, so cargo del dicho juramento, hoy en todo el día so pena de cien pesos de oro para la cámara de su Majestad. Lope de Viana.

LI. Y después de lo susodicho, en las minas de la plata de Zacatlán de Nuestra Señora,[242] que son en esta Nueva Galicia, a catorce días del mes de abril del dicho año, el dicho señor juez mandó a mí, el dicho escribano, leyese y notificase el auto de residencia como de suso es contenido en este dicho proceso y contra el dicho Nuño de Guzmán y sus oficiales, a muchas personas que presente estaban, el cual yo el dicho escribano doy fe que leí y notifiqué según que en él se contiene. **(2)** Testigos que fueron presentes a lo que dicho es, Juan de Villarreal[243] y Luis Salido y Pedro de Ulloa y otros muchos estantes en las dichas minas.

Y luego incontinenti, el dicho señor juez comenzó a tomar la información siguiente.

LII. Juró en las dichas minas ante el dicho señor juez a catorce de abril del dicho año.

Testigo el dicho Alonso López,[244] alcalde de las dichas minas que ha sido por el dicho Nuño de Guzmán. Siendo preguntado por la primera pregunta del dicho interrogatorio y por las preguntas añadidas[245] en él por el dicho señor juez dijo y depuso en su dicho lo siguiente.

1) A la primera pregunta dijo que conoce al dicho Nuño de Guzmán y a otras personas contenidas en la dicha pregunta.

Fue preguntado por las generales. Dijo que es de edad de treinta años y que no es pariente ni enemigo, ni incurren en él algunas de las preguntas generales de la ley.

34) A las treinta y cuatro preguntas dijo que sabe y ha oído decir y [f. 55v] visto sacar, por sus ojos, del metal que se fundía de las dichas minas hasta en cantidad de quince marcos de plata poco más o menos.

35) A las treinta y cinco preguntas dijo que no la sabe.

36) A las treinta y seis preguntas dijo que lo que sabe es que este testigo y Francisco de Villegas, y Luis Salido, y el dicho Nuño de Guzmán, y Juan del Camino, y Pérez,[246] y Juan de Mondragón, y otras muchas personas de que al presente no se acuerda, ha visto que han traído y al presente traen indios naborías de los pueblos que tienen depositados que les dan los caciques de los dichos pueblos, y que los caciques al tiempo que se los dan les dicen que son sus esclavos de ellos, pero que no tienen hierro del rey ni otros hierros ni letras algunas, y que ve que les hacen trabajar y labrar con ellos en estas dichas minas de la plata, y sacan metal. Y que sabe que el dicho Juan de Mondragón, vecino de la ciudad de Compostela que al presente no está en las dichas minas, trae y labra en las dichas minas con seis o siete naborías que se las dio un cacique de un pueblo que se dice Tepic, que es del dicho Nuño de Guzmán, y labra con ellas en las dichas minas. Y que esto es público y notorio, y lo sabe y vio según dicho tiene porque este testigo ha estado y residido en las dichas minas. Preguntado si el dicho Nuño de Guzmán mandó al dicho cacique que diese al dicho Mondragón las dichas naborías, dijo que no lo sabe.

37) A las treinta y siete preguntas dijo que sabe que el dicho Nuño de Guzmán tiene en las dichas minas una mina en la veta de la Albarrada, y otra a estacas de Luis Salido y de Alonso de León, y otra mina a estacas de mina de Mota[247] y de mina de Delgadillo,[248] y otra

a estacas de Luis Salido y de Martín de Mondragón, la cual está embarazada en virtud de un mandamiento del dicho Nuño de Guzmán porque dice Pedro de Soto que la tomó por despoblada y le pertenece [f. 56] y que asimismo tiene otra mina a estacas de Mondragón y Francisco de Villegas, y otra mina a estacas de los susodichos junto con la de arriba, y otra a estacas de Cristóbal de Oñate y Bartolomé Pérez, y otra a estacas de Juan de Mondragón y a estacas de Briseño. Preguntado si las dichas minas las tiene pobladas, dijo que no tiene pobladas algunas de ellas, salvo que otras cuatro minas que eran del dicho Nuño de Guzmán que están la una de ellas a estacas de Luis Salido y Martín Jiménez,[249] las cuales están pobladas, y otra a estacas del dicho Martín Jiménez, y las otras dos están a estacas de Cristóbal de Oñate y Martín Jiménez. Preguntado los indios de que están pobladas las dichas minas cuyos son, dijo que son de las naborías que al dicho Nuño de Guzmán han dado los dichos caciques, y que esto sabe y es público y notorio. Preguntado qué tanto camino habrá entre unas minas y otras, dijo que puede haber legua y media, poco más o menos. Preguntado que quién ha dado el bastimento necesario para los indios que están en las dichas minas, dijo que hasta hoy día lo ha dado Juan del Camino, mayordomo del dicho Nuño de Guzmán. Preguntado qué tanto tiempo ha que el dicho Nuño de Guzmán le vendió las dichas minas, dijo que ayer viernes que se contaron trece días de este presente mes se las dio Luis Salido en nombre del dicho Nuño de Guzmán por cuatro cientos pesos que el dicho Nuño de Guzmán le debía, y que juntamente con ellas le dio ciertas herramientas y otras cosas del servicio de sacar la dicha plata. Preguntado si en esta contratación de las dichas minas hubo alguna cautela, dijo que no. Y luego, incontinenti, el dicho señor licenciado, juez susodicho, dijo que le mandaba y mandó que toda la plata y metal que así sacare de las dichas minas que el dicho Luis Salido le dio en el dicho nombre, que no disponga de ello y lo retenga en sí, sin acudir con ello [f. 56v] ninguna persona hasta tanto que por su Majestad y por él en su nombre le sea mandado otra cosa, so pena de dos mil pesos para la cámara de su Majestad, y más pagará otra vez la plata que ahí sacare de las dichas minas, el cual dijo que lo oía.

38) A las treinta y ocho preguntas dijo que dice lo que dicho tiene en la pregunta antes de esta, y que lo demás no lo sabe.

39) A las xxxix preguntas dijo que no lo sabe, excepto que dice lo que dicho tiene en la pregunta antes de esta.

40) A las cuarenta preguntas dijo que no la sabe.

41) A las cuarenta y una preguntas dijo que no lo sabe, excepto que dice lo que dicho tiene en las preguntas antes de esta a que se refiere, excepto que sabe que el dicho Nuño de Guzmán le dio mandamiento que dicho y declarado tiene, pero que si es justo o no, que no lo sabe y que lo vea el dicho señor juez. Y que esto que dicho tiene es la verdad y afirmóse en ello y firmólo de su nombre. Alonso López.

LIII.　　　　Y luego, incontinenti, hizo publicación del dicho mandamiento, y luego, el dicho señor juez lo mandó poner al pie del dicho su dicho, el tenor del cual es este que se sigue.

LIV.　　　　Yo Nuño de Guzmán, gobernador de Galicia de la Nueva España, capitán general de la provincia de Pánuco por su Majestad, por cuanto yo voy a la ciudad de México a comunicar con el ilustre señor el visorrey y audiencia real de su Majestad algunas cosas cumplideras a su real servicio y bien y utilidad de la dicha gobernación y su conservación y perpetuidad, **(2)** y algunas personas de las que van conmigo, vecinos de la dicha gobernación, tienen tomadas [f. 57] algunas minas de plata que se han descubierto en los términos de la ciudad de Compostela, y así por ir en mi compañía como por no tener al presente las cosas necesarias de gente y herramientas y bastimentos para las poblar, y podría recrecérceles pérdida y daño por estar ausentes;

porque asimismo tengo algunas minas y tengo la necesidad que dicho es para las proveer y poblar, **(3)** por la presente doy por plazo y término para las poblar todo el tiempo que estuviere ausente y los dichos que conmigo van hasta que yo y ellos volvamos a la dicha ciudad de Compostela y aún más después, **(4)** el cual término mando que no les sean tomadas ni ocupadas ningunas minas que así tienen y legítimamente pudieren tener, según las ordenanzas que están hechas y se hicieren y hablan de minas de plata. **(5)** Fecha en el pueblo de Ahuacatlán, término de la dicha ciudad de Compostela, a dos días de agosto de mil quinientos treinta y seis años. Nuño de Guzmán, por mandado de su señoría. Pedro Ruiz de Haro.

LV.　　　　　Juró este día ante el dicho señor gobernador.

Testigo el dicho Martín de Mondragón, estante en las dichas minas, testigo susodicho después de haber jurado en forma debida de derecho, siendo preguntado por las preguntas del dicho interrogatorio y por las segundas preguntas añadidas por el dicho señor juez dijo y depuso en su dicho lo siguiente.

1) A la primera pregunta dijo que conoce al dicho Nuño de Guzmán y a otras personas de las contenidas en la dicha pregunta.

　　　　　Fue preguntado por las generales. Dijo que es de edad de treinta y seis años y que no es pariente ni incurren en él algunas de las preguntas generales de la ley. [f. 57v]

34) A las treinta y cuatro preguntas dijo que oyó por público y notorio que se han sacado hasta en cantidad de diez marcos de plata de las dichas minas.

35) A las treinta y cinco preguntas dijo que no la sabe.

36) A las treinta y seis preguntas dijo que sabe que algunos españoles de los que tienen minas en las dichas

minas traen indios para labrar en las dichas minas pero que no sabe si son esclavos o naborías, salvo que no están herrados y que este testigo trae cuarenta indios en las dichas minas que le da Juan del Camino, mayordomo del dicho Nuño de Guzmán, por un año por trescientos pesos de minas que le da de renta por el servicio de ellos y el bastimento que ellos tienen necesidad. Preguntado que cuyos son los dichos indios dijo que son de un lugar que se dice Necuintle, lugar del dicho Nuño de Guzmán.

Y luego, incontinenti, el dicho señor juez le mandó que no acuda con los dichos trescientos pesos al dicho Nuño de Guzmán ni a otra persona en su nombre hasta tanto que por su Majestad o por él otra cosa le sea mandado so pena de mil pesos para la cámara de su Majestad y más que los pagará otra vez, el cual dijo que lo oía.

37) A las treinta y siete preguntas dijo que sabe que el dicho Nuño de Guzmán tiene cuatro minas de plata en estas dichas minas dentro de una legua todas, y asimismo sabe que tiene otras muchas minas en ellas y que no se acuerda a qué parte están.

38) A las treinta y ocho preguntas dijo que sabe que tiene cargo de las dichas minas del dicho Nuño de Guzmán, Alonso López, alcalde que era de las dichas minas, porque le ha visto poblarlas de indios y trabajar en ellas por el dicho Nuño de Guzmán. [f. 58]

39) A las treinta y nueve preguntas dijo que no la sabe, excepto que dice lo que dicho tiene en las preguntas antes de esta, y que ha oído decir que el dicho Alonso López trae en las dichas minas en el servicio de ellas cuarenta indios que no están herrados con el hierro de su Majestad, que son de un pueblo que está en la jurisdicción de la villa de Guadalajara, que no se acuerda cómo se llama, que es del dicho Nuño de Guzmán y que esto es público.

40) A las cuarenta preguntas dijo que dice lo que dicho

tiene en las preguntas antes de esta, y que no sabe qué cantidad de indios naborías podrá haber en las dichas minas, salvo que del servicio en las dichas minas del dicho Nuño de Guzmán, además de los que tiene declarados, que tiene el dicho Alonso López otros cincuenta indios poco más o menos, naboríos.

41) A las cuarenta y una preguntas dijo que sabe que dio un mandamiento el dicho Nuño de Guzmán al dicho Alonso López, por el cual mandaba que ningún español se entremetiese a tomar ni tomase ninguna mina hasta tanto que él viniese de la ciudad de México según parecerá por el dicho mandamiento al cual se refiere. Porque este testigo lo ha visto en poder de Alonso López, siendo alcalde, que requería con él a algunas personas, españoles, que no tomasen minas que estuviesen despobladas y estacadas, y que no hiciesen cosa contra el dicho mandamiento. Y que sabe que muchas personas no han osado tomar minas y trabajar en ellas y saber lo que había por no ir contra el dicho mandamiento. Y que esto que lo sabe porque ha residido en las dichas minas desde seis meses a esta parte, y que esto es público y notorio. Y que este testigo hubiera tomado minas si no fuera por el dicho mandamiento porque es minero y sabe que a causa de lo susodicho muchos [f. 58v] españoles han dejado de trabajar en las dichas minas y se han despoblado de ellas, de lo cual han recibido mucho daño las rentas de su Majestad.

42) A las cuarenta y dos preguntas dijo que no la sabe y que lo que dicho tiene es la verdad y lo que él sabe, y afirmóse en ello. Firmólo de su nombre Martín de Mondragón.

LVI.   Juró este dicho día ante el dicho señor juez.

Testigo el dicho Pedro de Soto, estante en las dichas minas, testigo susodicho, después de haber jurado en forma de derecho, siendo preguntado por la primera pregunta del dicho interrogatorio y por las preguntas añadidas por el dicho señor juez, dijo lo siguiente.

1) A la primera pregunta dijo que conoce al dicho Nuño de Guzmán y a otras personas contenidas en la dicha pregunta.

Fue preguntado por las generales. Dijo que es de edad de veinticinco años, poco más o menos, y que no es pariente ni incurren en él algunas de las preguntas generales de la ley.

34) A las treinta y cuatro preguntas dijo que no la sabe.

35) A las XXXV preguntas dijo que no la sabe.

36) A las treinta y seis preguntas dijo que sabe y ve trabajar en las dichas minas a muchos indios que no están herrados con el hierro de su Majestad, pero que no sabe qué cantidad.

37) A las treinta y siete preguntas dijo que sabe que el dicho Nuño de Guzmán tiene en estas dichas minas cinco minas y más otras que este testigo no se acuerda qué tantas son.

38) A las XXXVIII preguntas dijo que sabe y ve tomar cargo de las dichas minas del dicho Nuño de Guzmán a Alonso López. [f. 59]

39) A las treinta y nueve preguntas dijo que no la sabe.

40) A las cuarenta preguntas dijo que no la sabe.

41) A las cuarenta y una preguntas dijo que lo que sabe de la dicha pregunta es que el dicho Nuño de Guzmán mandó un mandamiento muy agraviado contra los mineros y personas que están y vienen a poblar las dichas minas, porque mandaba por él que ninguna persona tomase ninguna hasta tanto que él viniese, que iba a la ciudad de México, so cierta pena. Y sabe que a esta causa muchas personas no tomaron minas desde que el dicho Nuño de Guzmán se fue hasta el presente, y que este testigo durante el dicho tiempo

tomó una mina por despoblada y se la quitó un Alonso López siendo alcalde de las dichas minas, poniéndole pena sobre ello por virtud del dicho mandamiento. Y que esto es lo que sabe de esta pregunta y que sabe que a causa del dicho mandamiento no se han poblado las dichas minas y trabajádose en ellas. Y muchos españoles poblaran las dichas minas y trabajaran en ellas y supieran lo que había en ellas y por no los dejar se despoblaron y fueron de las dichas minas a causa de lo cual sabe que las rentas de su Majestad han recibido mucho perjuicio, y que esto sabe porque ha residido en las dichas minas y lo ha visto.

42) A las cuarenta y dos preguntas dijo que no la sabe, y que lo que dicho tiene es la verdad y afirmóse en ello y firmólo de su nombre. Pedro de Soto.

LVII. Y después de lo susodicho, en la dicha ciudad de Compostela, viernes, a veinte días del dicho mes de abril del dicho año, estando en cabildo los señores Cristóbal de Oñate, justicia, y Luis Salido, y Martín Benítez, regidores de la dicha ciudad, el señor licenciado Diego de la Torre, juez de residencia susodicho, les requirió con la dicha provisión de [f. 59v] residencia de su Majestad de suso contenido, y que la obedezcan y cumplan según y como en ella se contiene. Y los dichos justicia y regidores la obedecieron besándola y poniéndola sobre su cabeza con el acatamiento debido y en cumplimiento de ella el dicho Cristóbal de Oñate le entregó la vara de justicia. Y luego el dicho señor juez mandó que no usen más de los dichos oficios según que su Majestad por la dicha provisión manda, de que son testigos Gaspar Briseño y Pedro de Lespe,[250] vecinos de la dicha ciudad.

LVIII. Y después de lo susodicho, en la dicha ciudad, este dicho día, mes y año susodicho, yo el dicho escribano doy fe que, de mandamiento del dicho señor juez, notifiqué el auto de residencia de suso contenido en este dicho proceso en faz de mucha gente que presente estaba, de que son testigos Gaspar Briseño y Juan Pascual,[251] vecinos de la dicha ciudad, y otros muchos.

LIX.   Juró en XX de abril de MDXXXVII años ante el señor juez.

Testigo el dicho Francisco, cacique del lugar de Ahuacatlán, después de haber jurado en forma de derecho, siendo preguntado por las preguntas contenidas del dicho interrogatorio por lengua intérprete de Juan Pascual, español, después de haber jurado en forma de derecho, dijo y depuso en su dicho lo siguiente.

1) A la primera pregunta dijo que conoce a algunos de los dichos contenidos en la dicha pregunta.

Fue preguntado por las generales. Dijo que es de edad de cuarenta años, poco más o menos, y que no es pariente ni incurren en él algunas de las preguntas generales de la ley.

5) A la quinta pregunta dijo que lo que sabe de esta pregunta es que este [f. 60] testigo oyó decir a Pepexi, ya difunto, cacique que fue del dicho lugar, que cuando el dicho Nuño de Guzmán pasó la primera vez a conquistar esta tierra por el dicho lugar, que le había dado tres cintas de plata que podían pesar tres marcos de plata, poco más o menos, y cierta ropa de la tierra, pero que no le habían dado por ello cosa ninguna. Y que lo que dicho tiene es la verdad, y afirmóse en ello.

LX.   Juró ante el dicho señor juez en veinte de abril del dicho año.

Testigo el dicho Juan Pascual, vecino de la dicha ciudad y conquistador, después de haber jurado en forma de derecho, siendo preguntado por las preguntas del dicho interrogatorio, dijo lo siguiente.

1) A la primera pregunta dijo que conoce al dicho Nuño de Guzmán y a otras personas de las contenidas en la dicha pregunta.

A las generales dijo que es de edad de treinta años y que no es pariente ni enemigo, ni incurren en él algunas de las preguntas generales.

2) A la segunda pregunta dijo que no la sabe.

3) A la tercera pregunta dijo que no la sabe.

4) A la cuarta pregunta dijo que este testigo ha residido en esta dicha ciudad desde seis años a esta parte, pero que no ha visto hacer lo contenido en la pregunta ni sabe que se haya hecho, y que si se hiciera que este testigo lo supiera por haber residido en la dicha ciudad.

5) A la quinta pregunta dijo que no la sabe.

6) A la sexta pregunta dijo que no la sabe.

7) A la séptima pregunta dijo que no la ha visto ni sabido.

8) A la octava pregunta dijo que no la sabe ni la ha visto. [f. 60v]

9) A las nueve preguntas dijo que no la sabe.

10) A las diez preguntas dijo que no ha visto aderezar cosa alguna de lo contenido en la dicha pregunta.

11) A las once preguntas dijo que lo que sabe de la dicha pregunta es que este testigo vio castigar a una persona porque dijo mal a Dios Nuestro Señor, teniéndolo en la cárcel treinta días y llevándole cierta pena de oro, que no se acuerda qué cantidad, al dicho Nuño de Guzmán. Pero que nunca después acá vio ni supo que lo supiesen y lo disimulasen no lo castigando.

12) A las doce preguntas dijo que ha oído decir públicamente en esta dicha ciudad, que las justicias de esta dicha ciudad habían castigado a algunas personas que jugaban a juegos vedados elevándoles la pena que merecían por ello, pero que nunca vio el contrario y que se disimulase no lo castigando.

13) A las trece preguntas dijo que no la sabe.

14) A las catorce preguntas dijo que no la sabe.

15) A las quince preguntas dijo que ha visto que en semejantes procesos los veía examinar algunas veces estando el dicho Nuño de Guzmán presente, y que nunca ha visto el contenido.

16) A las dieciséis preguntas dijo que no la sabe.

17) A las diecisiete preguntas dijo que no la sabe.

18) A las dieciocho preguntas dijo que no la sabe ni lo ha visto disimular.

19) A las diecinueve preguntas dijo que sabe y ha visto quemar en esta dicha ciudad a algunos indios porque comían carne humana.

20) A las veinte preguntas dijo que ha visto castigar a una mujer por hechicera, teniéndola en la puerta de la iglesia y que no ha visto lo contrario. [f. 61]

21) A las veintiuna preguntas dijo que sabe que de esta ciudad se ha enviado por procurador a los reinos de Castilla a la corte de su Majestad a Gonzalo López, pero que lo demás que no lo sabe. Excepto, sabe que cuando se hacían esclavos se sacaban de cada entrada que se hacía cuatro o cinco esclavos para pagar a los procuradores.

22) A las veintidós preguntas dijo que sabe que el dicho Nuño de Guzmán ha repartido los pueblos de la jurisdicción de esta dicha ciudad, y que cree que en el repartimiento que hizo, que lo hizo convenientemente porque los dio a conquistadores, y que sabe que dio a unos más que a otros, pero que asimismo cree que lo merecieron mejor las personas a quienes dio las tales demasías. Y que vio que, después acá que se hizo el dicho repartimiento, han vacado algunos pueblos porque se morían las personas en quien estaban depositados y los dio en depósito a algunas personas que no

eran conquistadores para que se sostuviesen, porque eran pobladores y se poblase la tierra de españoles, y que esto sabe de esta pregunta.

23) A las XXIII preguntas dijo que lo que sabe de la dicha pregunta es que este testigo ha visto, y es público y notorio en esta dicha provincia entre las personas que de ello tienen noticia, que el dicho Nuño de Guzmán y sus mayordomos en su nombre han llevado los réditos, rentas y tributos de los pueblos contenidos en la dicha pregunta que están en esta jurisdicción de esta dicha ciudad y en la jurisdicción de la villa de Guadalajara desde cinco o seis años a esta parte poco más o menos.

24) A las veinticuatro preguntas dijo que no la sabe, excepto que sabe que este testigo ha visto traer a algunos de los dichos caciques, por tributos de los dichos pueblos, plata y oro en cantidad, y que se lo veía dar al dicho Nuño de Guzmán, pero que no sabe qué cantidad podría ser. Y sabe que sin el dicho oro le daban sus mantas y maíz y otras cosas de tributo. Preguntado que qué caciques eran los susodichos, dijo que un cacique del [f. 61v] lugar de Sentispac y del lugar de Tepic, que son de la jurisdicción de esta dicha ciudad, y otros caciques de los pueblos de la villa de Guadalajara. Y que este dicho tributo se lo daban de cuatro en cuatro meses, y que esto sabe de esta pregunta.

25) A las veinticinco preguntas dijo, que lo que sabe de la dicha pregunta es que este testigo vio que los caciques de los pueblos de esta jurisdicción de esta dicha ciudad, se ausentaban de sus pueblos y se iban a un pueblo que este testigo tenía en un monte, y yendo allí los veía algunas veces en él, y les preguntaba que por qué se ausentaban de sus pueblos, y que le respondían los dichos caciques que porque el dicho Nuño de Guzmán y sus mayordomos les pedían mucho tributo de oro y plata y otras cosas, y que ellos no lo tenían para se lo dar.

26) A las veintiséis preguntas dijo que ha oído decir

por público y notorio a muchas personas, estando en esta dicha ciudad, que residiendo por justicias Sancho de Caniego y Diego de Proaño por el dicho Nuño de Guzmán en la villa de San Miguel, que es en la provincia de Culiacán de esta Nueva Galicia, hacían muchos malos tratamientos a muchos españoles, diciéndoles palabras feas y echándolos en prisiones no habiendo causa para ello. Y que a causa de lo susodicho los vecinos españoles de la dicha villa se iban huyendo de ella y se fueron de una vez quince de ellos, los cuales vio pasar por esta dicha ciudad, y que sin estos se fueron otras veces algunos otros vecinos de la dicha villa. Que esto es público y notorio entre las personas que de ello tienen noticia.

27) A las veintisiete preguntas dijo que lo que de ella sabe es que este testigo vio que en las entradas que se hacían, cuando hacían esclavos, que este testigo iba, que se hicieron a muchos esclavos de más edad de catorce años y menores de dos, y mujeres y niñas muy pequeñas, pero que sabe que en los pueblos que los hacían estaban de guerra a la sazón, y que esto sabe de esta pregunta. [f. 62]

28) A las veintiocho preguntas dijo que lo que sabe de la dicha pregunta es que a este testigo le pareció que en la jurisdicción de esta dicha ciudad se habrán hecho hasta en cantidad de dos mil esclavos de los que dicho tiene, antes más que menos.

29) A las XXIX preguntas dijo que sabe que de los esclavos que se hacían en las entradas donde este testigo iba, se pagaba luego el quinto a su Majestad o a sus oficiales que residían en esta dicha Nueva Galicia.

30) A las treinta preguntas dijo que sabe que después de sacado el quinto de su Majestad de los dichos esclavos, llevaba el dicho Nuño de Guzmán de siete uno, y después de sacado lo susodicho se repartían los esclavos que quedaban entre los compañeros y conquistadores, y llevaban cada uno de los capitanes del dicho

Nuño de Guzmán tanto como dos partes de dos personas de a caballo, y que esto vio algunas veces.

31) A las treinta y una preguntas dijo que no la sabe.

32) A las treinta y dos preguntas dijo que no la sabe.

33) A las treinta y tres preguntas dijo que sabe y vio muerto en esta dicha ciudad a Juan Navarro, y oyó decir que había muerto *ab intestato* sin hacer testamento, y que había dejado ciertos bienes, y que los había tomado Francisco de Villegas, alcalde que era a la sazón, y que de ellos había pagado ciertas deudas que debía el dicho difunto, y que esto es público y notorio.

34) A las treinta y cuatro preguntas dijo que lo que sabe de la dicha pregunta es que este testigo vio algunas veces fundir y marcar cierto oro que decían que habían sacado de las minas del oro del río de Xalisco, y que asimismo ha oído decir que otras veces han fundido y marcado más cantidad de oro de las dichas minas, y que la cantidad que le parecía a este testigo que puede ser, de lo que él vio y de lo que ha oído decir, hasta en cantidad de seis mil castellanos de minas, y asimismo oyó decir a Martín Jiménez que había sacado hasta en cantidad de seis marcos de plata de las minas de plata.
[f. 62v]

35) A las treinta y cinco preguntas dijo que sabe que del oro que este testigo vio fundir y marcar, que vio que pagaron la décima parte de ello a los oficiales de su Majestad.

36) A las treinta y seis preguntas dijo que sabe y es público y notorio que Nuño de Guzmán y Cristóbal de Oñate, y Francisco de Villegas, y Rodrigo Jiménez, y Juan de Villalba y otras personas traen y han traído en las dichas minas indios que les dan los caciques de los pueblos que tienen depositados en cantidad. Y que ve que con ellos trabajan en las dichas minas de oro y plata, pero que los dichos indios no tienen hierro del rey y que esto es público y notorio.

37) A las treinta y siete preguntas dijo que ha oído decir por público que el dicho Nuño de Guzmán tiene en las minas de la plata cinco o seis minas, pero que lo demás que no lo sabe.

38) A las treinta y ocho preguntas dijo que sabe que tenía cargo de las dichas minas un Alonso López, que reside en las dichas minas, a la sazón que el dicho Nuño de Guzmán estaba en esta Nueva Galicia.

39) A las treinta y nueve preguntas dijo que sabe y vio que solía traer el dicho Nuño de Guzmán en las minas del oro de Xalisco y de la plata, hasta en cantidad de cien indios que no eran esclavos herrados con el hierro de su Majestad, y que sabe que eran de los pueblos de Tepic y de Sentispac y de los lugares que él tenía en la jurisdicción de la villa de Guadalajara.

40) A las cuarenta preguntas dijo que dice lo que dicho tiene en las preguntas antes de esta.

41) A las cuarenta y una preguntas dijo que no la sabe.

42) A las cuarenta y dos preguntas dijo que dice lo que dicho tiene en las preguntas antes de esta a que se refiere. Y que lo que dicho tiene es la verdad y lo que él sabe, y afirmóse en ello y no firmó porque dijo que no sabía escribir.

LXI. Juró este dicho día, mes y año susodicho ante el dicho señor juez.

Testigo el dicho Gaspar Briseño, vecino de la dicha ciudad, testigo susodicho, después de haber jurado en forma de derecho dijo y depuso en su dicho [f. 63] lo siguiente.

1) A la primera pregunta dijo que conoce al dicho Nuño de Guzmán y a otras personas de las contenidas en la dicha pregunta.

A las generales dijo que es de edad de treinta y seis años y que no es pariente ni enemigo, ni incurren en él algunas de las pregunatas generales de la ley.

2) A la segunda pregunta dijo que no la sabe.

3) A la tercera pregunta dijo que no la sabe.

4) A la cuarta pregunta dijo que oyó decir que el dicho Nuño de Guzmán visitó algunos lugares de la jurisdicción de esta ciudad.

5) A la quinta pregunta dijo que oyó decir a muchas personas cuando se pobló esta dicha ciudad de Compostela que el dicho Nuño de Guzmán pidió a un cacique del lugar de Sentispac mucho oro y turquesas y otras cosas, y que el dicho cacique le había dado cierta cantidad de oro, y que no le había dado cosa alguna por ello, pero que no sabe qué cantidad. Y asimismo vio que un naguatlato del lugar de Zacualpa trajo un día al dicho Nuño de Guzmán diez tejuelos de plata que eran como tostones, y que el dicho Nuño de Guzmán se los volvió y arrojó y dijo que era poco, que no lo quería.

6) A la sexta pregunta dijo que no la sabe.

7) A la séptima pregunta dijo que no la sabe.

8) A la octava pregunta dijo que no la sabe.

9) A las nueve preguntas dijo que no la sabe.

10) A las diez preguntas dijo que no la sabe.

11) A las once preguntas dijo que lo que sabe de la dicha pregunta es que este testigo vio castigar a algunas personas que jugaban a juegos vedados, condenándoles en ciertas penas pecunarias para la comunidad, [f. 63v] al dicho Nuño de Guzmán y sus justicias. Y que asimismo vio jugar al dicho Nuño de Guzmán y a Francisco de Villegas, y a Cristóbal de Oñate, y a Miguel de Adriza, y a Francisco Barrón, y a Juan Fernández de Híjar, y a este testigo y a Francisco de Arceo algunas veces a juegos vedados de naipes y estando el dicho gobernador Nuño de Guzmán presente, y a las veces

pagando con ellos, y se perdían y ganaban en más cantidad de veinte y treinta pesos de oro de minas. Y que esto era en la villa de Tonalá y puede haber ocho o nueve meses poco más o menos.

13) A las trece preguntas dijo que no la sabe.

14) A las catorce preguntas dijo que no la sabe.

15) A las quince preguntas dijo que este testigo vio examinar, algunas veces al dicho Nuño de Guzmán y a las justicias de esta dicha ciudad, examinar los testigos en cosas criminales.

16) A las dieciséis preguntas dijo que no la sabe.

17) A las diecisiete preguntas dijo que no la sabe.

18) A las dieciocho preguntas dijo que no la sabe ni lo ha visto disimular.

19) A las diecinueve preguntas dijo que ha visto castigar, al dicho Nuño de Guzmán, a algunas personas por lo contenido en la dicha pregunta y que no ha visto que algunas justicias supiesen cosa de lo contenido en la dicha pregunta.

20) A las veinte preguntas dijo que no la sabe.

21) A las veintiuna preguntas dijo que sabe que de esta ciudad se ha enviado por público a los reinos de Castilla a la corte de su Majestad a Gonzalo López, y a la Chancellería de esta Nueva España a Pedro de Ulloa y a Juan Sánchez, y que lo demás que lo no sabe.

22) A las veintidós preguntas dijo que este testigo le parece que en el repartimiento que el dicho Nuño de Guzmán hizo en los pueblos de la jurisdicción de esta [f. 64] dicha ciudad de Compostela fue hecho convenientemente y lo dio y repartió entre personas conquistadores, y que lo merecían y lo habían trabajado bien.

23) A las veintitrés preguntas dijo que lo que sabe de la

dicha pregunta es que este testigo ha visto que el dicho Nuño de Guzmán y sus mayordomos en su nombre han llevado los réditos y rentas y tributos de los pueblos de las jurisdicciones de la dicha ciudad de Compostela y villa de Guadalajara contenidos en la dicha pregunta desde cuatro años poco más o menos a esta parte, y que esto es público y notorio.

24) A las veinticuatro preguntas dijo que sabe que el dicho Nuño de Guzmán llevó del dicho lugar de Sentispac, en el año de quinientos treinta y seis, cuatrocientas mantas y que en otros años ha llevado ropa del dicho lugar que puede valer seiscientas mantas de la tierra.

25) A las veinticinco preguntas dijo que oyó decir que un Diego Vázquez, que estaba en la villa de Tonalá por mayordomo del dicho Nuño de Guzmán, hacía algunos malos tratamientos a los caciques de los pueblos del dicho Nuño de Guzmán.

26) A las veintiséis preguntas dijo que este testigo ha oído decir a algunas personas que un Juan de Oñate, que había sido teniente de gobernador en la villa de Guadalajara, que es ido al presente al Perú, y Juan Fernández de Híjar, que ha sido teniente de gobernador en la villa de la Purificación, que está en la dicha villa, que es sesenta leguas de esta dicha ciudad, y un Diego de Proaño, que era teniente de gobernador en la provincia de Culiacán por el dicho Nuño de Guzmán, habían hecho muchos malos tratamientos a los españoles que eran vecinos de las dichas villas diciéndoles muchas palabras feas y echándoles presos. Y que por causa de ello se habían despoblado muchos vecinos y conquistadores de las dichas [f. 64v] villas y ausentándose de la dicha gobernación y Nueva Galicia. Y que esto se dice y es público y notorio y que por tal lo ha oído decir públicamente este testigo.

27) A las veintisiete[252] preguntas dijo que lo que sabe de la dicha pregunta es que este testigo vio que en el tiempo que el dicho Nuño de Guzmán ha sido gober-

nador ha visto hacer en las jurisdicciones de esta dicha ciudad de Compostela y villa de Guadalajara muchos esclavos, hombres y mujeres, menores de catorce años y mayores, pero que todos los que este testigo vio hacer eran de guerra y no querían servir a los españoles. Y que esto es público y notorio.

28) A las XXVIII preguntas dijo que no la sabe.

29) A las veintinueve preguntas dijo que sabe y vio que de los esclavos que se hacían en las entradas que este testigo iba, veía que cuando se herraban pagaban el quinto que venía de ellos a su Majestad.

30) A las treinta preguntas dijo que lo que sabe de la dicha pregunta es que este testigo vio que después de sacado el quinto de su Majestad de los esclavos que este testigo vio hacer, llevaba el dicho Nuño de Guzmán de siete esclavos uno, y cada uno de sus capitanes llevaban tanto como dos de a caballo a las veces, y otras tanto como dos hombres de a pie.

31) A las treinta y una preguntas dijo que no la sabe.

32) A las treinta y dos preguntas dijo que no la sabe, excepto que ha visto que el dicho Nuño de Guzmán lo tenía prohibido y mandado que no se hiciese.

33) A las treinta y tres preguntas dijo que lo que sabe de la dicha pregunta es que este testigo vio que cuando se conquistaba esta dicha Nueva Galicia se murieron ciertos españoles sin dejar testamentos, de que este testigo no se acuerda, y el dicho Nuño de Guzmán y sus justicias mandaban vender los bienes que [f. 65] así quedaban de los tales difuntos en almonedas públicas ante escribano, y después los entregaban a los tenedores de bienes de difuntos que el dicho Nuño de Guzmán tenía elegidos. Y que lo que dicho tiene es la verdad y lo que él sabe, y afirmóse en ello y firmólo de su nombre. Gaspar Briseño.

LXII. Juró en veintiún días del mes de abril

del dicho año ante el dicho señor juez.

Testigo el dicho Diego de Alcaraz,[253] vecino de la villa de San Miguel, que es en la provincia de Culiacán de esta Nueva Galicia, después de haber jurado en forma de derecho, siendo preguntado por las preguntas del dicho interrogatorio dijo y depuso en su dicho lo siguiente.

1) A la primera pregunta dijo que conoce y conoció al dicho Nuño de Guzmán y a otras personas de las contenidas en la dicha pregunta.

Fue preguntado por las generales. Dijo que es de edad de treinta años, poco más o menos, y que no es pariente ni enemigo, ni incurren en él algunas de las preguntas generales de la ley.

2) A la segunda pregunta dijo que no la sabe.

3) A la tercera pregunta dijo que no la sabe.

4) A la cuarta pregunta dijo que ha visto visitar algunas veces los términos de algunas partes de la dicha Nueva Galicia al dicho Nuño de Guzmán y a sus oficiales.

5) A la quinta pregunta dijo que no la sabe.

6) A la sexta pregunta dijo que no la sabe.

7) A la séptima pregunta dijo que no la sabe.

8) A la octava pregunta dijo que no la sabe. [f. 65v]

9) A las nueve preguntas dijo que no la sabe.

10) A las diez preguntas dijo que sabe y vio algunas veces reparar algunos malos pasos de los dichos caminos.

11) A las once preguntas dijo que no la sabe.

12) A las doce preguntas dijo que oyó decir públicamente que un Nuño de Guzmán, pariente del dicho

gobernador, había jugado en más cantidad de veinte y treinta y cuarenta pesos de oro, y que el dicho gobernador se lo reprendía de palabra no le castigando por ello.

13) A las trece preguntas dijo que no la sabe.

14) A las catorce preguntas dijo que no la sabe.

15) A las quince preguntas dijo que no la sabe.

16) A las dieciséis preguntas dijo que no la sabe.

17) A las diecisiete preguntas dijo que no la sabe.

18) A las dieciocho preguntas dijo que ha visto castigar a algunas personas, indios, por lo contenido en la dicha pregunta y nunca lo ha visto disimular.

19) A las diecinueve preguntas dijo que dice lo que dicho tiene en la pregunta antes de esta.

20) A las veinte preguntas dijo que no la sabe.

21) A las veintiuna preguntas dijo que no la sabe.

22) A las veintidós preguntas dijo que sabe que en el repartimiento que el dicho Nuño de Guzmán hizo de los pueblos de esta Nueva Galicia dio más a unas personas que a otras. A algunos que no lo merecieron daba mucho y a los que merecieron les daba muy poco, en especialmente dio mucho repartimiento a Luis Salido y a Cristóbal de Oñate [f. 66] y a Juan de Oñate, y a Francisco de Villegas; y en la jurisdicción de Culiacán dio a Percéval de Sayas, y a Pedro de Bobadilla, y a Diego de Proaño y a otras muchas personas de que al presente no se acuerda. Y sabe que dejó a otros muchos conquistadores sin les dar sino muy poco repartimiento y muy ruin, habiéndolo trabajado muy bien. Y que sabe que muchos de ellos han padecido y padecen mucha necesidad. Y sabe asimismo que el dicho Nuño de Guzmán se tomó para sí los más y los mejores pueblos que en ella había.

23) A las veintitrés preguntas dijo que lo que de ella sabe es que el dicho Nuño de Guzmán y sus mayordomos han llevado los réditos y rentas de los lugares de la jurisdicción de esta dicha ciudad y de los lugares de la jurisdicción de Culiacán contenidos en la dicha pregunta, y del lugar de Culiacán y del lugar de los Suchiles, y del lugar de los Cuatro Barrios con otras estancias que están en una sierra en la provincia de Culiacán. Y que asimismo ha oído decir que ha llevado los tributos de los pueblos que están en la jurisdicción de la villa de Guadalajara, y que todos los dichos tributos ha gozado desde cinco años, poco más o menos, a esta parte.

24) A las veinticuatro preguntas dijo que la no sabe.

25) A las veinticinco preguntas dijo que no la sabe.

26) A las veintiséis preguntas dijo que ha oído decir que las justicias que han sido por el dicho Nuño de Guzmán en la ciudad de Compostela y villa de Guadalajara, y villa de San Miguel, del dicho Nuño de Guzmán, habían hecho muchos malos tratamientos a algunas personas [f. 66v] españoles, a causa de lo cual decían que se íban los dichos españoles y se despoblaba la tierra. Y asimismo vio que en la villa de San Miguel, que es en Culiacán, siendo justicia Sancho de Zúñiga, que dicen que está doscientas cincuenta nuevas [*sic*] de esta Nueva Galicia, hicieron muchos malos tratamientos a muchos españoles, de palabras feas, a causa de lo cual vio despoblarse e irse de la dicha villa, pero que no sabe qué cantidad. Y que asimismo oyó decir que el dicho Diego de Proaño, siendo justicia, envió al lugar de Humaya, que es en la jurisdicción de la dicha villa, a Percéval de Sayas con doce o trece personas de a caballo estando de paz los naturales del dicho pueblo, y les robaron lo que tenían y hallaron sin haber causa ninguna para ello.

27) A las veintisiete preguntas dijo que lo que sabe de la dicha pregunta es que este testigo vio que en la dicha

provincia de Culiacán se hicieron mucha cantidad de esclavos mayores de catorce años y menores, y niños y mujeres, y muchachas muy pequeñas, pero que a la sazón que los hacían estaban los indios de los pueblos de guerra y no querían servir. Y que asimismo oyó decir que en las jurisdicciones de esta dicha ciudad y villa de Guadalajara se habían hecho muchos esclavos de la forma que tienen dicho.

28) A las veintiocho preguntas dijo que no la sabe. Fue preguntado por el dicho señor juez si sabe qué tanta cantidad de esclavos han traído de la villa de San Miguel y su jurisdicción para el dicho Nuño de Guzmán. Dijo que ha oído decir a ciertos españoles que dijeron haber ido y buscado en el puerto de Tepic, que es ocho leguas de esta dicha [f. 66bis] ciudad, que venían en un navío del marqués del Valle, de la dicha provincia de Culiacán, y que traían de la dicha provincia de Culiacán hasta en cantidad de treinta esclavos del dicho Nuño de Guzmán que se habían hecho en la dicha provincia, y que lo oyó decir ayer viernes que se contaron veinte del presente mes.

29) A las veintinueve preguntas dijo que sabe y vio que de los esclavos que este testigo vio hacer en la dicha provincia de Culiacán vio pagar el quinto de todos ellos a los oficiales de su Majestad, y que asimismo oyó decir que habían pagado el quinto de los esclavos que habían hecho en esta dicha provincia de Xalisco, y que nunca vio ni oyó decir que lo dejase de pagar.

30) A las treinta preguntas dijo que ha oído decir que en la jurisdicción de esta dicha ciudad de Compostela y en la villa de Guadalajara el dicho Nuño de Guzmán ha llevado después de sacado el quinto de su Majestad, de siete partes una y ha visto que en la provincia de Culiacán llevaba el dicho Nuño de Guzmán de los esclavos que este testigo vio hacer después de sacado el dicho quinto de su Majestad, de diez uno, y cada uno de sus capitanes llevaban tanto como dos personas de a caballo, y que esto es muy público y notorio.

31) A las treinta y una preguntas dijo que no la sabe.

32) A las treinta y dos preguntas dijo que no la sabe.

33) A las treinta y tres preguntas dijo que no la sabe.

34) A las treinta y cuatro preguntas dijo que no la sabe.

35) A las treinta y cinco preguntas dijo que no la sabe.

36) A las treinta y seis preguntas y todas las demás del dicho interrogatorio dijo que no las sabe y que lo que dicho [f. 66 bis v] tiene es la verdad y lo que él sabe y afirmóse en ello y firmólo de su nombre. Diego de Alcaraz.

LXIII. Juró este dicho día ante el dicho señor juez, el dicho Cristóbal de Tapia, vecino de la villa de San Miguel, que es en la provincia de Culiacán, de este Nueva Galicia, después de haber jurado siendo preguntado por ciertas preguntas del dicho interrogatorio dijo lo siguiente:

1) A la primera pregunta dijo que conoce al dicho Nuño de Guzmán y a otras personas de las contenidas en la dicha pregunta.

A las generales dijo que es de edad de treinta y cuatro años y que no es pariente ni enemigo ni incurren en él algunas de las preguntas generales.

23) A las veintitrés preguntas dijo que ha oído decir por público y notorio que el dicho Nuño de Guzmán ha llevado los réditos y rentas de los lugares contenidos en la dicha pregunta y que asimismo sabe y le ha visto llevar los tributos de los lugares de Guamúchiles y Culiacán y Navito y ha visto, y otro pueblo que está hacia la mar que no se acuerda al presente cómo se llama y de una estancia que se dice del Tuerto y los nacimientos de los ríos y de los Cuatro Valles, el cual lugar fue de un Diego Téllez que se fue de la dicha

provincia, los cuales dichos lugares están en la dicha provincia de Culiacán; los cuales tributos ha llevado de algunos de los dichos pueblos desde cinco años a esta parte y otros de menos tiempo, y que el tributo de estos dichos pueblos de la dicha provincia de Culiacán que tiene declarado es muy poca cosa porque no dan todos ellos más de hasta en cantidad de trescientas fanegas de maíz y servicios de sus personas.

27) A las veintisiete preguntas dijo que sabe que en la dicha [f. 67] provincia de Culiacán han hecho muchos esclavos hombres y mujeres y niños y niñas menores de catorce años y aun de diez y menos, pero que sabe que estaban de guerra a la sazón.

28) A las veintiocho preguntas dijo que sabe y vio que se podían hacer en la dicha provincia hasta en cantidad de ochocientos esclavos poco más o menos de todos.

29) A las veintinueve preguntas dijo que sabe y vio que de todos los dichos esclavos se pagó el quinto a su Majestad y a sus oficiales en su nombre.

30) A las treinta preguntas dijo que sabe que después de sacado el quinto de su Majestad llevaba el dicho Nuño de Guzmán de diez uno y cada uno de sus capitanes tanto como dos de a caballo.

31) A las treinta y una preguntas dijo que no la sabe.

32) A las treinta y dos preguntas dijo que no la sabe, excepto que ha visto que lo tenía el dicho Nuño de Guzmán proveído y mandado que no se hiciera.

33) A las treinta y tres preguntas dijo que sabe que en la dicha villa de San Miguel han muerto cinco o seis españoles y vio que los tenedores de bienes de semejantes difuntos contaban los dichos bienes y hacían almoneda de ellos, y que esto es público en la dicha villa; y que este testigo ha sido asimismo tenedor de los dichos bienes y los tuvo de todos los dichos difuntos que tiene declarados en papeles y dio cuenta a

otros tenedores que han sido adelante; y que esta es la verdad y público y notorio. Y firmólo de su nombre. Cristóbal de Tapia.

LXIV. Item. Después de lo susodicho en la dicha ciudad, este dicho día, mes y año susodicho, el señor juez tomó y recibió juramento de Francisco de Ojeda y de Hernán Darías, los cuales lo hicieron bien y cumplidamente y so cargo del cual les [f. 67v] preguntó qué indios esclavos habían venido en un navío que había llegado al puerto de Tepic, de esta jurisdicción, que venían de la provincia de Culiacán del dicho Nuño de Guzmán, los cuales respondieron que un Gonzalo Maldonado que estaba en la dicha provincia, mayordomo del dicho Nuño de Guzmán, había metido en el dicho navío veintiún esclavos machos, y que decía que los enviaba al dicho Nuño de Guzmán, gobernador que había sido de esta Nueva Galicia, y que sabe que el martes pasado, que se contó dieciocho días de este presente mes, los desembarcaron en el dicho puerto, y que lo sabe porque vinieron en el dicho navío; y que no saben otra cosa de lo susodicho. Y que esto es la verdad y firmólo de su nombre el dicho Hernán Darías y el otro dijo que no supo escribir. Hernán Darías

LXV. Juró este dicho día ante el dicho señor juez.

Testigo este dicho Juan Durán,[254] vecino de la dicha ciudad, después de haber jurado en forma de derecho y siendo preguntado por las preguntas del dicho interrogatorio dijo y depuso en su dicho lo siguiente.

1) A la primera pregunta dijo que conoce al dicho Nuño de Guzmán y a otras personas de las contenidas en la dicha pregunta.

A las generales dijo que es de edad de veintiocho años y que no es pariente ni enemigo ni incumben en él algunas de las preguntas generales de la ley.

2) A la segunda pregunta dijo que no la sabe.

3) A la tercera pregunta dijo que no la sabe.

4) A la cuarta pregunta dijo que no la sabe.

5) A la quinta pregunta dijo que no la sabe.

6) A la sexta pregunta dijo que no la sabe.

7) A la séptima pregunta dijo que no la sabe.

8) A la octava pregunta dijo que no la sabe. [f. 68]

9) A la novena pregunta dijo que no la sabe.

10) A las diez preguntas dijo que no la sabe.

11) A las once preguntas dijo que ha visto echar personas en la cárcel por lo contenido en la dicha pregunta y les den desde pena pecuniaria.

12) A las doce preguntas dijo que no la sabe.

13) A las treces preguntas dijo que no la sabe.

14) A las catorce preguntas dijo que no la sabe.

15) A las quince preguntas dijo que no la sabe.

16) A las dieciséis preguntas dijo que no la sabe.

17) A las diecisiete preguntas dijo que no la sabe.

18) A las dieciocho preguntas dijo que no la sabe y que no lo ha visto disimular.

19) A las diecinueve preguntas dijo que ha visto castigar a algunos indios por lo contenido en la dicha pregunta dándoles muerte por ello.

20) A las veinte preguntas dijo que no la sabe.

21) A las veintiuna preguntas dijo que lo que sabe de esta pregunta es que algunas veces cuando se hacían

esclavos sacaban ciertos esclavos para pagar a los procuradores.

22) A las veintidós preguntas dijo que al tiempo que el dicho Nuño de Guzmán repartió los lugares y tierra de la jurisdicción de esta dicha ciudad de Compostela, sabe y vio que el dicho Nuño de Guzmán se tomó para sí los mejores pueblos y más cercanos a la dicha ciudad y los demás pueblos cercanos y buenos dio a sus criados, los cuales a la sazón estaban de paz, y vio asimismo que se repartió a muchos conquistadores que lo habían trabajado en las conquistas y gastado y que lo merecían [f. 68v] mejor, que a los que les habían dado buenos repartimientos en los pueblos muy más lejos de la dicha ciudad, que los que dicho he, y menos estaban a la sazón de paz ni al presente lo están muchos de ellos ni quieren servir, a causa de lo cual sabe y ha visto que andan muchos conquistadores perdidos al no tener qué comer y se han ido y despobládose de la dicha ciudad algunos españoles, y aun este testigo y otras algunas personas se fueran si no fuera por pensar que la justicia nueva que viniese sobre el dicho Nuño de Guzmán les había de proveer y remediar para que se pudiesen sustentar.

23) A las veintitrés preguntas dijo que sabe que el dicho Nuño de Guzmán y sus mayordomos en su nombre han llevado los réditos y rentas de los pueblos de Tepic y de la provincia de Zacualpa y de la provincia de Sentispac, las cuales están en cantidad de veinte estancias y aun más, y puede haber veinticinco y treinta leguas de largo en ellas, las cuales están en la jurisdicción de esta dicha ciudad de Compostela. Asimismo sabe que ha llevado los tributos de los lugares de la jurisdicción de Guadalajara contenidos en la dicha pregunta desde cinco años a esta parte y que sabe que uno de los dichos lugares de la jurisdicción de esta dicha ciudad, que es Zacualpa, desde que supo que el dicho señor juez estaba en la ciudad de México y le venía a tomar residencia, lo dio a Gaspar Briseño, puede haber tres meses poco más o menos; y que asimismo oyó decir por público

que el dicho Nuño de Guzmán, después que el dicho señor juez estaba en esta dicha Nueva Galicia en la villa de Guadalajara tomándole residencia, dio y repartió a Francisco de Godoy[255] el dicho pueblo de Tepic con su sujeto, habiéndole dado primeramente un pueblo y una estancia a legua y media de esta dicha ciudad, la cual le servía y sirve alguna gente, y que es público y notorio que el dicho Francisco de Godoy tiene [f. 69] este dicho pueblo como suyo y este testigo le ve servirse de él al presente, y que puede haber que le envió cédula del dicho pueblo de Tepic el dicho Nuño de Guzmán, de la ciudad de México a esta ciudad de Compostela, veinte días poco más o menos.

24) A las veinticuatro preguntas dijo que no la sabe.

25) A las veinticinco preguntas dijo que ha visto que un Diego Vázquez, mayordomo del dicho Nuño de Guzmán, estando en la villa de Guadalajara, hacía malos tratamientos a los caciques de los lugares del dicho Nuño de Guzmán, echándoles en prisiones y dándoles de azotes por el cobro de los dichos tributos. Y que asimismo ha oído decir a Juan Paz que es vecino de esta dicha ciudad y a otro, que el dicho Nuño de Guzmán pedía a los caciques y a otros indios del lugar de Sentispac oro y plata, piedras y turquesas, y esclavos y naborías para las minas. Y porque los dichos indios no lo tenían para se lo dar se iban al monte; y que yendo a hacer esclavos los tomaba y los hacía así mismo esclavos. Y que asimismo sabe y vio que en las provincias de Zacualpa, que un Francisco del Barco que fue mayordomo por el dicho Nuño de Guzmán, aperreó y corrió con perros y mató ahorcando, y cortó narices y manos derechas a más de cuarenta indios de la dicha provincia de Zacualpa, sirviendo y estando de paz en dicho lugar, porque no querían traer los tributos y servicios que daban a esta ciudad de Compostela. Y que esto es público y notorio y este testigo se halló presente a muchos de los dichos malos tratamientos.

26) A las veintiséis preguntas dijo que dice lo que dicho

tiene en las preguntas antes de esta y que asimismo vio que se azotaron en esta dicha Nueva Galicia a tres o cuatro españoles, y ahorcados dos españoles en ciertos lugares de esta dicha Nueva Galicia y que oyó decir que había mandado por las dichas [f. 69v] justicias, el dicho Nuño de Guzmán, y a sus maestres de campo que eran a la sazón Gonzalo López y Villarroel,[256] que al presente residen en la ciudad de México; y que le parece a este testigo que no había causa ni razón para hacer las dichas justicias porque oyó decir que los habían ajusticiado porque se querían volver a la ciudad de México de esta Nueva Galicia y a otras partes. Y que sabe que el dicho Nuño de Guzmán mandó ahorcar a un Lespe[257] y que al presente está en esta ciudad, porque decían que se quería ir del campo, y el cual ido que lo llevaron al pie de la horca, y que estando en ella, por ruego de muchos españoles le mando soltar.

27) A las veintisiete preguntas dijo que sabe, que en el dicho tiempo que el dicho Nuño de Guzmán ha gobernado, este testigo vio que se hicieron mucha cantidad de esclavos, hombres y mujeres y niños y niñas de menos edad de catorce años y aún menos, en esta dicha jurisdicción de esta dicha ciudad de Compostela; pero que todos los que este testigo vio hacer le parecieron que eran de guerra; y que esto sabe porque lo vio.

28) A las veintiocho preguntas dijo que no la sabe.

29) A las veintinueve preguntas dijo que sabe que los esclavos que este testigo vio herrar, vio que se pagaba el quinto de ellos a los oficiales que estaban en esta dicha ciudad de su majestad.

30) A las treinta preguntas dijo que lo que sabe de ella es que este testigo vio que de los esclavos que vio hacer llevaba el dicho Nuño de Guzmán como tal gobernador, de siete esclavos uno, y cada uno de sus capitanes una parte poco más que los otros españoles. Y que esto vio algunas veces.

31) A las treinta y una preguntas dijo que dice lo que dicho tiene en las preguntas antes de esta, a que se refiere.

32) A las treinta y dos preguntas dijo que no la sabe ni lo ha visto disimular sabiéndolo. [f. 70]

33) A las treinta y tres preguntas dijo que no la sabe.

34) A las treinta y cuatro preguntas dijo que no la sabe, excepto que ha visto fundir en esta dicha ciudad oro que decían haber sacado de las minas de oro que son en la jurisdicción de esta dicha ciudad, pero que no sabe cuál cantidad.

35) A las treinta y cinco preguntas dijo que no la sabe, excepto que cree que lo habían pagado a los dichos cofres de su Majestad.

36) A las treinta y seis preguntas dijo que lo que sabe de la dicha pregunta es que este testigo ha visto algunas veces que Nuño de Guzmán y Cristóbal de Oñate, Francisco de Villegas y Luis Salido y Rodrigo Simón,[258] vecinos de esta dicha ciudad, y otros muchos españoles han traído en las minas del oro y plata, indios naborías de los pueblos que tienen en esta dicha Nueva Galicia, y al presente es público que los traen; y ha visto sacar oro y plata con ellos.

37) A las treinta y siete preguntas dijo que sabe y ha visto que el dicho Nuño de Guzmán tiene señaladas por suyas, en las minas de plata de Zacatlán de Nuestra Señora, cuatro minas en comarca de una lengua.

38) A las treinta y ocho preguntas dijo que ha visto que en cargo de las dichas minas trae a Alonso López, y asimismo en otras de oro, a Francisco Rojo y a Diego de Salamanca.[259]

39) A las treinta y nueve preguntas dijo que sabe que el dicho Nuño de Guzmán ha traído indios, en las dichas minas, que no están herrados con el hierro de su Majes-

tad, de los lugares del dicho Nuño de Guzmán que son en esta jurisdicción de Zacualpa y Sentispac, y lugar de Tonalá que es en la jurisdicción de Guadalajara, pero que no sabe qué cantidad.

40) A las cuarenta preguntas dijo que dice lo que dicho tiene en las preguntas antes de esta. [f. 70v]

41) A las cuarenta y una preguntas dijo que no la sabe.

42) A las cuarenta y dos preguntas dijo que la sabe; y que lo que dicho tiene es la verdad y lo cual sabe. Y afirmóse en ello y no lo firmó porque no supo.

LXVI.   Juró este día ante el dicho señor juez.

Testigo este dicho Juan de Villalba, vecino de la dicha ciudad, testigo susodicho, después de haber jurado en forma debida de derecho, siendo preguntado por las preguntas del dicho interrogatorio, dijo lo siguiente.

1) A la primera pregunta dijo que conoce y conoció a los contenidos en la dicha pregunta.

A las generales dijo que es de edad de treinta y cinco años y que no es pariente ni incurre en algunas de las preguntas generales de la ley.

3) A la tercera pregunta dijo que no la sabe.

10) Fue preguntado por las diez preguntas, dijo que no la sabe ni lo ha visto disimular.

22) A las veintidós preguntas dijo que sabe que el repartimiento que hizo el dicho Nuño de Guzmán, de los pueblos de indios de esta dicha Nueva Galicia, no lo hizo convenientemente porque el dicho Nuño de Guzmán se tomó los más y mejores pueblos para sí, y sabe que muchos de los conquistadores, a causa del dicho repartimiento, de tomarlo para sí y darlo a quien él quiso, están perdidos y no tienen que comer y padecen mucha necesidad, lo cual sabe que si los repartiera convenientemente entre los dichos conquistadores,

no padecieran tanta necesidad, y se hubieran casado muchos de ellos si los repartieran convenientemente para poder sustentar a las mujeres y a sus casas. Y lo que peor le ha parecido es que después que el dicho Nuño de Guzmán está preso en la cárcel de la dicha ciudad de México ha dado y repartido [f. 71] algunos lugares a personas que no son conquistadores, cautelosamente, según este testigo ha oído decir. Y asimismo repartió a otras personas, sus criados que tenía, muy buenos repartimientos, que no tenían mucha necesidad. Y asímismo sabe que muchos conquistadores españoles fueran idos si no fuera porque supieron que venía juez de España por su Majestad para remediarlos. Y que si no fuera por Cristóbal de Oñate y Francisco de Villegas que han dado de comer a muchos conquistadores, los más hubieran ido de ella y despobládose la provincia; y que esto es público y notorio.

27) A las veintisiete preguntas dijo que lo que sabe de la dicha pregunta es que este testigo, en el dicho tiempo que el dicho Nuño de Guzmán fue gobernador, vio hacer muchos esclavos hombres y mujeres, y menores de 14 años, pero que, en Dios y en su conciencia, le parece que se hacían justamente los dichos esclavos porque no querían servir.

28) A las veintiocho preguntas dijo que no la sabe, excepto que este testigo como contador que a la sazón era, los asentaba en los libros de su Majestad y que a ellos se remite.

33) A las treinta y tres preguntas dijo que un Francisco de Villegas ha sido tenedor de bienes de difuntos en esta dicha ciudad, y que asimismo este testigo como su teniente, tiene ciertos bienes de un hombre que murió en la ciudad de México que tenía bienes en esta dicha ciudad y que está presto de dar cuenta de ellos.

36) A las treinta y seis preguntas dijo que sabe que el dicho Nuño de Guzmán traía una cuadrilla de indios naboríos y esclavos en las minas del oro del río de

Xalisco y que asismismo es público que los traen otros [f. 71v] españoles, y que son de los pueblos que tienen en esta Nueva Galicia. Y que esto es verdad de lo que él sabe y afirmóse en ello y firmólo de su nombre. Juan de Villalba.

LXVII.		Juró en veintitrés días del mes de abril de mil quinientos treinta y siete años. Ante el señor juez.

Testigo este dicho Miguel Sánchez, vecino de esta ciudad, testigo susodicho jurado en forma de derecho. Y siendo preguntado por las preguntas del interrogatorio dijo y depuso en su dicho lo siguiente.

1) A la primera pregunta dijo que conoce al dicho Nuño de Guzmán y a muchos de los contenidos en la dicha pregunta.

	A las generales dijo que es de edad de veintiocho años y que no es pariente ni incurren en él algunas de las preguntas generales de la ley.

3) A la tercera pregunta dijo que no la sabe.

22) A las veintidós preguntas dijo que lo que sabe de esta pregunta es que este testigo vio que en el repartimiento de indios que el dicho Nuño de Guzmán hizo de los pueblos de la jurisdicción de esta dicha ciudad, no lo hizo convenientemente sino que antes, los mejores pueblos que había de paz a la sazón, los tomó para sí, y los más dio y repartió entre sus criados y personas sus amigos, y a muchos de los conquistadores que lo habían trabajado muy bien no les dio repartimiento sino donde [no] servían ni estaban de paz ni al presente sirven, a causa de lo que sabe y ha visto que han padecido y padecen mucha necesidad muchos de los dichos conquistadores; y asimismo, se han ido de esta ciudad a otras partes algunos conquistadores[260] [f. 72] asimismo se han ido de esta ciudad a otras partes algunos conquistadores muy perdidos, que lo habían trabajado y conquistado muy bien, por no tener repartimiento

alguno que les diese de comer; y asimismo, muchos de los que al presente siguen y tienen de comer, se hubieran ido si no fuera por pensar que su Majestad había de enviar personas que lo remediasen. Y que esto es público y notorio y este testigo lo ha oído decir así a los dichos conquistadores públicamente; y asimismo oyó decir que después que el dicho señor juez ha venido a esta Nueva Galicia, el dicho Nuño de Guzmán ha dado y repartido pueblos de indios a Francisco de Godoy y a Luis Salido, y a otras personas que tenían otros buenos pueblos que les sirven, sin proveer a muchos de los dichos conquistadores que padecen mucha necesidad; y al presente ve que los susodichos se sirven de los dichos pueblos como suyos, y que esto es público y notorio. Y asimismo, sabe que si no fuera por Cristóbal de Oñate que les ha dado de comer y asiste todo el dicho tiempo, se hubiese despoblado la tierra; y que sabe que los dichos conquistadores, algunos de ellos, se hubieran casado, y este testigo hubiera enviado por su mujer a los reinos de España si les hubieran dado algunos repartimientos para se poder sustentar, y que esto es asimismo público y notorio. [f. 72v]

23) A las veintitrés preguntas dijo, que lo que sabe de la dicha pregunta es, que este testigo sabe y vio que el dicho Nuño de Guzmán, y sus mayordomos en su nombre, ha llevado las rentas y tributos de los lugares de la jurisdicción de esta dicha ciudad de Compostela, contenidos en la dicha pregunta, de seis o siete años a esta parte, y que esto es público.

24) A las veinticuatro preguntas dijo que no la sabe, excepto que oyó decir a un Navarro,[261] que era mayordomo del dicho Nuño de Guzmán, que un pueblo de los susodichos que se dice Tepic, daba cada un año, del salario de lo que daba del dicho tributo, seiscientos pesos de minas.

25) A las veinticinco preguntas dijo, que lo que sabe de esta pregunta es que este testigo, estando en el lugar de Zacualpa, estando por mayordomo del dicho Nuño

de Guzmán en el dicho lugar un Francisco del Barco, que al presente no está en la dicha Nueva Galicia, que ha oído decir que se había ido al presente, le vio este testigo, estando el dicho pueblo con todo su sujeto de paz y sirviendo en el lugar de la cabecera de la dicha provincia de Zacualpa, les mandó el dicho Francisco del Barco que aquellos tributos que allí daban que los trajesen a esta dicha ciudad, que es ocho leguas de la dicha provincia de Zacualpa; y porque los dichos indios no lo querían traer, le vío que una vez ajustició a dieciséis indios de [f. 73] los susodichos, ahorcando a [algunos] de ellos y [a otros] de ellos quemándoles y a otros cortándoles las manos; y asimismo les vio hacer otras justicias en dichas veces a los dichos indios, echándoles perros para que los mordieran hasta que los mataban y después de muertos los dejaba comer a los perros. Preguntado si el dicho Francisco del Barco a la sazón era justicia del dicho Nuño de Guzmán, dijo que no. Preguntado que dónde estaba y residía a la sazón el dicho Nuño de Guzmán, dijo que algunas veces estaba en esta dicha ciudad el dicho Nuño de Guzmán cuando el dicho Francisco del Barco hacía las dichas muertes y maldades, y que públicamente estaba en la dicha ciudad cuando el dicho Francisco del Barco quemó y ahorcó e hizo las crueldades a los dichos dieciséis indios. Preguntado si a la sazón, si supo el dicho Nuño de Guzmán lo susodicho, dijo este testigo, sabe que el dicho Nuño de Guzmán se lo mandaba y daba poder para ello, y lo había por bueno y consentía, porque este testigo lo vio y oyó así mandar al dicho Nuño de Guzmán al dicho Francisco del Barco, y que esto es público y notorio en esta ciudad; y que sabe que por los dichos malos tratamientos, muchos de los indios de esta jurisdicción se ausentaron de los dichos pueblos y al presente están ausentados. [f. 73v] Y que sabe que Sancho de Caniego, por mandado de Nuño de Guzmán, llevó hasta veinte o treinta indios cargados a la provincia de Culiacán, que es ochenta leguas de esta ciudad y de despoblado. Y que sabe más, que el dicho Nuño de Guzmán hizo algunos malos tratamientos a españoles, especialmente ahorcó a dos hombres que se decían Aguilar y Juan María porque dijeron que se querían ir a la ciudad de México. Y que cuando ahorcaron el dicho Aguilar se quebró [*sic*] dos veces la soga, y aunque por muchos españoles le fue rogado que lo dejase, no aprovechó nada. Y que asimismo azotó públicamente a un otro español que se decía Juan de Toros, porque le había dado un indio a guardar el dicho Nuño de Guzmán y le había prestado una rodela a cuestas. Y que a causa de lo susodicho se fue al Perú. Y que asimismo sabe que estando el dicho Nuño de Guzmán en una barranca de un río, porque un indio no pasó tan presto a un caballo como él quiso, le tiró una vara y le dio con ella, del cual golpe, oyó decir, que había muerto.

27) A las veintisiete preguntas dijo que sabe que los esclavos que este testigo vio hacer, a su parecer eran de justa guerra, y que sabe y vio que se hacían e hicieron en el dicho tiempo que el dicho [f. 74] Nuño de Guzmán fue gobernador, hombres y mujeres y niños y niñas menores de catorce años en mucha cantidad.

28) A las veintiocho preguntas dijo que no la sabe.

33) A las treinta y tres preguntas dijo que sabe que en el dicho tiempo se ha muerto, en términos de esta jurisdicción, un hombre que se decía Beltrán sin hacer testamento y que dejó algunos bienes; y que lo demás que no lo sabe. Y que lo que dicho tiene es la verdad y lo que él sabe, y afirmóse en ello y no lo firmó porque dijo que no sabía.

LXVIII. Juró en veinticuatro de abril del dicho año ante el dicho señor juez.

Testigo el dicho Rodrigo Simón, vecino de la dicha ciudad de Compostela, después de haber jurado en forma de derecho, siendo preguntado por las preguntas del dicho interrogatorio dijo y depuso en su dicho lo siguiente.

1) A la primera pregunta dijo que conoce al dicho Nuño de Guzmán y a otras muchas personas de las contenidas en la dicha probanza.

Fue preguntado por las generales: dijo que es de edad de treinta y cuatro años y que no es pariente, ni enemigo, ni incurren en él algunas de las preguntas generales de la ley.

2) A la segunda pregunta dijo que no la sabe.

3) A la tercera pregunta dijo que lo que sabe de la dicha pregunta [f. 74v] es que luego que se comenzó a poblar esta tierra, un cacique de Sentispac, que al presente está muerto, vino juntamente con Francisco de Godoy, y trajo y presentó al dicho Nuño de Guzmán muchos pedazos de oro y plata que los dichos indios traían en las orejas y en sus cuerpos, que podía valer hasta en cantidad de quinientos pesos de oro de minas y que a la sazón contaron el dicho cacique el dicho oro y plata. El dicho Nuño de Guzmán, por este testigo que era lengua intérprete de indios, le dijo y pidió mucha cantidad de oro y plata al dicho cacique y a otros veinte principales que con él estaban, y que ellos le prometieron hasta en cantidad de tres o cuatro mil pesos. Y que luego que se fue el dicho cacique, oyó decir que en el dicho su lugar de Sentispac hizo llamar a muchos de los principales e indios de él, y les comunicó y dijo que le había mandado cierta cantidad de oro y plata al dicho Nuño de Guzmán y que se lo había de dar dentro de veinte días, que mirasen y diesen formal parte, que se lo diesen, y que los dichos indios le respondieron que quién le metía a él en mandar plata ni oro a nadie, que ellos no la tenían para se la dar. Y que aparte de esto cercaron al dicho cacique para lo matar y revelando toda la tierra y sujetos suyos contra él, y que estando así cercado, envío a un indio al dicho Nuño de Guzmán el [f. 75] cual, vio este testigo que es lengua de este testigo, le dijo, que el dicho cacique estaba cercado con su mujer e hijos, de los indios del dicho su pueblo, y que se habían alzado contra él por el oro que le había mandado pedir

tanto, que le rogaba que le enviase luego algún socorro de españoles, y que el dicho Nuño de Guzmán le respondió que luego lo proveería. Y que luego el dicho Nuño de Guzmán dijo a este testigo que habían muerto al dicho cacique y a su mujer e hijos, y a todas las personas que de él venían. Y que después fue público y notorio, y este testigo lo supo que los habían muerto; y que los dichos indios que se hallaron y fueron en las dichas muertes se fueron y alzaron al monte y nunca más han aparecido. Y que desde que pasó lo susodicho, en un mes, el dicho Nuño de Guzmán envío al dicho lugar a este testigo y a otro que se dice Grisado a verlo y saberlo cómo había pasado, y a apaciguarlo, y que apaciguáronlo y pudieron. Y desde ahí a dos o tres meses, los dichos indios comenzaron a traer oro al dicho Nuño de Guzmán; y sabe que al cabo de esto y de otros malos tratamientos que hacían a los dichos indios, sus mayordomos del dicho Nuño de Guzmán, todos los otros pueblos estaban [f. 75v] se alzaron y no quisieron servir, y al presente no sirven y están alzados y de guerra. Y que esto es público y notorio.

7) A la séptima pregunta dijo, que lo que sabe de esta pregunta es que a este testigo han dado, conquistando la dicha provincia un Gonzalo López que a la sazón era maestre de campo por el dicho Nuño de Guzmán, le llevó sin hacer proceso contra él, ni tenía, cien pesos de oro de minas porque dizque había denunciado de este testigo uno solamente.

11) A las once preguntas dijo que no la sabe ni lo ha visto disimular.

12) A las doce preguntas dijo que ha visto castigar a algunas personas por lo contenido en la pregunta, condenándolos en penas de cámaras.

18) A las dieciocho preguntas dijo que ha visto castigar lo contenido en la pregunta en algunas personas.

20) A las veinte preguntas dijo que ha visto quemar a

algunas personas por lo contenido en la pregunta, en esta Nueva Galicia, a algunos indios.

22) A las veintidós preguntas dijo que lo que sabe de la dicha pregunta es que este testigo sabe, que en el repartimiento de los pueblos de esta jurisdicción que hizo el dicho Nuño de Guzmán tomó para sí los más y mejores pueblos y los demás dio a las personas que quiso, que eran [f. 76] sus criados y allegados, y que sabe que muchos conquistadores, a causa de los susodicho, les dio y repartió indios en donde no servían ni estaban de paz, y les ha visto padecer y al presente padecen muchas necesidades porque los indios que así les dio y repartió no están de paz ni quieren servir, y que asimismo ha oído decir que el dicho Nuño de Guzmán, después que está preso en la ciudad de México, ha dado lugares que tenía por suyos a Francisco de Godoy y a Luis Salido y a otros, teniendo los susodichos otros lugares de puestos muy buenos y que sirven, y al presente les ve que se sirven de los dichos pueblos, y se sirven como suyos, y que todo esto es público y notorio. Y que asimismo sabe, que si no fuera por Cristóbal de Oñate que proveía y daba de comer en todo el dicho tiempo a las personas que así parecían las dichas necesidades, y que muchos de ellos saben que si no fuera por lo susodicho, ya hubieran despoblado la tierra; y también porque tenían esperanza que su majestad enviaría personas para que lo remediase, y que esto es, así mismo, es público y notorio. Y que asimismo sabe y vio que el dicho Cristóbal de Oñate dijo al dicho Nuño de Guzmán algunas veces, que porque muchos de los conquistadores estaban muy perdidos y padecían mucha necesidad, que un lugar que se dice Xalisco que le había dado, lo repartiese entre los dichos conquistadores [f. 76v] y que el dicho Nuño de Guzmán nunca lo quiso hacer. Y esto es verdad y lo vio.

23) A las veintitrés preguntas dijo que sabe que el dicho Nuño de Guzmán y sus mayordomos, y otras personas en su nombre, han llevado los réditos y rentas y tributos de todos los pueblos contenidos en la dicha pregun-

ta desde que la dicha tierra se ganó, que puede haber cuatro años y medio, poco más o menos, y que esto es muy público y notorio.

24) A las veinticuatro preguntas dijo que no la sabe.

25) A las veinticinco preguntas dijo que lo que sabe de la dicha pregunta es que un Francisco del Barco, que al presente ha oído decir que está en la ciudad de México, siendo mayordomo del dicho Nuño de Guzmán, estando un lugar que se dice Sentispac, y otro que se dice Zacualpa, que era del dicho Nuño de Guzmán, estando de paz los indios de los dichos pueblos y sirviendo por lo que a él se le antojaba, hizo muchas crueldades y muertes en los dichos indios, ahorcando y aperreando con perros que los mataban y comían, y que mandó tenerlos en cepos con cadenas, y que a los que dio muerte, los que este testigo vio que mataban fueron que ahorcóse [f. 77] una vez a dieciséis, y a otros cuatro quemó. Y otras muchas veces aperreó y mató a otros muchos, y que oyó decir que en otras veces había muerto de la misma manera a otros muchos indios, que podían ser hasta en cantidad de cien,[262] y que sabe que cuando el dicho Francisco del Barco ahorcó y quemó a los dichos veinte indios, que estaba y residía el dicho Nuño de Guzmán en esta dicha ciudad de Compostela, que está a ocho leguas[263] de los dichos lugares: y lo sabía y lo disimulaba. Y asimismo estaba en ella cuando hacía las otras crueldades en los dichos indios, y lo sabía y lo disimulaba y le daba poder y favor para ello. Y que esto es público y notorio.

26) A las veintiséis preguntas dijo que dice lo que dicho tiene en las preguntas antes de ésta, a que se refiere.

27) A las veintisiete preguntas dijo que sabe que se hicieron esclavos en mucha cantidad de indios, hombres y mujeres y niños y niñas, y que este testigo fue a ciertas entradas de ellos, pero que todos los que hacían estaban de guerra.

28) A las veintiocho preguntas dijo que no la sabe.

37) A las treinta y siete preguntas dijo que lo que sabe de la pregunta es que sabe que el dicho Nuño de Guzmán ha traído hasta el presente dos cuadrillas de indios [f. 77v] naboríos de los pueblos suyos, que le sacaban oro en las minas del oro que están descubiertas en el río de Xalisco. Y al presente sabe que traía una cuadrilla de ellos en las dichas minas, que le sacan oro, y que esta dicha cuadrilla la tiene a cargo Luis Salido, que es minero Salamanca.[264] Y que esto es público y notorio, y que lo que dicho tiene es la verdad de lo que sabe y afirmóse en ello y firmólo de su nombre. Rodrigo Simón.

LXIX. Juró en veinticuatro de abril de mil quinientos treinta y siete años ante el señor juez.

Testigo el dicho Francisco de Godoy, vecino de la dicha ciudad, después de haber jurado en forma de derecho, siendo preguntado por ciertas preguntas del dicho interrogatorio, dijo lo siguiente.

1) A la primera pregunta dijo que conoce al dicho Nuño de Guzmán y a otras personas de las contenidas en la dicha probanza.

A las generales dijo que es de edad de veintiséis años y que no es pariente ni incurren en él algunas de las preguntas generales de la ley.

3) A la tercera pregunta dijo que lo que sabe de la dicha pregunta es que este testigo trajo una vez del lugar de Sentispac, al dicho Nuño de Guzmán, que le dio un cacique que a la sazón era del dicho pueblo, ciertas joyas de oro y plata que podrían valer [f. 78] hasta en cantidad de cincuenta pesos, poco más o menos, y que se los dio al dicho Nuño de Guzmán y le dijo cómo el dicho cacique se los había dado, y que el dicho Nuño de Guzmán le dijo que para sí tomaba aquellas cosas; y que esto sabe de esta pregunta. Fue preguntado por otras cosas[265] del interrogatorio y dijo que no sabía nada. Y que lo que dicho tiene es la verdad y lo que

sabe, y afirmóse en ello y firmólo de su nombre. Francisco de Godoy.

LXX. Después de los susodicho, en veinticuatro de abril del dicho año, ante el dicho señor juez, pareció el dicho Juan Pascual, vecino de esta dicha ciudad, y dijo que sobre esta dicha pesquisa secreta se le había tomado su dicho, y al presente no se le había acordado de resolver a ciertas de las dichas preguntas que le fueron hechas, pidió al dicho señor juez le mande volver a mostrar el dicho suyo y que lo que supiere y aclarase, de más de lo que dicho tiene, pedía lo mandase asentar en él. Y siéndole mostrado, dijo, siendo repreguntado por ciertas preguntas, lo siguiente.

3) A la tercera pregunta dijo que puede haber seis o siete años que vino el dicho Nuño de Guzmán a la ciudad de Michoacán y que hizo presos a don Francisco, cacique de los naturales de la dicha ciudad, y a un don Pedro, principal señor de algunos naturales de la dicha ciudad; y estando así [f. 78v] presos, por lengua de este testigo que era de los dichos indios, el dicho Nuño de Guzmán les pidió mucha cantidad de oro y plata. Y que vio que los dichos indios le dieron, una vez en la dicha ciudad, cierto oro y plata en cantidad, y otra vez le dieron, asimismo, oro y plata en el paso del río de Nuestra Señora, y otra vez le dieron más oro y plata en un pueblo que se dice Coyna, que todo ello podía valer hasta en cantidad de cinco mil pesos de oro de los indios, porque este testigo se lo vio dar y pasaba todo ello por su mano, porque era lengua de los dichos indios. Preguntado si estaba otra alguna persona delante cuando los dichos indios se lo dieron, el dicho oro y plata, dijo que cuando en la dicha ciudad de Michoacán le dieron el dicho oro y plata la primera vez, estaba presente un Godoy, que al presente está en la tierra de la dicha ciudad de Michoacán, y que en las más veces no estuvo otra persona alguna delante, y que esto pasó así como dicho tiene. Y que asimismo vio, luego que se pobló esta dicha ciudad de Compostela, estar algunos en casa de Juan Navarro, criado que

era del dicho Nuño de Guzmán, en esta dicha ciudad, dos principales y señores del lugar de Zapocingo, y que yendo este testigo a su casa del dicho Juan Navarro, le vio una vez pedir oro a los dichos caciques por Nuño de Guzmán, diciéndoles que el dicho Nuño de Guzmán [f. 79] estaba enojado porque no le traían oro y plata, que se lo trajesen. Y que luego los soltaron. Y que luego vio que los dichos dos principales le dieron tres tejuelos de plata y uno de oro, que podían pesar cada uno de ellos hasta medio marco. Y le dijeron que no tenían más, que los soltasen, y que el dicho Juan Navarro los dañó en sus manos, y los miró que se los volvió, y dijo que aquello que no era nada, que trajeran más si no que no los soltarían. Y que después desde ahí a dos días, oyó decir este testigo que los dichos dos principales se habían soltado de las prisiones en que estaban y se habían ido, y alzáronse del dicho pueblo con los demás indios que en él había y se fueron a los montes y nunca más han aparecido ni ha visto indio en el dicho pueblo y sitio, ni al presente lo hay. Preguntado qué tantos vecinos de indios tenía el dicho pueblo de antes, dijo que hasta ochenta vecinos y casas podría tener. Y que oyó decir que el dicho Nuño de Guzmán había pedido cierto oro y plata a un señor y cacique del lugar de Sentispac; y porque se lo había mandado el dicho cacique, los otros principales, sus súbditos, habían muerto al dicho cacique, a su mujer e hijos, y a otras personas donde él venía. Y los dichos indios que lo habían muerto se habían ausentado del dicho pueblo, y al presente [f. 79v] se hubieran casado y la tierra estuviera más poblada. Y esto es público y notorio, y lo que él sabe, y afirmóse en ello, y no lo firmó porque no supo. Y que sabe, así mismo, que el dicho Nuño de Guzmán envió del lugar de Sentispac mucha cantidad de indios cargados de ropa de la tierra a la provincia de Culiacán, que está a[266] ochenta leguas de esta ciudad y no hay poblado ni camino de paz desde esta dicha ciudad a la dicha provincia; y que por ser de aquella calidad le parece que es mal tratamiento que se hacía a los indios, y que esto es público. Y que asimismo vio que el dicho Nuño de Guzmán, andando en la guerra, mandó ahorcar a un hombre que se decía Pedro Guerrero, y después este testigo lo vio ahorcar porque decíann que se quería ir del campo a México. Y asimismo, oyó decir a muchas personas, que fue y es público y notorio, que había ahorcado a otro español que le decían y llamaban Buldero,[267] en Ahuacatlán, porque se quería ir a México. Y que vio que el dicho Nuño de Guzmán mandó ahorcar a un Céspedes[268] porque se había ido del campo, y que estando hecha la horca, él les mandó a ahorcar. Pero por ruego de muchos españoles envió a mandar, el dicho Nuño de Guzmán, que no le ahorcasen.[269]

[f. 81]

LXXI.   Juró en veinticuatro de abril del dicho año de mil quinientos treinta y siete años, ante el dicho señor juez.

Testigo el dicho Martín Benítez, vecino de la dicha ciudad, testigo susodicho. Después de haber jurado en forma de derecho, siendo preguntado por las preguntas del dicho interrogatorio dijo lo siguiente.

1) A la primera pregunta dijo que conoce al dicho Nuño de Guzmán y a muchas de las otras personas contenidas en la dicha pregunta.

Fue preguntado por las generales. Dijo que es de edad de treinta años, poco más o menos, y que no es pariente de, ni incurren en este testigo algunas de las preguntas generales de la ley.

3) A la tercera pregunta dijo que oyó decir a Tomé Gil,[270] español, siendo calpixque[271] del lugar de Sentispac, que cuando el dicho Nuño de Guzmán conquistó esta tierra, echó a los caciques del dicho lugar de Sentispac presos, y que estando presos enviaron a recoger cierto oro y plata para lo dar al dicho gobernador, para que los soltase. Y que los dichos caciques se lo habían dado. Y después los soltó, pero que no sabe en qué cantidad. Y

que así mismo, oyó decir a Juan Pascual, que viniendo el dicho Nuño de Guzmán por la ciudad de Michoacán a conquistar esta Nueva Galicia, que el cacique y señor de Michoacán, que a la sazón se decía el Cazonci,[272] había dado al dicho Nuño de Guzmán, en ciertas veces, mucha cantidad de oro y plata, y que esto es público. Y que así mismo, sabe [f. 81v] que un Alonso Díez, que al presente es muerto, siendo calpixque del lugar de Sentispac, trajo ante el dicho Nuño de Guzmán ciertos naguatlatos y caciques del dicho pueblo, y que delante de este testigo dijo el dicho Alonso Díez al dicho Nuño de Guzmán: señor, estos indios se quejan que les pide mucho oro y plata, y que no lo pueden dar por ser mucho. Y que el dicho Nuño de Guzmán le respondió: si por cierto hubiese yo menester, ellos me lo han de dar aunque no quieran. Y que luego señaló unos tejuelos de tierra y dijo que de aquella forma se los habían de dar. Y que el dicho Alonso Díez le dijo: si ellos lo han de dar, yo no volveré allá más. Y que sabe que yendo este testigo y otros españoles a la guerra, hallaron en una sierra a ciertos indios principales del dicho lugar de Sentispac, y que los dichos españoles y este testigo, por su lengua, les preguntaron que por qué se habían ido allí, y que ellos le respondieron que se habían ausentado de sus pueblos porque Nuño de Guzmán les pedía mucho oro y plata y ellos no lo tenían para se lo dar.

22) A las veintidós preguntas dijo que lo que sabe de la dicha pregunta es que este testigo vio que el dicho Nuño de Guzmán, en el repartimiento de indios que hizo de los naturales de la jurisdicción de esta dicha ciudad, no lo hizo convenientemente,[273] porque de los pueblos que a la sazón que se repartió la dicha tierra, que estaban de paz y servían, tomó para sí algunos, los mejores y la mayor parte de ellos, y los demás dio y repartió entre sus criados y personas [f. 82] sus allegados. Y que muchos conquistadores que estaban al presente muy necesitados y adeudados, y lo habían conquistado y trabajado muy bien todo, en las conquistas que se habían hecho, no les dio repartimiento si no

fue en tierra de guerra que a la sazón lo estaban y al presente lo están, a causa de lo cual sabe que muchos de los dichos conquistadores están muy perdidos y adeudados y no han tenido de comer ni al presente lo tienen; y se han despoblado e ido de esta dicha Nueva Galicia y de esta ciudad algunos conquistadores. Y se hubieran ido más de los que al presente hay si no fuera por Cristóbal de Oñate que los retenía y daba para que comiesen en sus casas. Y que oyó decir que el dicho Cristóbal de Oñate había dicho al dicho Nuño de Guzmán algunas veces, que mirase que estaban muchos de los conquistadores, que lo habían trabajado muy bien, perdidos y no tenían que comer, y él había repartido la tierra y no se lo había dado porque no los servían los indios; que un pueblo que a él le había dado, que se decía Xalisco, se lo quitaste y se lo diese a los dichos conquistadores para que se mantuviesen con él y no se despoblase la tierra. Y que el dicho Nuño de Guzmán, sabe que nunca lo quiso hacer. Y que sabe que algunos de los dichos conquistadores, y aún este testigo, estuvieran casados si tuvieran algún repartimiento de indios con qué se pudieran sustentar las mujeres. Y que asimismo sabe que a causa de lo susodicho muchos de los dichos conquistadores se fueran y ausentaran de la dicha Nueva Galicia, y se despoblaría la tierra sino fuera [f. 82v] por pensar que su Majestad había de enviar persona que los desagraviase y los remediase. Y que ha oído decir y es público y notorio que después que el dicho señor juez está en esta Nueva Galicia, el dicho Nuño de Guzmán, de los pueblos que él tenía, ha dado cartas y depositádolos en personas que tenían de antes y al presente tienen indios que les servían, especialmente los dio a un Luis Salido, y Francisco de Godoy, y Gaspar Briseño y a otras personas que al presente no se acuerda, y ve que se sirven algunos de ellos de los dichos pueblos. Y que esto es público y notorio. Y que asimismo sabe que si su Majestad o el dicho señor licenciado en su nombre, a los dichos conquistadores, que se irán y se despoblará la tierra.[274]

25) 26) A las veinticinco y veintiséis preguntas dijo que lo que sabe de la dicha pregunta es que este testigo ha oído decir por público y notorio que un Francisco del Barco, que a la sazón está en la ciudad de México, siendo mayordomo del dicho Nuño de Guzmán, estando en los lugares de Zacualpa y Sentispac, sirviendo los dichos indios, estando de paz, había ahorcado de una vez y quemado y aperreado y cortado las cabezas y pies y manos, a veinte indios de los dichos lugares, estando el dicho Nuño de Guzmán en esta ciudad, que está a[275] ocho leguas de los dichos lugares, y sabiéndolo y dándole favor para ello. Y que otras veces había hecho otros muchos malos tratamientos a los dichos indios, dándoles severas muertes sin haber cabeza para ello, a causa de lo cual sabe que muchos pueblos que a la sazón estaban de paz, viendo que tan mal trataban a los dichos indios y pensando que así los habían de maltratar [f. 83] a ellos, se alzaron y no quisieron servir ni al presente sirven y están alzados y que es público y notorio. Y que asimismo sabe y vio que el dicho Nuño de Guzmán, en la provincia de Ahuacatlán, de esta Nueva Galicia, mandó ahorcar a un español, el nombre del cual se decía Alonso Torres de Aguilar, natural de la villa de Almagro, de los reinos de España, que por refrán le decían el Buldero, porque decían que se quería ir del campo, cuando se conquistaba esta dicha Nueva Galicia, a la ciudad de México. Y que este testigo vio que estándole ahorcando se quebró [*sic*] la soga, y como vieron quebrar la soga, muchos españoles que allí estaban fueron a rogar al dicho Nuño de Guzmán que Dios había hecho milagro en aquel hombre que estando ahorcando se había quebrado la soga, que no le mandase a ahorcar; y que no obstante lo mandó todo el dicho a ahorcar. Y que asimismo, vio este testigo que otro día siguiente el dicho Nuño de Guzmán mandó traer a la vergüenza a doce españoles porque se querían volver a la ciudad de México, los nombres de los cuales este testigo no se acuerda. Y que asimismo vio otra vez azotar a dos hombres que se decían Giraldo y Cristóbal Almirante, y que decían públicamente que

los habían azotado porque habían tomado a una india de una estancia para su servicio. Y que esto sabe que es la verdad, y afirmóse en ello y firmólo de su nombre. Martín Benítez.

LXXII. Juró en treinta de abril del dicho año ante el dicho señor juez.

Testigo el dicho Cristóbal de Oñate, cacique del lugar de Sentispac, lugar del dicho Nuño de Guzmán. Después [f. 83v] de haber jurado en forma de derecho, siendo preguntado por el dicho señor juez por algunas preguntas del dicho interrogatorio, dijo y depuso lo siguiente. Siendo preguntado por lengua intérprete de Rodrigo Simón, el cual asimismo juró en forma de derecho de decir verdad.

1) A la primera pregunta dijo que conoce al dicho Nuño de Guzmán y a otras personas de las contenidas en la dicha pregunta.

A las preguntas generales dijo que es de edad de treinta años y que no incurren en él algunas de las preguntas generales de la ley.

3) Fue preguntado por la tercera pregunta. Dijo que lo que sabe de la dicha pregunta es que este testigo vio, porque decían que Cuizalín, cacique que fue del dicho lugar de Sentispac, había mandado cierto oro a Nuño de Guzmán en cantidad[276] que muchos de los principales y naturales del dicho pueblo, mataron al dicho Cuizalín y a las personas [de] donde él venía y que de él descendían. Y que asimismo vio que después de haber muerto al dicho Cuizalín, quedó y era cacique del dicho pueblo Xoil, al cual este testigo, puede haber cuatro años poco más o menos, y que le vio dar al dicho Nuño de Guzmán una jícara llena de joyas de plata y oro que traían los indios. Preguntado cómo lo sabe, dijo porque este testigo, como naguatlato que a la sazón era del dicho pueblo, las buscó por mandado del dicho Xoil entre los indios del dicho pueblo, y después

se las vio dar y entregar al dicho Nuño de Guzmán en su persona. Y luego señaló por otras jícaras que le fueron mandadas mostrar por el dicho señor juez, una jícara grande, la cual vista por el dicho señor juez y el dicho naguatlato [f. 84] parecía que podía haber más de un celemín;[277] y que desde hacía pocos días murió el dicho Xoil, cacique, y quedó este testigo por cacique del dicho lugar, y el dicho Nuño de Guzmán le envió a pedir cierto oro y plata, diciéndole que tenía necesidad, y que este testigo le envío por un Gonzalo, español, veinte tejuelos de plata y cuatro de oro, de los cuales hizo una forma del tamaño que eran y que parecía, por la dicha forma, que podían valer todos hasta en cantidad de quinientos pesos de minas, los cuales dice que le dio de una vez; y de otra, le envió asimismo por un Francisco de Godoy, quien le fue a pedir más oro en el dicho nombre del dicho Nuño de Guzmán, otra barcaza de joyas de oro y plata, que vista la forma de ella podía tener tanto como medio celemín. Y que esto pasó como dicho tiene y es lo que sabe y la verdad. Y afirmóse en ello y no firmó porque dijo que no sabía.

LXXIII.   Firmó este dicho día ante el señor juez.

Testigo el dicho Antón Camargo, cacique del lugar de Chacalmaloa, que es sujeto a la provincia de Sentispac, después de haber jurado en forma de derecho y siendo preguntado por ciertas preguntas del dicho interrogatorio, por lengua e intérprete de Rodrigo Simón, declaró lo siguiente.

1) A la primera pregunta dijo que conoce al dicho Nuño [f. 84v] de Guzmán y a otras personas de las en la pregunta contenidas.

A las generales dijo que es de edad de cuarenta años y que no incurren en él algunas de las preguntas generales de la ley.

3) A la tercera pregunta dijo que lo que sabe de la dicha pregunta es que este testigo, como dicho tiene,

es cacique del dicho lugar de Chacalmaloa, y que sabe
que desde cuatro años a esta parte, los caciques que
han sido del lugar de Sentispac, se la había repartido
a este testigo, como a tal cacique de tal repartimiento que se exhiba a los caciques, a los tales principales
e indios sujetos al dicho pueblo de Sentispac, de oro y
plata para dar al dicho Nuño de Guzmán, gobernador
de esta Nueva Galicia. Y que este testigo entre sus
indios buscaba el oro y plata que podía y se le había
repartido, y se lo llevaba al cacique del dicho lugar de
Sentispac, por el cual sabe, y es público y notorio, que
lo daba y entregaba al dicho Nuño de Guzmán, porque
este testigo se lo vio dar al dicho Nuño de Guzmán y a
ciertos españoles que se lo iban a pedir al dicho Nuño
de Guzmán. Y que este dicho repartimiento hicieron
a este testigo cuatro veces, y que esto sabe de esta
pregunta. Fue preguntado por otras preguntas del
dicho interrogatorio. Dijo que no sabe nada y que lo
que había dicho era verdad y afirmóse en ello.

LXXIV.   Luego, el dicho señor juez hizo parecer ante sí [f. 85] al dicho Cristóbal de Oñate y a otros
muchos indios y principales de pueblos de la provincia de Sentispac y, por el dicho naguatlato, les hizo
saber que no hiciesen el pecado nefando ni comiesen
carne humana, y que a los cristianos que lo hacían, que
los queman, y que así harían a ellos si lo hiciesen. Y
asimismo les amonesta[278] que fuesen buenos cristianos
y supiesen que él venía en nombre de su Majestad para
les hacer buenos tratamientos y mirar por ellos; y que
si alguno quería pedir algo al dicho Nuño de Guzmán
y a sus justicias y oficiales y personas, que pareciesen
ante él, que él les haría justicia; los cuales dijeron que
lo oían. Y asimismo les dijo que a las personas que
andaban ausentadas de sus pueblos que viniesen y
sirviesen, que su Majestad no les quería pedir oro ni
plata sino hacerles buenos tratamientos.

LXXV.   Después de lo susodicho, en la dicha
ciudad, a doce días del mes de mayo del dicho año, el
señor juez requirió y dijo a Pedro de Céspedes que al

presente estaba, que había sido encarcelado, que Nuño de Guzmán sin haber causa le mandó ahorcar y le tuvo al pie de la horca con una soga al pescuezo, para que si le quería pedir y que por medio de él que le haría justicia, el cual dijo que no le quería pedir cosa alguna, de que son testigos Gaspar Briseño y Rodrigo Simón, vecinos de la dicha ciudad.

[f. 85v]

LXXVI. Juró en primero de mayo ante el señor juez.

Testigo el dicho Juan de Reina, vecino. Testigo después de haber jurado, siéndole preguntado por el dicho señor juez qué es lo que sabe acerca de ciertos esclavos que habían traído de Culiacán, de Nuño de Guzmán, y los habían desembarcado en un puerto de Xalisco. Dijo que lo que sabe de ello es que este testigo vio, que estando en Culiacán un Francisco Maldonado, mayordomo del señor Nuño de Guzmán, en un navío del señor Hernán Cortés,[279] marqués del Valle, veintidós esclavos, los cuales este testigo vio desembarcar en el dicho puerto los dichos esclavos en tierra, y se los habían dado a cargo a este testigo para los traer a esta ciudad. Y que ya que los querían traer, les dijo un Francisco de Ulloa, que le habían escrito que los esclavos se volviesen a embarcar y los llevasen por la mar, porque los entrevistaría el dicho señor juez si por esta ciudad los trajesen; la cual cosa este testigo vio. Y luego vio que volvieron a embarcar dieciocho de ellos y los otros cuatro trajeron al lugar de Xalisco para los curar, que estaban dolientes. Y que esto es la verdad de lo que sabe.

LXXVII. Después de los susodicho, en la dicha ciudad, a treinta días del dicho mes de abril del dicho año, ante el dicho señor juez, en presencia de mí el dicho escribano y testigos, parecieron presentes Cristóbal de Tapia y Diego de Alcaraz, en nombre de la villa de San [f. 86] Miguel y presentaron una escritura de pedimento firmada de su nombre, y otra de poder firmada y signada de Juan de Quintanilla, escribano público y del consejo, según que por ellas pareció el tenor de las cuales es este que se sigue.

LXXVIII.   [centrado] Muy magnífico señor

Licenciado de la Torre, juez de residencia en esta Nueva Galicia por su Majestad, Cristóbal de Tapia y Diego de Alcaraz parecemos ante vuestra merced en nombre de la villa de San Miguel, como procuradores, **(2)** y pedimos que por cuanto en aquella villa ha estado[280] y residido por justicia, mucho tiempo, Diego de Proaño y Sancho de Caniego, y han hecho muchos agravios a vecinos de la dicha villa, los cuales no se han podido quejar con ninguna justicia por estar lejos y estar la tierra de guerra, **(3)** de contino pedimos a vuestra merced los mande parecer y enviar a la dicha villa a que allá den residencia, prometiendo la causa a una persona de allá o enviándola si vuestra merced no quisiere ir, porque por estar los vecinos pobres y los dichos ausentes, no le han podido pedir ninguna justicia, para lo cual el muy noble oficio de vuestra merced imploro. Cristóbal de Tapia y Diego de Alcaraz.

Sepan **(4)** cuantos esta carta vieren cómo nos, el consejo, justicia y regidores de esta villa de San Miguel de Galicia, de esta Nueva España, otorgamos, [f. 86v] estando juntos y ayuntados como cabildo y ayuntamiento según que lo habemos de uso y costumbre, conviene a saber Melchor Díaz, alcalde mayor, Lázaro de Zebreros,[281] alcalde ordinario de esta dicha villa. Y Juan de la Bastida[282] y Francisco de Buica, y Cristóbal de Tapia, y Álvaro de Arroyo,[283] regidores de esta dicha villa, **(5)** otorgamos y conocemos por nos y en nombre de la dicha villa y vecinos y moradores de ella que damos y otorgamos nuestro poder cumplido, libre elemento bastante según cual lo habemos y tenemos y de derecho más puede y debe valer, a vos Cristóbal de Tapia y Diego de Alcaraz, a ambos a dos juntamente y a cada uno y cualquiera de vos por sí, *in solidum*, para que por nos y en nombre de la dicha villa podáis parecer y parezcáis[284] ante el muy magnífico señor Nuño de Guzmán, gobernador de esta Nueva Galicia y ante otro su lugarteniente **(6)** y pedir y presentar cualesquier capítulos y probanzas, pedimentos y requerimientos que convengan a esta dicha villa, y bien y por común de ella, y pedir y suplicar que otorgue y conceda en nombre de su Majestad como tal gobernador cualesquier mercedes y libertades que a esta dicha villa, vecinos y moradores de ella convengan, así para que se hagan esclavos como para otras cualesquier cosas necesarias, y os hallar y ser presente, vos o cualquiera de vos en cualquier junta, o justicia de paz, de cabildos que se hicieren en la ciudad de Compostela o en otra parte de su [f. 87] gobernación, así para elegir procuradores de cortes como para pedir y suplicar a su Majestad cualesquiera capítulos y merced que otorgue y conceda a esta gobernación, y dar poder juntamente con los otros procuradores y pedir y preguntar cualesquier capítulos que se pidan a su Majestad que convengan a esta dicha villa y lo quiera dar que a esta villa viene por juicio y que no se deba pedir no volver, y pedir y requerir cualesquier provisiones que esta gobernación viniere de su Majestad, o que el dicho señor gobernador, en su real nombre concediere, y otras cualesquier provisiones, escrituras y libertades, testimonios y los enviar a esta villa. **(7)** Y otro sí, vos damos el dicho poder para que podáis[285] parecer en juicio ante cualesquier justicias de cualesquier jurisdicción que sean, y ante ellos y ante cualesquiera de ellos, así en demanda como en defensa,[286] y hacer todas las demandas, pedimentos y requerimientos por estaciones y juramentos, así en los pleitos de esta dicha villa, cuales fueren movidos así ante el señor gobernador y otras cualesquier justicias como en los otros que vos u otros en nombre de esta dicha villa moviesen en cualquier manera y por cualquier razón que sea, y acerca de ello y de otras cosas que convengan a esta villa hacer y se hagan por todos los otros autos y diligencias que convengan y menester sean de se hacer y que nosotros mismos haríamos y hacer podríamos presentes siendo en nombre [f. 87v] de la dicha villa aunque sean de tal calidad que según derecho demanden y requieran haber. **(8)** Otorgamos más especial poder y mandado especial en sus personas y así vos damos y otorgamos en el dicho poder para que en vuestro lugar y en vuestro nombre podáis hacer y sustituir un procurador o dos o más, los que vieres[287] que convengan, y los revocar y poner otros de nuevo y cuan cumplido y bastante poder nosotros tenemos y en nombre de la dicha villa y vecinos de ella otro tal y tan cumplido y bastante. **(9)** Y asimismo damos y otorgamos a vos los susodichos y a cada uno de vos según dicho es por sí, *in solidum,* y vos recibimos según dicho con todas sus incidencias y dependencias en nombre de la dicha villa, y obligamos los propios y rentas de la dicha villa cuyo nombre lo hacemos y otorgamos habidos y por haber. **(10)** Hecho en la dicha villa de San Miguel a ocho días del mes de febrero, año del nacimiento de Nuestro Señor Salvador Jesucristo, de mil quinientos treinta y siete años. Testigos que fueron presentes: los dichos señores que firmaron aquí sus nombres. Melchor Díaz, Lázaro de Zebreros, Juan de la Bastida, Francisco de Buica, Cristóbal de Tapia, Álvaro de Arroyo, Juan[288] de Quintanilla, escribano público, del consejo de esta villa de San [f. 88][289] Miguel. Lo escribí y saqué del libro del cabildo según que ante mí pasó, e hice aquí este mio signo en testimonio de verdad. Juan de Quintanilla, escribano público del consejo.

Y así presentados dijeron y pidieron lo en el dicho escrito contenido y juraron en forma la ánima [*sic*] de su escrito no lo pedir maliciosamente.

LXXIX. Este dicho señor juez dijo que lo oía y que mandaba y mandó ante el dicho escribano que lo pusiese en el proceso de residencia que por él se hacía contra Nuño de Guzmán y los demás sus oficiales que han sido en esta Nueva Galicia, de que son testigos Juan Pascual y Francisco Cornejo,[290] vecinos de la dicha ciudad.

LXXX. [En el margen superior de la presente foja] **Esclavos que hizo Nuño de Guzmán.**

Yo, Diego de Baeza, escribano de su Majestad, doy fe y verdadero testimonio a los que la presente vieren, cómo en ciertos libros que los oficiales de la hacienda de su Majestad que están y residen en esta Nueva Galicia, que presentaron ante el magnífico señor licenciado de la Torre, juez de residencia por su Majestad en la dicha Nueva Galicia, **(2)** en veintiocho días del mes de abril del año del Señor de mil quinientos treinta y siete años, para dar cuenta de la forma en que estaban escritas ciertas escrituras en ellos, de los esclavos que Nuño de Guzmán, gobernador que fue de esta dicha Nueva Galicia, hizo y mandó hacer [f. 88v] en ella, el tenor de los cuales sacados por relación es el siguiente:

Primeramente que **(3)** en postrero de julio del año de quinientos treinta y cinco, se hicieron por el dicho Nuño de Guzmán en el valle de Banderas y su comarca, quinientos diez esclavos.

Item. **(4)** El dicho Nuño de Guzmán mandó hacer en el dicho valle a treinta días de abril del dicho año, cincuenta esclavos.

Item. **(5)** En el dicho valle, el dicho Nuño de Guzmán hizo en el dicho valle cincuenta esclavos.

Item. **(6)** En el dicho valle, hizo el dicho Nuño de Guzmán, en treinta y un días de junio del dicho año, treinta esclavos.

Item. **(7)** En cuatro de junio del dicho año, el dicho Nuño de Guzmán hizo en el dicho valle quince esclavos.

Item. **(8)** En treinta y uno de julio hizo el dicho Nuño de Guzmán, en el dicho valle, diez esclavos.

Item. **(9)** En veintinueve de julio del dicho año, el dicho Nuño de Guzmán hizo en el dicho valle treinta esclavos.

Item. **(10)** En el dicho valle, en once de julio del dicho año, hizo el dicho Nuño de Guzmán ochenta esclavos.

Item. **(11)** En el dicho valle, en tres de junio del dicho [f. 89][291] año, Pedro de Ulloa, teniente de capitán por el dicho Nuño de Guzmán, hizo treinta y cinco esclavos.

Item. Incontinenti **(12)** en dieciocho de julio del dicho año, Melchor Díaz, capitán, hizo diez esclavos.

Item. **(13)** En el dicho Conitle, en primero de julio, Cristóbal de Oñate, teniente de capitán, hizo cien esclavos.

Item. **(14)** En el pueblo de Mascota y su comarca, Álvaro de Bracamonte, capitán, en veintidós de septiembre del dicho año, hizo trescientos cincuenta esclavos.

Item. **(15)** En el valle de Zacualpa, Gaspar Briseño, capitán, en veintiocho de septiembre del dicho año, hizo treinta esclavos.

Item. **(16)** En los pueblos de Salcochan y Chacala, en tres de octubre del dicho año, Alonso de Castañeda, capitán, hizo ciento cinco esclavos.

Item. **(17)** En el valle de Mascota y su comarca, en veinte de octubre, Luis Salido, capitán, hizo doscientos ochenta y cinco esclavos.

Item. **(18)** En el pueblo de Guaxacal, en cinco de noviembre del dicho año, el dicho Luis Salido hizo doscientos[292] diez esclavos.

Item. **(19)** En la provincia de Tonalá y jurisdicción de la villa de Guadalajara, en diversos tiempos y por capitanes, se hicieron mil doscientos ochenta esclavos.

Item. **(20)** En el pueblo de Auchatla, Gaspar Briseño, [f.

89v] capitán, en postrero de noviembre del dicho año hizo treinta y cinco esclavos.

Item. **(21)** En el valle de Banderas y su comarca, Juan de Villalba, capitán, en veinticinco de febrero del año de quinientos treinta y seis años hizo doscientos ochenta esclavos.

Item. **(22)** En los pueblos de Comitlán y Matanchén, Alonso de Castañeda, capitán, por enero del dicho año de quinientos treinta y seis años, hizo treinta esclavos.

Item. **(23)** En quince de julio del dicho año, en los pueblos de Tetlán y otros lugares que son en la provincia de Culiacán, ciertos capitanes que no se dice en la partida nombre de ellos, hicieron ochocientos cuarenta y cinco esclavos.

Item. **(24)** En quince de julio del dicho año, en la barranca, Miguel de Ibarra, capitán, hizo trescientos esclavos.

Item. **(25)** En el valle de Alpatlán y Xaltemba, Francisco de Godoy, en diez días del mes de enero de quinientos treinta y siete años, hizo cuarenta y cuatro esclavos.

Item. **(26)** En el río de Etzatlán, Alonso de Castañeda, capitán, por el mes de diciembre del dicho año de quinientos treinta y seis años, hizo treinta y un esclavos.

En fe y testimonio de lo cual lo firmé aquí de mi nombre. Que es hecho en la ciudad de Compostela a primero de mayo del año del Señor de mil quinientos treinta y [f. 90] siete años. Diego de Baeza, escribano.

LXXXI. Después de lo susodicho, en la dicha ciudad, a primer día del dicho mes de mayo del dicho año, por presencia de mí, el dicho escribano, el dicho señor juez dijo que por cuanto él es informado que Sancho de Caniego y Diego de Proaño y Francisco del Barco, que han sido justicias y tenido otros cargos por el dicho

Nuño de Guzmán en esta Nueva Galicia, están ausentes de esta dicha Nueva Galicia doscientas treinta leguas y más, **(2)** y porque por ciertos procuradores de la villa de San Miguel, que es en la provincia de Culiacán, han pedido que les haga parecer, a los susodichos Sancho de Caniego y Diego de Proaño en esta dicha Nueva Galicia, y Francisco del Barco, que hagan residencia del tiempo que han tenido los dichos oficios y por la dicha pesquisa secreta parezcan, y consta haber hecho en el tiempo de los agravios a personas y a otras cosas; **(3)** que mandaba y mandó dar sus cartas requisitorias para las justicias de toda la Nueva España, donde quiera que estuvieren y residieren los susodichos, que los apremien a que vengan y parezcan con sus personas en esta dicha Nueva Galicia, ante el señor juez, a dar y hacer la dicha residencia, pidiéndoles fianzas llanas y adonadas y poniéndoles ciertas penas, y no las dando les prendan los cuerpos y a su costa los envíen a esta dicha Nueva Galicia, o bien, recibida y no teniendo[293] bienes [f. 90v] a costa de su Majestad, **(4)** de que son testigos Cristóbal de Oñate y Gaspar Briseño, y otros vecinos de la dicha ciudad, los cuales dichos requisitorios se dieron en forma.

LXXXII.   [En el margen superior, centrado]
Secuestro de bienes de Nuño de Guzmán.

Y luego incontinenti, el licenciado de La Torre.

En la ciudad de Compostela, a cinco días del mes de mayo, año del Señor de mil quinientos treinta y siete años, el señor juez fue a una casa de Nuño de Guzmán que está en la dicha ciudad y dijo que por virtud de la cédula que él tiene de su Majestad, secuestraba los bienes que estaban en la dicha casa, por bienes del dicho Nuño de Guzmán, por presencia de mí, Diego de Baeza, escribano de su Majestad y testigos suscritos,[294] los cuales **(2)** son los siguientes:

Primeramente, ocho alabardas.

Una lanza con su fierro.

Un estandarte.

Dos ballestas con sus saetas y carcajes.

Tres resmas de papel en una petaca.

Otra petaca con cuatro cinchas, y cuatro estribos, y cuatro látigos, y dos capas de mula sobre doradas, y una aguja quebrada de la mar, y una ballesta de tomar el norte.

Un estandarte real.

Otra petaca de escrituras.

Dos petacas de drogas.

Tres pares de acusar en una petaca. [f. 91]

Dos grebas.

Una petaca pequeña de yerbas de medicinas.

Otra petaca de medicinas.

Otra petaca con aderezos de ballestas.

Dos cepillos y una mancuerda[295] de fierro.

Doce ovillos de hilo y doce fierros en los cuales hay limas.

Dos petacas con dos pares de cribas[296] y una ansa de armas, y dos quijotes, y una celada de armas.

Un chicalate[297] de fierro viejo.

Una fragua con sus fuelles.

Un yunque y una algorza y otros aderezos de herramientas y cañones.

Cinco hachas de cera de la tierra.

Un juego de ajedrez de marfil con sus tablas.

Una mesita de las tripiés, de dobleces, con sus pies.

Una petaca con *Las Décadas* de Tito Livio y *Las Partidas* y *Las Premáticas*, y un *Fuero Real*, y otros libros.

Los cuales **(3)** dichos bienes, el dicho señor juez dijo que secuestraba y secuestró por del dicho Nuño de Guzmán y los depositaba y depositó en Luis Salido que presente estaba, vecino de esta dicha ciudad, el cual siendo presente dijo que se daba y constituía y dio y constituyó por tal depositario de todos los dichos bienes contenidos en la dicha memoria que de suso se hace mención y por entregado de ellos, **(4)** y se obligó de los dar cada [f. 91v] cuando por el dicho señor juez le fuesen pedidos o demandados, o por otro cualquier juez que él lo pueda o deba conocer o los más que valieren por el doble y muchas costas, de llano en llano como le sea mandado y para lo así atener y cumplir dio poder a las justicias y sometióse a su jurisdicción y reino, cualesquier leyes, y obliga su persona y bienes y muebles o raíces, habidos y por haber, y otorgó obligación en forma. **(5)** Y firmólo de su nombre, de que son testigos Juan de Villalba y Juan de Samaniego, vecinos de la dicha ciudad. Luis Salido.

LXXXIII. Luego incontinenti, el dicho señor juez, por presencia de mí, el dicho escribano y testigos, tomó y recibió juramento en forma de derecho del dicho Luis Salido, y Juan de Villalba, y Juan de Samaniego, y Reina, y Juan Durán, que presentes estaban, los cuales lo hicieron bien y cumplidamente en forma so cargo de les preguntar si saben de otros bienes que tenga el dicho Nuño de Guzmán en la dicha ciudad o su jurisdicción. Que no saben de otros bienes algunos del dicho Nuño de Guzmán de que son testigos Gaspar Briseño y Francisco Cornejo.

LXXXIV. Después de lo susodicho, en la dicha ciudad, a dos días del dicho mes de mayo del dicho año, el dicho señor juez dijo que mandaba y mandó ante el dicho escribano que cierta escritura de poder que Luis Salido había presentado ante él de cierto pleito que estaba en poder de mí, el dicho escribano, sacase e hiciese [f. 92] sacar un traslado de él en pública forma y lo pusiese en este proceso el licenciado de la Torre.

LXXXV. Luego incontinenti, yo el dicho escribano, de mandamiento del dicho señor juez, saqué un traslado del dicho poder según que en esta escritura el tenor del cual es este que se sigue.

Este **(2)** es un traslado bien y fielmente sacado de una escritura de poder escrita en papel y signada de escribano de su Majestad según que por ella aparecía, el tenor de la cual es este que se sigue.

LXXXVI. Sepan cuantos esta carta vieren como yo, Nuño de Guzmán, estante en esta ciudad de México de esta Nueva España, otorgo y conozco por esta presente carta que doy y otorgo todo mi poder cumplido, libre y llanamente y bastante según que lo goce y tenga y de dicho más fuere y deba valer a vos Luis Salido, vecino de la ciudad de Compostela, que estáis presente, principalmente **(2)** para que por mí y en mi nombre podáis tener y tengáis cargo de las minas de oro y plata y esclavos que en ellas andan, que tengo en términos de la dicha ciudad o en otra cualquier parte, y administrarlos y recibir, haber y cobrar de los mineros que en ellas están o estuvieren todo el oro y plata que hubieren cogido o cogieren con los dichos esclavos en las dichas minas y daréis de pago de lo que así recibieres[298] y cobrares,[299] las cuales [f. 92v] valgan como si yo mismo las diese y otorgase para que podáis despachar al minero o mineros que vos parecieren, y coger los que a vos bien visto vos fuere para el tiempo y precio que vos quisieres,[300] **(3)** acerca de lo cual podáis hacer y hagáis escrituras, las que os pidieren con los recaudos y firmezas que vos fueren pedidas, las cuales otorgo yo desde ahora[301] y de por otorgadas, y si necesario fuere, en razón de lo que dicho es, llegar a juicio podáis[302] parecer y parezcáis[303] ante todos y cualesquier justicias y jueces de cualquier fuero y jurisdicción que sea, y ante ellos y cualquiera de ellos hacer todas las demandas, pedimentos y requerimientos y hábitos y juramentos que convengan y menester sean de se hacer y que yo mismo haría y hacer podría presente siendo, aunque sean de tal calidad que en sí según dicho deban y requieran haber. **(4)** Otro mi más especial poder y mandado y por su causa personal y cuan cumplido y bastante poder como yo le he y tengo para lo que dicho es y para cada una cosa y parte de ello o total y tan cumplido y bastante, y esto mismo le doy y otorgo a vos, el dicho Luis Salido, con todas sus incidencias y dependencias, anexidades y conexidades, y libre y general administración y para lo haber por firme lo que dicho es, obligo mi persona y bienes muebles y raíces habidos [f. 93] y por haber, so la cual dicha obligación vos relevo según forma de derecho ... en la ciudad de México, residiendo en ella la corte y Chancellería real de su Majestad, a nueve días del mes de marzo, año del nacimiento de Nuestro Salvador Jesucristo de mil quinientos treinta y siete años. **(5)** Testigos que fueron presentes a lo que dicho es: Diego Vázquez, vecino de esta dicha ciudad y Beltrán de Catina, estante en ella. Y firmólo de su nombre aquí: Nuño de Guzmán. Y yo, Gregorio de Saldaña, escribano de su Majestad, lo escribí e hice aquí este mío signo y soy testigo.

Hecho **(6)** y sacado este dicho traslado en la ciudad de Compostela a dos días del mes de mayo del año del Señor de mil quinientos treinta y siete años. Testigos que fueron presentes a ver sacar y corregir y leer y consultar este dicho traslado con el dicho original y fue presente a lo que dicho es en uno con los dichos testigos. Por ende hice aquí este mío signo que es a tal en testimonio de verdad. Diego de Baeza, escribano de su Majestad.

LXXXVII.   Y después de lo susodicho, en la dicha ciudad, a dos días del dicho mes de mayo del dicho año, el dicho señor juez pone por culpa y cargo al dicho Nuño de Guzmán los cargos siguientes. [f. 93v]

[En el margen superior, centrado] **Cargos a Nuño de Guzmán**

Primeramente se le da por culpa y cargo al dicho Nuño de Guzmán que llevó mal llevado cantidad de quinientos pesos de oro en joyas de plata y oro a Cuizalín, cacique de Sentispac, durante el tiempo que fue gobernador y capitán de esta provincia.

Item. Se le da por cargo que demandó al dicho Cuizalín, cacique, tres o cuatro mil pesos de oro y plata, y a causa de querer se los dar el dicho cacique, platicándolo con otros caciques del dicho lugar de Sentispac, los dichos caciques pareciéndoles cosa recia lo que le demandaba y que no lo podían dar, acordaron matar y mataron al dicho Cuizalín y a sus mujeres e hijos y a todas las personas de su linaje, y así lo hicieron.

Item. Se le hace cargo al dicho Nuño de Guzmán que los caciques de Sentispac que sucedieron, le dieron en el dicho pueblo cantidad de celemín y medio de joyas de indios, de oro y plata, y veinticuatro tejuelos, los veinte de plata y cuatro de oro, que valían cuarenta pesos los dichos tejuelos y aun más.

Item. Se le hace cargo que a causa de las muertes del dicho cacique y de las personas de su linaje, se alzaron muchos caciques y muchos indios del dicho lugar de Sentispac y de las comarcas porque no podían pagar tanto oro y plata como el dicho Nuño de Guzmán les demandaba. [f. 94]

Item. Se le hace cargo que a causa de pedir oro y plata a otros caciques e indios de esta provincia, solían ausentarse muchos caciques e indios y despobládose algunos pueblos y al presente andan alterados.

Item. Se le hace cargo a Francisco del Barco, mayordomo del dicho Nuño de Guzmán en los pueblos de Sentispac y Zacualpa y otros lugares de esta provincia, haber muerto cien indios y más ahorcándolos y quemándolos vivos y aperreándolos, y cortándoles pies y manos y cabezas y lenguas, estando los dichos pueblos de paz; y esto hacía por lo que a él le parecía sin haber causa a ello, sabiéndolo el dicho Nuño de Guzmán y estando en esta dicha ciudad de Compostela, y no lo castigó sobre ello al dicho Francisco del Barco, antes lo disimuló.

Item. Se le hace cargo que recibió, mal llevado, por tres veces del Calzonci, cacique de Michoacán, en oro y plata y joyas, cien mil pesos de oro.

Item. Se le hace cargo que en el repartimiento que hizo de esta provincia y sus pueblos, se tomó para sí los más y los mejores de ella. Muestre si tiene provisión de su Majestad para los poder tener.

Item. Se le hace cargo que en el repartimiento que hizo de los otros pueblos no guardó la orden que [f. 94v] se debía[304] guardar, antes dio los mejores a sus criados y amigos no conquistadores, y a los que lo merecían y han conquistado esta provincia ha dado los peores pueblos y de guerra, a causa de lo cual los dichos conquistadores han dejado esta dicha provincia y se han ido a otras partes, y asimismo quieren hacer los que al presente están; y se hubieran casado muchos de ellos si tuvieran repartimientos de indios para se poder mantener.

Item. Se le hace cargo que de cuatro años a esta parte que ha gozado de los pueblos de Tonalá y Tetlán y Talapa y Ocotlán y Tlaquepaque y Tonetlán y Tlajomulco y Cuitzeo y Amajaque y Sentispac y otros muchos pueblos de esta dicha provincia, ha gozado diez mil ochocientas veinte mantas de la tierra y doce mil ciento veinte fanegas de maíz y quinientas ochenta fanegas de ají[305] y frijoles, los cuales dichos bastimentos y mantas mandaba y mandó en el dicho tiempo de su gobierno llevar a vender a la ciudad de México y a las minas y a otras partes de esta provincia a su costa de los dichos indios, y le daban todos los bastimentos y cultivos y otras cosas necesarias para su servicio.[306] Muestre si tiene [f. 95] provisión de su Majestad para poder gozar de los dichos tributos porque llevando su servicio no puede llevar ni recibir otras cosas sin licencia de su Majestad.

Item. Se le hace cargo que por él cobrara los tributos de los susodichos pueblos Diego Vázquez y Juan del Camino, criados y mayordomos del dicho gobernador, hicieron muchos malos tratamientos a los dichos indios de los tales pueblos dándoles de azotes y palos, teniéndolos en cepos y cadenas, sabiéndolo el dicho Nuño de Guzmán y disimulándolo y no lo contradiciendo.

Item. Se le hace cargo que a causa de los dichos malos tratamientos así del dicho Nuño de Guzmán como del dicho Francisco del Barco y los otros sus mayordomos y criados, muchos lugares de esta provincia, estando de paz, se han alzado y alterado y despoblado muchos de ellos.

Item. Se le hace cargo que durante el tiempo de su gobierno, el dicho Nuño de Guzmán hizo y mandó hacer a sus capitanes cuatro mil quinientos setenta esclavos de los indios de esta provincia, hombres y mujeres, niños de un año y de dos y de tres y de cuatro y de cinco años, y otros muchos de catorce años abajo, y algunos saliéndole de paz. Muestre provisión de su Majestad que tuvo para hacer los dichos esclavos y cómo ... las provisiones de su Majestad que acerca [f. 95v] de ello disponen en la orden que se han de tener en el hacer de los dichos esclavos.

Item. Se le hace cargo que en las minas de la plata que son en esta provincia, que son de Zacatlán de Nuestra Señora, tomó y ocupó muchas de ellas y las ha defendido a muchos mineros que podían haber sacado plata y metal de ellas, de donde ha resultado mucho daño a las rentas de su Majestad, y a causa de ello los mineros de las dichas minas y otras personas que por los malos tratamientos que el dicho Nuño de Guzmán les hacía y ha hecho se hubieran despoblado las dichas minas si no tuvieran esperanzas que su Majestad los había de remediar enviando quien los remediase.

Item. Se le hace cargo que en las dichas minas de oro y plata ha traído y traía el dicho Nuño de Guzmán muchas cuadrillas de indios y naborías, y dado a sus criados otras muchas cuadrillas para sacar oro y plata de ellas y de los dichos pueblos que tomó para sí, no guardando las provisiones de su Majestad que en tal caso hablan.

Item. Se le hace cargo que mandó ahorcar y ahorcó en esta provincia a dos hombres españoles que se decían por nombre Aguilar, Buldero y el otro por Gaspar, sin causa alguna. Y asimismo mandó poner al pie de la horca a otro [f. 96] hombre que se dice Céspedes, persona honrada e hidalgo, y lo dejó de ahorcar por ruego de ciertas personas.

Item. Se le hace cargo que mandó azotar a dos hombres españoles sin causa que legítima fuese para ello; que el uno había por nombre Giraldo y el otro, Cristóbal Almirante.

Item. Se le hace cargo que mandó traer a la vergüenza a otros dos hombres españoles sin haber causa para ello.

Y las cuales dichas culpas y cargos, el dicho señor licenciado, juez susodicho, mandaba traslado al dicho Nuño de Guzmán o a quien su poder tuviere y que responda dentro de tres días con apercibimiento que le hace, que no lo haciendo hiera la causa y haga lo que sea justicia.

LXXXVIII. Y yo el dicho escribano doy fe que leí y notifiqué este día, en la audiencia pública donde el dicho señor juez la solía hacer, todos los dichos cargos y capítulos estando presente el dicho señor juez y otra mucha gente, vecinos de la dicha ciudad, a los cuales

les fue dicho por el dicho señor juez que si hubiese alguna persona que tuviese poder del dicho Nuño de Guzmán que pareciese a tomar traslado y responder a los dichos cargos dentro del dicho término. De que son testigos Cristóbal de Oñate y Luis Salido y Gaspar Briseño y otros muchos.

LXXXIX. Y después de lo susodicho, a cinco días del dicho mes de mayo del dicho año, estando en audiencia pública el dicho señor juez, en presencia de mí el dicho escribano y testigos suscritos,[307] dijo que por cuanto el dicho Nuño [f. 96v] de Guzmán no había respondido a los capítulos que por el dicho señor juez se le habían dado y hecho cargo y el término era pasado, que **(2)** le acusaba y acusó la rebeldía y que lo recibía y recibió a prueba con término de tres días primeros siguientes, dentro del cual mandaba y mandó al dicho Nuño de Guzmán, alegue y pruebe todo lo que quisiere y viere que le cumple acerca de los dichos cargos que le fueron dados con apercibimiento que le hacía, que no lo haciendo, pasado el dicho término, no le sea dado otro alguno, y pasado el dicho término verá el proceso y hará justicia. **(3)** De que son testigos Cristóbal de Oñate y Luis Salido y Juan de Villalba, vecinos de la dicha ciudad y otros.

Luego incontinenti, yo el dicho escribano doy fe que leí y notifiqué lo susodicho en los estrados de la dicha ciudad de que son testigos los dichos.

XC. Y después de lo susodicho, en la dicha ciudad, a ocho días del dicho mes de mayo del dicho año de quinientos treinta y siete años, estando en audiencia pública el dicho señor juez, y visto cómo el dicho Nuño de Guzmán no había respondido, probado ni alegado cosa alguna acerca de lo susodicho, dijo que le acusaba y acusó la rebeldía y había y hubo el proceso por concluso, y asignaba y asignó término para dar en el suyo para luego y de hoy en adelante por cada día que feriado no sea. Y citó al dicho Nuño de Guzmán en forma para que la venga [f. 97] a oír. **(2)** Y mandaba y mandó a mí, el dicho escribano, lea y notifique el dicho auto en los estrados de la dicha audiencia, de que son testigos Cristóbal de Oñate y Luis Salido y Francisco Cornejo, vecinos de la dicha ciudad y otros.

Y luego incontinenti, **(3)** este dicho día, mes y año susodicho, yo el dicho escribano doy fe que leí y notifiqué en los dichos estrados el auto de suso contenido, de que son testigos los susodichos.

XCI. Vistos los cargos de esta pesquisa secreta en la residencia que su Majestad mandó tomar a Nuño de Guzmán, gobernador que ha sido en esta provincia de la Nueva Galicia, y visto cómo por mí, el licenciado de la Torre, juez de residencia, fue requerido el dicho Nuño de Guzmán en la cárcel de la ciudad de México que enviase procurador a esta dicha provincia, donde yo venía a tomar residencia, porque él estaba preso por mandado de su Majestad en la dicha ciudad, **(2)** y para los gastos de ella me pidió dineros y yo le di trescientos treinta pesos de minas y más del sustento de sus bienes, y no obstante que le di los dichos dineros, respondió que no podía hacer la dicha residencia por procurador, según en la dicha su respuesta se contiene, el cual no ha enviado procurador a esta dicha provincia ni parecido, antes ha enviado poderes para cobrar sus bienes después que yo le hice el dicho requerimiento así a Luis Salido, teniente, como a otras personas para pedir y demandar y cobrar sus bienes y hacienda. **(3)** Y como no ha parecido algún procurador, yo en su ausencia señalé los estrados ya que [f. 97v] por notificarle los autos en persona, no se ha compadecido por estar en esta ciudad de Compostela, a más de cien leguas de la dicha ciudad de México, acusadas las rebeldías como por el proceso consta, a que me refiero.

XCII. Fallo, en cuanto al primero y segundo, tercero y cuarto cargo, y quinto y seis cargos, por ser todos de una sustancia y calidad, y resultan del primero, que debo de condenar y condeno al dicho Nuño de Guzmán a que haya de volver y vuelva a los caciques y personas del pueblo de Sentispac el celemín y medio de joyas de indios, de oro y plata, o su justo valor, la estimación de las cuales joyas en mi recibo, y más en quinientos pesos de oro, y más en cuarenta pesos de oro, todo de minas, que el dicho Nuño de Guzmán y sus mayordomos les han hecho y no se pudieron al presente haber, que deposite el dicho Nuño de Guzmán el dicho oro y plata o su justo valor y los dichos quinientos cuarenta pesos de minas en poder de una persona llana y abonada para que los tenga para se los dar cada y cuando que vinieren los dichos caciques y personas a quien lo llevó. (2) Por lo cual y por las culpas que más de los dichos capítulos resultan, atento a que el dicho Nuño de Guzmán conquistó esta provincia, que le debo de condenar en pena de mil pesos de oro de minas para causa de su Majestad, y las más penas que por ello incurrió que por otras [f. 98] palabras pudiera asentar la condenación recibo a su Majestad. (3) Condénole más a que vaya desterrado de toda esta Nueva España por tiempo de un año y más el tiempo que la voluntad de su Majestad fuere, el cual no quebrante so pena de destierro doblado.

En cuanto (4) al séptimo cargo, atento que el delito que le resulta se cometió fuera de la jurisdicción de esta Nueva Galicia y antes que fuese gobernador de ella, que lo debo de remitir y remito a su Majestad y a los señores de su Consejo en Castilla.

En cuanto (5) al octavo y noveno y diez y once y doce cargos, por ser todos de una calidad y sustancia, atento a que el dicho Nuño de Guzmán llevaba y fuele dado salario de su Majestad de tres mil doscientos pesos cada un año, que le debo de condenar y condeno al dicho Nuño de Guzmán a que haya de pagar y pague a su Majestad, o a los oficiales de la hacienda de su Majestad en esta provincia, diez mil ochocientas treinta mantas de la tierra y doce mil ciento veinte fanegas de maíz y quinientas ochenta fanegas de ají y frijoles o su justo valor, la moderación de todo lo cual en mí recibo, y la demás pena que por ello merezca el dicho Nuño de Guzmán, atento a que conquistó la tierra resérvolo a su Majestad y atento, asimismo, a que no había de qué cobrar su salario cómprese por las cuentas.

En cuanto **(6)** al trece cargos, condeno al dicho Nuño de Guzmán a que haya de depositar y deposite en poder de una persona llana y abonada dos mil trescientos [f. 98v] sesenta y seis pesos y siete tomines de oro de minas que es la séptima parte del valor por el que fueron vendidos cuatro mil treinta y ocho esclavos de los cuatro mil quinientos setenta esclavos contenidos en el dicho cargo, sumados y moderados al precio por el que fueron vendidos los esclavos que cupieron al quinto de su Majestad, los cuales dichos esclavos, el dicho Nuño de Guzmán y sus capitanes por su mandado herraron, se vendieron y vendió contra las provisiones de su Majestad, resguardando el tenor y forma de ellas. Y asimismo **(7)** le condeno, al dicho Nuño de Guzmán, a que haya de dar y dé, francas, llanas y abonadas, dentro en la dicha ciudad de México, para que pagaran el valor y precio por el que fueron vendidos los tres mil quinientos sesenta y un esclavos, por cumplimiento de los dichos cuatro mil treinta y ocho esclavos, a la persona o personas que los vinieren a pedir, y lo que por más, si fueron vendidos los quinientos sesenta y siete esclavos que le cupieron de su séptima parte, porque los dichos esclavos están dados por libres por su Majestad, y a mayor abundamiento por esta mi cédula los debo dar y di por libres y que no sean esclavos ni tengan sujeción a persona alguna, sino que de su libertad se vayan a sus tierras o donde quisieren. **(8)** Condénole más, al dicho Nuño de Guzmán, en pedimento de todos sus bienes para la cámara de su Majestad conforme a las provisiones de su Majestad que en tal caso dispone; y en [f. 99] cuanto toca a los quinientos treinta y dos esclavos contenidos en el dicho cargo que le debo dar y doy por libre al dicho Nuño de Guzmán, por cuanto fueron dados y hechos antes de la provisión de su Majestad que en tal caso dispone y reservo su derecho a salvo al dicho Nuño de Guzmán para que pida lo que viere que le cumple a la provisión o provisiones que quisiere la condena o condenaciones de este capítulo.

En cuanto **(9)** al catorce cargo, que lo debo de remitir a su Majestad y a los señores de su Consejo.

En cuanto **(10)** al quince cargo, que lo debo de condenar y condeno al dicho Nuño de Guzmán en quinientos pesos de oro de minas para la cámara de su Majestad; y más **(11)** le condeno a que salga desterrado de toda esta Nueva España por la voluntad de su Majestad.

En cuanto **(12)** al dieciséis cargo, que mandó ahorcar y ahorcó a los dichos dos hombres contenidos en el dicho cargo, y otro que puso al pie de la horca, que debo de condenar y condeno al dicho Nuño de Guzmán en mil pesos de oro para la cámara de su Majestad. **(13)** Condénole más a que vaya desterrado de esta Nueva España por tiempo de un año, el cual no quebrante so pena del destierro doblado.

En cuanto **(14)** al diecisiete y dieciocho cargos, que mandó azotar y traer a las vergüenzas a las personas en los dichos cargos contenidas, que debo de condenar y condeno al dicho Nuño de Guzmán en pena de quinientos pesos de oro para la cámara de su Majestad, y más **(15)** que vaya desterrado de esta Nueva España por tiempo de medio año [f. 99v] el cual cumpla so pena del destierro doblado. **(16)** El cual dicho destierro y destierros contenidos en estos dichos capítulos se obliga a cumplir el dicho Nuño de Guzmán dentro de tres meses que saliere de la cárcel donde está habido. Ante todas cosas, mandamientos de su Majestad para salir de la prisión y cárcel donde está y pagare,[308] depositadas las penas contenidas en estos capítulos y sacadas y dadas las fianzas según como se contiene en los dichos capítulos y suma. **(17)** Condénole más en las[309] ...y de escribano como las demás del dicho proceso, la tasación y moderación de las ...en sus recibos.

XCIII. [En el margen superior, centrado] **Suma en lo de los oficiales**

En cuanto a los oficiales, tenientes de gobernador, alcaldes, alguaciles, regidores, escribanos y los demás oficiales en esta residencia contenidos que se hallaron presentes en esta Nueva Galicia, porque por los que están ausentes que han sido oficiales están dadas por mí cartas, requisitorios para que parezcan en esta dicha Nueva Galicia a dar residencia de los dichos oficios, que están de ellos a doscientas y doscientas cincuenta y trescientas leguas de esta dicha Nueva Galicia, según soy informado, y no han venido.

XCIV. Fallo que Cristóbal de Oñate, teniente de gobernador que ha sido por el dicho Nuño de Guzmán y veedor que es al presente de la hacienda de su Majestad, que ha usado y ejercido el tiempo de su oficio bien y fielmente su oficio y oficios, y lo debo de pronunciar y pronuncio por buen juez y que su Majestad debe de remunerar los muchos servicios que [f. 100] en esta provincia ha hecho, y darle otros mayores cargos y oficios de mayor cantidad y fidelidad, atento a los dichos dineros y claridad y limpieza que ha tenido en los libros y fueros de su Majestad, según que por la pesquisa de este proceso y cuentas de este proceso consta y parece.

En cuanto **(2)** a los demás oficiales presentes, porque no resulta culpa o culpas de que se les deba hacer cargo que les debo de pronunciar y pronuncio por buenos oficiales, y así los pronuncio y mando por esta mi sentencia, en estos escritos y por ellos el licenciado de la Torre.

Dada y **(3)** pronunciada fue esta dicha sentencia de suso contenida, en la dicha ciudad de Compostela a nueve días del mes de mayo del dicho año de quinientos treinta y siete años, estando en audiencia pública. Y mandóse notificar en los estrados de la dicha su audiencia de que son testigos Cristóbal de Oñate y

Luis Salido y Francisco de Godoy, vecinos de la dicha ciudad, y otros.

XCV. Yo, el dicho Diego de Baeza, escribano susodicho, doy fe que leí y notifiqué la dicha sentencia según que en ella se contiene, en los estrados de la dicha audiencia, el dicho día nueve de mayo del dicho año, de que son testigos los dichos. Diego de Baeza, escribano.

Notas y citas al final

1 Olveda, Jaime. "Nuño de Guzmán frente a la historiografía de la conquista", en *Novohispania* 4, UNAM, 1998.

2 Gutiérrez Lorenzo, M. P. (2023). Reseña al libro de Aristarco Regalado Pinedo. Juicio de residencia contra Nuño de Guzmán. Gobernador de la Nueva Galicia, 1537-1538. Guadalajara (México), Anabasis, 2021. *Temas Americanistas*, (51), 545–553. https://doi.org/10.12795/Temas-Americanistas.2023.i51.23

3 Chipman, *Nuño de Guzmán...* 2007, p. 80.

4 Chipman, *Nuño de Guzmán...* 2007, p. 80.

5 Chipman, *Nuño de Guzmán...* 2007, pp. 79-81.

6 Blázquez y Calvo, *Guadalajara y el nuevo mundo...* 1992, p. 14.

7 Chipman, *Nuño de Guzmán...* 2007, pp. 82-83.

8 Hillerkuss, *Diccionario...* T. D-G, 2001.

9 Chipman pudo corroborar que en la Universidad de Alcalá "no existen asientos de matrícula de esta institución de los años anteriores a 1548". Chipman, *Nuño de Guzmán...* 2007, p. 85.

10 Chipman, *Nuño de Guzmán...* 2007, p. 85.

11 Véase un ejemplo en Blázquez y Calvo, *Guadalajara y el nuevo mundo...* 1992, p. 257.

12 JRNG. LXXXII, 2.

13 Citado por Ramírez, *Noticias históricas...* 1962, p. 18.

14 Olveda, *La costa de la Nueva Galicia...* 2011, p. 90.

15 Chipman, *Nuño de Guzmán...* 2007, pp. 86-87.

16 Chipman, *Nuño de Guzmán...* 2007, pp. 87-89.

17 AGI. Pasajeros, L. 1, E. 2807-2838.

18 Chipman, *Nuño de Guzmán...* 2007, pp. 89-907.

19 Marín Tamayo, "Nuño de Guzmán..." 1982, pp. 106-107.

20 Chipman, *Nuño de Guzmán...* 2007, p. 92.

21 Chipman, *Nuño de Guzmán...* 2007, p. 93.

22 Blázquez y Calvo, *Guadalajara y el nuevo mundo...* 1992, p. 55.

23 Hemos actualizado la ortografía. Blázquez y Calvo, *Guadalajara y el nuevo mundo...* 1992, p. 139.

24 AGI. GUADALAJARA 5, R. 1, N. 1.

25 Blázquez y Calvo, *Guadalajara y el nuevo mundo...* 1992, pp. 120-121.

26 Blázquez y Calvo, *Guadalajara y el nuevo mundo...* 1992, pp. 21, 100, 116-118.

27 Bernand y Gruzinski, *Histoire du Nouveau Monde...* 1991, p. 254.

28 Blázquez y Calvo, *Guadalajara y el nuevo mundo...* 1992, p. 150.

29 Chipman, *Nuño de Guzmán...* 2007, p. 153.

30 Díaz del Castillo, *Historia verdadera...* p. 528.

31 Chipman, *Nuño de Guzmán...* 2007, p. 154.

32 López de Gómara, *Historia de la conquista de México...* p. 274.

33 Blázquez y Calvo, *Guadalajara y el nuevo mundo...* 1992, p. 24.

34 Regalado, *L'Ouest mexicain...* 2013, pp. 77-79.

35 Blázquez y Calvo, *Guadalajara y el nuevo mundo...* 1992, p. 23.

36 García Martínez, "Los años de la conquista". 2014, p. 194.

37 Lynch, *Los Austrias...* 2016, p. 123.

38 López de Gómara, *Historia de la conquista de México...* p. 274.

39 Regalado, "El preámbulo...", 2016, pp. 111-113.

40 Blázquez y Calvo, *Guadalajara y el nuevo mundo...* 1992, p. 28.

41 Díaz del Castillo, *Historia verdadera...* p. 534.

42 Murià y Peregrina (dirs), *Historia general de Jalisco*, Vol. I, 2015, p. 228.

43 Regalado, "El preámbulo...", 2016, pp. 126-127.

44 Díaz del Castillo, *Historia verdadera...* p.534; López de Gómara, *Historia de la conquista...* p. 275.

45 Blázquez y Calvo, *Guadalajara y el nuevo mundo...* 1992, p. 206.

46 Blázquez y Calvo, *Guadalajara y el nuevo mundo...* 1992, p. 228; Alcalá, *Relación de Michoacán*, pp. 274-279; López de Gómara, *Historia de la conquista...* p. 275; Díaz del Castillo, *Historia verdadera...* p. 534.

47 Un claro ejemplo, y probablemente el más influyente, es el texto de Bartolomé de Las Casas, *Brevísima relación...* cap. X.

48 Romano, *Les conquistadores...* 1972, p. 23; Wachtel, *Vision des vaincus*. 1971, p. 64; Mountjoy, "Cálculos de la población...". 1996, p. 174.

49 A las personas interesadas en la conquista de la Nueva Galicia recomiendo los testimonios que dieron algunos españoles que participaron en ella y que ha reunido en un solo libro José Luis Razo Zaragoza, *Crónicas de la conquista...* 2001.

50 Ambos textos han sido transcritos y publicados de manera íntegra por Blázquez y Calvo, *Guadalajara y el nuevo mundo...* 1992, pp. 205-225 y 53-73, respectivamente. La carta de 1530 también puede consultarse en Razo, *Crónicas de la conquista...* 2001, pp. 25-59.

51 Blázquez y Calvo, *Guadalajara y el nuevo mundo...* 1992, p. 73.

52 Blázquez y Calvo, *Guadalajara y el nuevo mundo...* 1992, p. 63.

53 Blázquez y Calvo, *Guadalajara y el nuevo mundo...* 1992, pp. 205-206.

54 Blázquez y Calvo, *Guadalajara y el nuevo mundo...* 1992, p. 206.

55 Blázquez y Calvo, *Guadalajara y el nuevo mundo...* 1992, pp. 206-207.

56 Blázquez y Calvo, *Guadalajara y el nuevo mundo...* 1992, pp. 207-209.

57 Blázquez y Calvo, *Guadalajara y el nuevo mundo...* 1992, pp. 209-210.

58 Blázquez y Calvo, *Guadalajara y el nuevo mundo...* 1992, pp. 210-211.

59 Blázquez y Calvo, *Guadalajara y el nuevo mundo...* 1992, pp. 211-213.

60 Blázquez y Calvo, *Guadalajara y el nuevo mundo...* 1992, pp. 213-215.

61 Blázquez y Calvo, *Guadalajara y el nuevo mundo...* 1992, p. 215.

62 Blázquez y Calvo, *Guadalajara y el nuevo mundo...* 1992, pp. 215-217.

63 Blázquez y Calvo, *Guadalajara y el nuevo mundo...* 1992, pp. 217-218.

64 Blázquez y Calvo, *Guadalajara y el nuevo mundo...* 1992, p. 218.

65 Blázquez y Calvo, *Guadalajara y el nuevo mundo...* 1992, pp. 218-219.

66 Blázquez y Calvo, *Guadalajara y el nuevo mundo...* 1992, pp. 219-221.

67 Blázquez y Calvo, *Guadalajara y el nuevo mundo...* 1992, pp. 221-222.

68 Blázquez y Calvo, *Guadalajara y el nuevo mundo...* 1992, pp. 221-222.

69 Blázquez y Calvo, *Guadalajara y el nuevo mundo...* 1992, pp. 223-224.

70 Blázquez y Calvo, *Guadalajara y el nuevo mundo...* 1992, pp. 224-225.

71 Blázquez y Calvo, *Guadalajara y el nuevo mundo...* 1992, p. 225.

72 Murià y Peregrina (dirs), *Historia general de Jalisco.* Vol. I, 2015, p. 247.

73 Blázquez y Calvo, *Guadalajara y el nuevo mundo...* 1992, p. 64.

74 Murià y Peregrina (dirs) *Historia general de Jalisco*, Vol. I, 2015, pp. 247-249.

75 Razo, *Crónicas de la conquista...* 2001.

76 Murià y Peregrina (dirs.), *Historia general de Jalisco*, Vol. I, 2015, pp. 252-253.

77 Blázquez y Calvo, *Guadalajara y el nuevo mundo...* 1992, p. 64.

78 Regalado, "Una conquista a sangre...", 2016, pp. 153-154.

79 Regalado, "Una conquista...", 2016, pp. 153-155.

80 Razo, *Crónicas de la conquista...* 2001, pp. 178-179.

81 Murià y Peregrina, *Historia general de Jalisco*, Vol. I, 2015, p. 265.

82 León-Portilla, *Hernán Cortés y la Mar del Sur*, 2004, pp. 94-99.

83 León-Portilla, *Hernán Cortés y la Mar del Sur*, 2004, p. 97.

84 Regalado, *La fundación...* 2008, pp. 193-194.

85 Regalado, "El preámbulo de la conquista..." 2016, pp. 116-126.

86 AGI. JUSTICIA 337.

87 Blázquez y Calvo, *Guadalajara y el nuevo mundo...* 1992, p. 66.

88 León-Portilla, *Hernán Cortés y la Mar del Sur*. 2004, pp. 110-122.

89 Blázquez y Calvo, *Guadalajara y el nuevo mundo...* 1992, pp. 66-71.

90 AGI. PATRONATO 184, R. 24.

91 García Martínez, "Los años de la conquista". 2014, p. 194.

92 García Martínez, "Los años de la conquista". 2014, p. 194.

93 En 1573 Felipe II dictó unas nuevas ordenanzas.

94 Razo, *Historia temática...* 1981, pp. 127-129.

95 Rodríguez, *El urbanismo prehispánico...* 1986, p. 188.

96 AGI. JUSTICIA 113, R. 4.

97 Regalado, *L'Ouest mexicain...* 2013, p. 329.

98 AGI. JUSTICIA 121, N. 1, R. 4.

99 Regalado, *L'Ouest mexicain...* 2013, pp. 113-120

100 AGI. GUADALAJARA 46, N. 1.

101 Blázquez y Calvo, *Guadalajara y el nuevo mundo...* 1992, pp. 242ss.

102 A este acontecimiento se le ha conocido como "guerra del Mixtón", porque en ese sitio tuvieron lugar las batallas más importantes. Véase López Portillo y Weber, *La rebelión...* 1939; Regalado, *Guadalajara. Siete...* 2011, pp. 85-109.

103 Según las leyes españolas, por supuesto.

104 Cada carga equivalía a media fanega.

105 Un relato más detallado sobre este caso de Xalisco se puede leer en Regalado, *Guadalajara. Siete...* 2011, pp. 68-77. Sobre el sistema de encomienda la obra de referencia es la de Zavala, *La encomienda indiana...* 1973.

106 Véase el caso de Colima en la obra de Romero, *Clérigos, encomenderos...* 2008.

107 Álvarez, "La primera regionalización...". 2016, pp. 170-175.

108 JRNG. XXI, 23.

109 Álvarez, "La primera regionalización...". 2016, pp. 170-175; Regalado, *L'Ouest mexicain...* 2013, p. 157.

110 JRNG. XXIII-XXXIII.

111 JRNG. XXVII, 23.

112 "gran parte de los miembros de la expedición originaria y otros llegados más tarde terminaron convertidos en señores de indios". Álvarez, "La primera regionalización...". 2016, p. 174.

113 JRNG. LI-LVI.

114 Hillerkuss, *Documentalia...* 1994, p. 111-115.

115 AGI. JUSTICIA 113, N. 1.

116 JRNG. LI-LVI.

117 AGI. GUADALAJARA 46, N. 1.

118 Razo, *Crónicas de la conquista...* 2001, p. 191.

119 Razo, *Crónicas de la conquista...* 2001, p. 202.

120 Razo, *Crónicas de la conquista...* 2001, pp. 196-197.

121 Razo, *Crónicas de la conquista...* 2001, p. 209.

122 Razo, *Crónicas de la conquista...* 2001, p. 186.

123 Razo, *Crónicas de la conquista...* 2001, p. 193.

124 Razo, *Crónicas de la conquista...* 2001, p. 167-168. Testimonio de Pedro de Carranza.

125 Razo, *Crónicas de la conquista...* 2001, p. 194.

126 Razo, *Crónicas de la conquista...* 2001, pp. 228-231; 198-200.

127 Razo, *Crónicas de la conquista...* 2001, pp. 208-209.

128 El interrogatorio se encuentra en la siguiente referencia: JRNG. XXI.

129 JRNG. XLIV, 26.

130 La declaración de Diego Segler se encuentra en JRNG. XXII.

131 Véase el Juicio de Residencia contra Francisco Vázquez Coronado. AGI.   JUSTICIA 339, N. 1, R. 1.

132 JRNG. XXIII, 27.

133 JRNG. XXXVIII, 27.

134 JRNG. XLI, 27.

135 JRNG. XLII, 27.

136 JRNG. XLV, 27-29.

137 JRNG. LX, 27-30.

138 JRNG. XLVIII, 27, 29.

139 JRNG. XXXIX, 27.

140 JRNG. LXII, 27-28; LXIII, 27-30.

141 JRNG. LXIV.

142 El documento se encuentra en JRNG. LXXX.

143 JRNG. LXXX, 1-26.

144 En el documento no se indica el lugar, pero sabemos que Melchor Díaz era alcalde mayor en Culiacán.

145 Algunas notas sobre la vida material de la Nueva Galicia entre 1545 y 1575 se encuentran en Regalado, *L'Ouest mexicain...* 2013, pp. 205-214.

146 Mota y Escobar, *Descripción geográfica...* 1993, pp. 19ss. Para tener una idea muy concreta de los tributos que entregaban los pueblos indígenas durante el siglo XVI en la Nueva Galicia véase Borah, *Tendencias de precios...* 1994.

147 Todos declararon el 14 de abril de 1537.

148 JRNG. XXX.

149 JRNG. LXXII.

150 Blázquez y Calvo, *Guadalajara y el nuevo mundo...* 1992, p. 70.

151 JRNG. LXXXII.

152 JRNG. XLVII, 12; XLVIII, 12; L, 12; LXI, 11.

153 Blázquez y Calvo, *Guadalajara y el nuevo mundo...* 1992, p. 72.

154 Blázquez y Calvo, *Guadalajara y el nuevo mundo...* 1992, p. 72.

155 Un buen estudio sobre el emperador Carlos V y la Europa de este tiempo es el de Jean-Michel Sallmann, *Charles Quint.* 2004.

156 Blázquez y Calvo, *Guadalajara y el nuevo mundo...* 1992, p. 73.

157 JRNG. XVI, 5.

158 El testamento de Nuño de Guzmán fue publicado por Adrián Blázquez y Thomas Calvo, *Guadalajara y el nuevo mundo...* 1992, pp. 266-277.

159 Archivo General de Indias (AGI). JUSTICIA 337.

160 Se trata de la villa asentada en Tlacotán en 1535.

161 Participó en la expedición de Nuño de Guzmán en 1529, fue fundador y procurador de Guadalajara en 1532, en Nochistlán. En 1533 fue regidor de la villa en su sitio de Tonalá. En 1536 sustituyó a Miguel de Ibarra como alcalde ordinario. En 1538, como procurador de Guadalajara viajó a España y le consiguió el escudo de armas y las prerrogativas de ciudad, en un documento firmado por Carlos V el 8 de noviembre de 1539. Hillerkuss. *Diccionario...* T. A-C. 2000.

162 De origen vasco, participó en la conquista de la Nueva Galicia con Nuño de Guzmán. En 1531 participó en la fundación de Culiacán, en 1532 fue fundador de Guadalajara en Nochistlán y formó parte del primer ayuntamiento como regidor. En 1535 fue alcalde ordinario de la villa de Guadalajara y regidor en 1536 y 1537.

En 1539 fue nuevamente alcalde ordinario y en 1540, regidor de la misma villa. Participó en la guerra del Mixtón. En diciembre de 1541 fue nombrado corregidor de Etzatlán, cargo que le fue renovado en 1543. En 1542 fue fundador de la Guadalajara definitiva y nombrado su alcalde mayor. Formó parte del ayuntamiento de la ciudad hasta 1545 como regidor o alcalde ordinario. Murió hacia 1548. Hillerkuss, *Diccionario...* T. H-I, 2006, pp. 334-335; Amaya, *Ameca...* 1983, pp. 465-467.

163 Participó en la conquista de la Nueva Galicia con Nuño de Guzmán en 1529. Fue regidor de la villa de Guadalajara en 1532, en 1537 y en 1539. Partió a vivir en la Nueva España y contrajo nupcias con Catalina Mejía, hija del Lic. Diego Pérez de la Torre con quien tuvo cuatro hijos. Murió hacia 1547. Hillerkuss, *Diccionario...* T. A-C, 2000.

164 Nació en Almendralejo, España, en 1482, en una familia de hidalgos.

165 En el manuscrito dice "sepades".

166 Ciudad fundada en 1531 por Nuño de Guzmán, bajo el nombre de Espíritu Santo, en las inmediaciones de Tepic, a la que la Corona bautizó como Compostela un año más tarde al autorizar la gobernación de la Nueva Galicia. Thomas Calvo y Aristarco Regalado Pinedo (coords) *Historia del reino de la Nueva Galicia.* Ed. CUCSH-UdeG, 2016, p. 154.

167 La Nueva Galicia estaba compuesta solamente por una ciudad, Compostela, y tres villas: Culiacán, Guadalajara y Purificación, porque Chiametla (otra villa española) había sido despoblada en 1535; y por una multitud de pueblos indígenas de poca importancia demográfica si los comparamos con los del Altiplano Central de México.

168 En el manuscrito dice "residieredes".

169 Hemos decidido poner la palábra en itálica por tratarse de un libro de leyes.

170 En el manuscrito dice "hallaredes".

171 En el manuscrito dice "hallaredes".

172 En el manuscrito dice "hallaredes".

173 En el manuscrito dice "hallaredes".

174 En el manuscrito dice "omes buenos",

175 En el manuscrito dice "hicieredes".

176 En el manuscrito dice "hubieredes".

177 En el manuscrito dice «omes buenos».

178 Oriundo de la villa de Salinas, hijo de Alonso Sanz de Salinas y de María Alonso de Avanza. Casado en Burgos donde se quedó su esposa con tres de cuatro hijos. El mayor pasó con él al Nuevo Mundo a mediados del decenio de 1530. Su hijo participó en la expedición de Cíbola al mando de Francisco Vázquez Coronado. Icaza. *Diccionario autobiográfico...* Vol. II, 1969, p. 317.

179 Originario de Medina de Río Seco; hijo legítimo de Pedro Sánchez de Olea y de Inés de Belmonte. Hizo la expedición de Florida con Pánfilo de Narváez; pasó a México hacia 1524; participó en la conquista de Motín y después en la conquista de la Nueva Galicia con Nuño de Guzmán. Contrajo nupcias con la viuda de Alonso Romero, conquistador de Pánuco. Icaza. *Diccionario autobiográfico...* Vol. II, 1969, p. 287.

180 Claro error del escribano pues debe decir villa como una línea después se indica. En este momento Guadalajara todavía no era ciudad.

181 Fue vecino de la ciudad de México hasta que partió con Nuño de Guzmán a la conquista de la Nueva Galicia. Contrajo nupcias con Catalina de Mena, con quien tuvo 3 hijos. Fue encomendero del pueblo de Copala y murió en el peñón del Mixtón. Icaza. *Diccionario autobiográfico...* Vol. II, 1969, p. 288.

182 Se trata de Juan Sánchez de Belmonte.

183 Originario de Sevilla, hijo de Francisco Morón y María Sánchez. Participó en la conquista de la Nueva Galicia con Nuño de Guzmán y fue fundador de Guadalajara. El gobernador Francisco Vázquez Coronado le concedió un sitio de ganado mayor cerca de Tlajomulco. Amaya. *Ameca...* 1983, p. 419.

184 Originario de la villa de Palazuelos, en el obispado de Zigüenza; hijo legítimo de Pedro Cuadrado, quien participó en la conquista de Granada, y de María de Villaverde. Pasó a la Nueva España en el decenio de 1520. Participó en la conquista de la Nueva Galicia con Nuño de Guzmán. Vecino de Guadalajara. Icaza. *Diccionario autobiográfico...* Vol. II, 1969, p. 254.

185 Parece que esta palabra sobra.

186 En el documento dice "de yusoscriptos"

187 Enseguida va rayado lo siguiente: "es este que se".

188 Parece un error involuntario, pues el juicio de residencia en cuestión es como gobernador de la Nueva Galicia, no de Pánuco. Es cierto que el 3 de febrero de 1537 la Audiencia de México había ratificado a Juan Álvarez de Castañeda como juez de residencia de Guzmán para Pánuco. Tal vez el error se debe a que ambos juicios se llevaban paralelamente. Véase Chipman. *Nuño de Guzmán...* 2007.

189 "es este que se sigue" va tachado.

190 Sobrina del adelantado Pedro de Alvarado.

191 De origen montañés, hijo de Juan Pérez del Hoyo y María Gutiérrez del Campo. Llegó a la Nueva España en 1522. Participó en la conquista de la Nueva Galicia con Nuño de Guzmán y, atendiendo sus órdenes, hizo la conquista de Santiago de los Valles con Cristóbal Barrios. Contrajo nupcias con una sobrina de Pedro de Alvarado, llamada Magdalena, en cuya casa murió el adelantado. Fue fundador y regidor de Guadalajara en 1532, en 1533 y teniente de alcalde ordinario en 1536. Estaba en España en 1538 y obtuvo un escudo de armas. Hacia 1540 ya estaba en Guadalajara de nuevo, y participó en la guerra del Mixtón. Era encomendero de Coina y Tototlán, Ocotic y Huehuetitlán. Fue fundador de Guadalajara en su último asentamiento en Atemajac. Hillerkuss, *Diccionario...* Tomo A-C, 2000; Amaya, *Ameca...* 1983, p. 387.

192 Originario de Logroño; hijo legítimo de Pedro de Villanueva y de Juana Galva. Participó en las conquistas de Michoacán y de Nueva Galicia. Vecino y defensor de Guadalajara en 1541, fundador de la que se instaló en Atemajac. Amaya, *Ameca...* 1983, p. 605; Icaza, *Diccionario autobiográfico...* Vol. II, 1969, p. 265.

193 O Hernando, como también le llaman al hacer su declaración. Esta observación es válida para todos los Fernando.

194 En el manuscrito, las preguntas del interrogatorio, así como las respuestas de los testigos más adelante, vienen enumeradas al margen con números romanos. Nosotros decidimos indicarlas con arábigos para mejor comprensión y organización del texto.

195 Originario de Vittoria, hijo legítimo de Juan Pérez de Oñate y de Osaña González. Llegó a la Nueva España en 1522 con el contador Rodrigo de Albornoz. Al llegar a México Nuño de Guzmán, formó parte de su facción y lo acompañó a la conquista de la Nueva Galicia en la cual fue uno de los capitanes. Ante las ausencias de los gobernadores Guzmán, Pérez de la Torre y Vázquez Coronado, fue gobernador interino y capitán general de la Nueva Galicia. Contrajo nupcias, primero, con Leonor de Salazar con quien tuvo un hijo; después, con Catalina de Salazar, viuda con 3 hijos, hija del factor Gonzalo de Salazar, con quien tuvo 5 hijos. Amaya, *Ameca...* 1983, pp. 514-517; Icaza, *Diccionario autobiográfico...* Vol. II, 1969, pp. 355-356.

196 Hermano de Cristóbal de Oñate, participó en la conquista de la Nueva Galicia con Nuño de Guzmán como alférez. En 1531 Guzmán lo envió a fundar Guadalajara en Nochistlán. En 1537, al saber que venía el Lic. Pérez de la Torre a hacer residencia y que Guzmán había sido apresado, huyó al virreinato de Perú, donde terminó sus días. Amaya, *Ameca...* 1983, pp. 517-518.

197 Pariente de Nuño de Guzmán, pasó con él a la provincia de Pánuco en 1528 donde fue nombrado capitán; fue con él a la Nueva Galicia donde ejerció algunos cargos de justicia. Hillerkuss, *Diccionario...* T. A-C, 2000; Romero, *Andariegos...* 2001.

198 Oriundo de Sevilla, hijo de Juan de Proaño y Ana Cervantes. Pasó a la Nueva España en 1526 con el Lic. Luis Ponce de León, como alguacil mayor. Participó en la conquista de la Nueva Galicia con Nuño de Guzmán. Fue encomendero de Jalpa y Tepec, vecino de Guadalajara y corregidor de los pueblos de Ávalos en 1542. Icaza, *Diccionario autobiográfico...* Vol. II, 1969; Amaya, *Ameca...* 1983, p. 539; Romero, *Andariegos...* 2001.

199 Participó en la conquista de la Nueva Galicia con Nuño de Guzmán, permaneció en Culiacán, donde fue capitán y alcalde mayor. En 1536 recibió a Álvar Núñez Cabeza de Vaca, sobreviviente de Florida. En 1539 hizo una expedición de avanzada al Cíbola como preámbulo de la de Francisco Vázquez Coronado, en la que también participó. Murió el 18 de enero de 1541 cerca del río Colorado. Hillerkuss, *Diccionario...* T. D-G, 2001, pp. 31-32.

200 Originario de Alcalá de Henares o de Toledo; pariente de Nuño de Guzmán con quien pasó a Pánuco en 1527 y a quien acompañó en la Nueva Galicia. Fue alguacil mayor de Compostela en 1532 y 1533. Regalado, *L'Ouest mexicain...* 2013, p. 335.

201 Nació en 1489 en Sevilla, hijo de Francisco de Burgos y Guiomar de Escobar. Pasó al Nuevo Mundo en 1520, participó en la conquista de México, de Pánuco y, en 1529, fue a la conquista de la Nueva Galicia con Nuño de Guzmán como alguacil mayor. En 1530 regresó a México, donde fue alcalde ordinario en 1532, 1540 y 1545. Se casó con María Vázquez de Bullón, hija de conquistador con quien tuvo una hija. Murió hacia 1547. Hillerkuss, *Dicciona-*

rio... T. A-C, 2000.

202 Originario de Ubeda, participó en la conquista de la Nueva Galicia con Nuño de Guzmán, en la que se ejerció como traductor. Fue regidor de Compostela en 1531, 1532 y su alguacil mayor en 1536. Participó en el comienzo de la expedición a Cíbola y después, en la llamada guerra del Mixtón. Hillerkuss, *Diccionario...* T. D-G, 2001, pp. 239-240.

203 Hijo de Diego López y de Isabel de Medina. Pasó a la Nueva España con Pánfilo de Narváez en 1520. Participó en la conquista de Tenochtitlán. Entre 1524 y 1525 acompañó a Francisco Cortés en la expedición al norte de Colima hasta Tepic. En 1525 era vecino de la ciudad de México donde en 1527 realizaba actividades de trata de esclavos, pero también comenzaba a interesarse en la explotación de minas en Zacatula. En 1529 participó en la conquista de la Nueva Galicia con Nuño de Guzmán como capitán, pero a partir de julio de 1530 sustituyó a Antonio de Villarroel como maestre de campo. Durante esta conquista fue herido en el brazo en el norte de Sinaloa. En febrero de 1532 hizo un relato sobre la conquista de la Nueva Galicia ante el oidor de México Alonso de Maldonado. En 1533 fue procurador de Compostela, junto con Sancho de Caniego, en la corte española. Contrajo nupcias hacia 1535 con Antonia del Castillo, hija de Inés Hernández y de Diego García, un platero vecino de la ciudad de México y fundador de Guadalajara en 1542. Fue testigo en el acuerdo que realizaron en 1540 el virrey Antonio de Mendoza y el adelantado Pedro de Alvarado, en Tiripetío, para la exploración conjunta de la Mar del Sur. En 1542 fue alcalde ordinario de la ciudad de México. Falleció hacia 1557 en Sevilla. Hillerkuss, *Diccionario...* T. J-L, 2010, pp. 418-421.

204 Se sabe que era criado de Nuño de Guzmán cuando éste era gobernador de Pánuco, donde recibió una encomienda. Partió a la conquista de la Nueva Galicia y en 1531 se convirtió en alcalde ordinario de la ciudad de Compostela. Repitió en el cargo en 1532, 1533 y 1534. En 1536 era regidor de la misma ciudad. Regalado, *L'Ouest mexicain...* 2013, pp. 75, 114, 329-330.

205 Llegó a México durante la presidencia de Nuño de Guzmán con una carta de recomendación real para que le fuera otorgada una encomienda. Fue alcalde ordinario de Compostela en 1531 y 1532, y regidor de 1533 a 1536. AGI. MÉXICO 1088, L. 1. Regalado, *L'Ouest mexicain...* 2013, pp. 329-330.

206 Hijo de Juan López Bribe, y originario de Vittoria. Fue criado de la casa real, participó en las guerras de Pamplona, Borgoña, Tornoy y Fuenterrabia. Pasó con Nuño de Guzmán a Pánuco como su criado, en esa gobernación tuvo el cargo de alguacil mayor y recibió una encomienda. Participó en la conquista de la Nueva Galicia como mayordomo y jefe de la guardia personal de Nuño de Guzmán. Fue regidor de Compostela en 1531 y 1536 y alcalde ordinario en 1535. Contrajo nupcias con Ana de Salvatierra. Amaya, *Ameca...* 1983, pp 604-605; Icaza, *Diccionario autobiográfico...* Vol. I, 1969, p. 246; Regalado, *L'Ouest mexicain...* 2013, pp. 89, 114, 329-330.

207 Nació en Paladines de Ávila poco antes de 1510; hijo de Alonso de Bracamonte y de Francisca González de Ávila. Pasó al Nuevo Mundo con Nuño de Guzmán con aproximadamente una docena de hombres a su servicio. Participó en la conquista de la Nueva Galicia con Nuño de Guzmán. Fue parte del ayuntamiento de Compostela en 1531, alcalde ordinario en 1533 y 1535. Recibió importantes encomiendas en la jurisdicción de Compostela hacia Guachinango. En 1550 era minero de Guachinango con dos molinos, casas y esclavos. Fue corregidor de Etzatlán entre 1537 y 1539. Contrajo nupcias con Beatriz de Alvarado, hija del conquistador Guillén de la Loa e Isabel de Alvarado. Tuvo varios hijos. Romero, *Andariegos...* 2001; Hillekuss, *Diccionario...* T. A-C, 2000; Amaya, *Ameca...* 1983, pp. 379-380; Regalado, *L'Ouest mexicain...* 2013, pp. 328-329.

208 Participó en la conquista de la Nueva Galicia con Nuño de Guzmán. En 1531 fue corregior de Tepic y Xalisco, y en 1536 fue alcalde ordinario de Compostela. Amaya, *Ameca...* 1983, p. 591; Regalado, *L'Ouest mexicain...* 2013, pp. 328-330.

209 Originario de Compostela, valle de Toranzo; hijo de Joan Rodríguez y de Teresa Hernández Castañeda. Llegó al Nuevo Mundo con Pánfilo de Narváez a quien acompañó a La Florida en 1527. En 1529 participó en la conquista de Nueva Galicia con Nuño de Guzmán. En 1531 y 1532 fue regidor de Compostela; en 1533 fue fundador de Purificación; en 1534 y 1536 fue alcalde ordinario de Compostela. En 1538 era encomendero de Guaynamota. Participó en la defensa de Guadalajara durante la guerra del Mixtón. Hillerkuss, *Diccionario...* T. A-C, 2000; Romero, *Andariegos...* 2001; Regalado, *L'Ouest mexicain...* 2013, pp. 328-330.

210 Pasó a la Nueva España hacia 1522. Fue a la conquista de Pánuco a caballo y después, en calidad de visitador, hizo el repartimiento de encomiendas entre los españoles. Participó como capitán en la conquista de la Nueva Galicia en 1529 con Nuño de Guzmán y fue uno de los vecinos fundadores de la villa de Guadalajara donde fue nombrado regidor del primer ayuntamiento por Guzmán. Hacia 1545 estaba casado con una mujer española y tenía 7 hijos: 4 mujeres y 3 varones. Icaza, *Diccionario autobiográfico*... Vol. II, 1969, p.268; Mota Padilla, *Historia*... p. 77; Regalado, *L'Ouest mexicain*... 2013, p. 89.

211 Participó en la conquista de la Nueva Galicia con Nuño de Guzmán. Participó en la fundación de Guadalajara en Nochistlán, donde fue teniente de alcalde mayor. En 1532 fue alcalde ordinario de la misma villa y regidor en 1533. Participó en la guerra del Mixtón con el virrey Antonio de Mendoza. Hillerkuss, *Diccionario*... T. A-C, 2000.

212 Su hijo Pedro Ortiz de Zúñiga declaró hacia 1545 que su padre Sancho Ortiz de Zúñiga había participado en las guerras de Italia durante 18 años y que había muerto en la expedición que hizo Hernán Cortés a la isla de la California; que puede ser la de 1535 en la que participó Cortés personalmente, o la de 1539 bajo el mando de Francisco de Ulloa. Fue fundador de Guadalajara en Nochistlán y formó parte de su primer ayuntamiento como regidor. Guzmán lo nombró alcalde ordinario de la villa para el año 1533. Icaza, *Diccionario autobiográfico*... Vol. II, 1969, p. 90; Mota Padilla, *Historia*... p. 77.

213 Formó parte del primer ayuntamiento de Guadalajara de Nochistlán en 1533; y según se desprende del presente cuestionario, entre los años 1534 y 1536 fue alcalde ordinario de la villa. Mota Padilla, *Historia*... p. 77.

214 En el manuscrito dice "conveniblemente".

215 Falta la foja 16.

216 Llegó con Hernán Cortés y participó en la conquista de Tenochtitlán en 1519-1521. Desde entonces sirvió como intérprete. En su relación de Méritos y Servicios aseguro que él fue el primer español que aprendió a hablar náhuatl. Participó en la conquista de los chontales con Pedro de Alvarado de la que salió gravemente herido en la cabeza. Después acompañó a Bernardino Vázquez de Tapia en la pacificación de Tecomaxtlán; y en la de Cuzclan con P. Chirinos. Por orden de Hernán Cortés fue puesto en prisión en Coyoacán por proferir malas palabras. Después participó como intérprete en la visita que hizo Diego de Valdenebro. En 1529 acompañó a Nuño de Guzmán en la conquista de la Nueva Galicia como su intérprete. Parece que nunca contrajo nupcias pero tuvo dos hijos naturales: Isabel del Pilar y Juan del Pilar, vecinos ambos de Puebla. Murió en 1532 ca. Grunberg, *Dictionnaire*... 2001, pp. 420-421. Le debemos un relato de la conquista de la Nueva Galicia. Véase Blázquez y Calvo, *Guadalajara y el nuevo mundo...* 1992, pp. 226-237.

217 Llegó a la Nueva Galicia después de la conquista. Pariente de Cristóbal y Juan de Oñate. Precisamente con la partida de este último a Perú en 1536 recibió las encomiendas que había dejado, generando descontento entre los demás conquistadores.

218 Originario de la villa de Santa Gadea, en las Montañas. Hijo de Hernando de Sámano y Sancha Sánchez. Participó en las guerras contra los franceses y en las guerras de las comunidades mientras estuvo en España. En 1522 pasó a México con el adelantado Garay. Participó, con armas y caballo, en las conquistas de Pánuco, Guatemala y Honduras, Motín, y en 1529 participó con Nuño de Guzmán en la conquista de Nueva Galicia, donde fue contador y factor. Más tarde fue alcalde de Compostela (en 1538) y de Colima. Romero, *Andariegos...* 2001.

219 En el manuscrito se utiliza la palabra "agora", actualmente en desuso.

220 En el manuscrito se utiliza la palabra "agora".

221 He decidido mantener el acomodo que guardan las respuestas en el manuscrito original y no acomodar la respuesta 23 en párrafo aparte.

222 En el manuscrito se utiliza la palabra "agora".

223 En el manuscrito se utiliza la palabra "agora".

224 Originario de Lucena, hijo de Juan Romero y Leonor Gutiérrez. Participó en la conquista de Tenochtitlán en 1521, después pasó a Pánuco pero volvió a México en 1528. Participó en 1529 con Nuño de Guzmán en la conquista de la Nueva Galicia como alguacil. Estuvo en la fundación de Guadalajara en Nochistlán, villa de la que se convirtió en alguacil mayor. En 1538 era regidor del ayuntamiento de Guadalajara, en cuya defensa participó durante la guerra del Mixtón. Fue fundador de Guadalajara en su sitio de Atemajac en 1542. Tenía una encomienda al otro lado de la barranca de Huentitán, donde en 1555 recibió por merced tres caballerías de tierra en términos de Acatlán. Contrajo nupcias con una señora de apellido Valdivia con quien tuvo 3 hijas y 6 varones. Amaya, *Ameca...* 1983, pp. 554-555.

225 Hijo de Álvaro de Plascencia y de Constanza Hernández de Oviedo. Pasó a la Nueva España junto con sus hermanos Alonso y Hernando. Participó en la conquista de la Nueva Galicia con

Nuño de Guzmán. Fue alcalde ordinario de Guadalajara en 1532. Fue regidor de la misma villa en 1539 y participó en la guerra del Mixtón. En febrero de 1542, el gobernador interino Cristóbal de Oñate lo nombró alcalde ordinario de Guadalajara, ya en su sitio de Atemajac, en cuyo ayuntamiento participó constantemente en los siguientes años como regidor, responsabilidad que asumía todavía en 1563. Amaya, *Ameca...* 1983, p. 535.

226 Originario de Extremadura. En 1515 se instaló en la isla de Santo Domingo. Participó en la conquista de Jamaica y algunas partes de la Nueva España. Formó parte de la expedición de conquista de Nuño de Guzmán en 1529. Contrajo nupcias con una mujer indígena llamada María, quien tomó su apellido. En 1534 era vecino de Culiacán, donde tenía una encomienda. Hacia 1535-1536 se convirtió en vecino de Guadalajara y participó en la fundación definitiva de esta villa en 1542 donde murió a una edad muy avanzada. Hillerkuss, *Diccionario...* T. A-C, 2000.

227 Nació en Peñaranda, condado de Miranda. Hijo de Pedro de Haro y de Francisca Muñoz. Pasó a la Nueva España en 1521. Participó en una expedición marítima en la Mar del Sur y después, en 1529, en la conquista de la Nueva Galicia con Nuño de Guzmán. Se convirtió en vecino de Compostela y en escribano de la ciudad a partir de 1533. Icaza, *Diccionario autobiográfico...* Vol. II, 1969, p. 269; Regalado, *L'Ouest mexicain...* 2013, p. 329-330.

228 Se tiene registro de un Francisco del Barco que nació en Ávila. Hijo de Francisco del Barco y de Constanza González. Llegó con Hernán Cortés, con quien participó en la conquista de Tenochtitlán entre 1519-1521. Fue vecino de Puebla. Hillerkuss, *Diccionario...* T. A-C. 2000; Grunberg, *Dictionnaire...* 2001, p. 73.

229 Originario de Trujillo, hijo de Pedro Tello y María Díaz. Pasó a la Nueva España poco después de la conquista de Tenochtitlán. En 1529 participó con Nuño de Guzmán en la conquista de la Nueva Galicia. Fue fundador y vecino de la villa de La Purificación. Hacia 1545 todavía era soltero. Icaza, *Diccionario autobiográfico...* vol. II, 1969, p. 272; Amaya, *Ameca...* 1983, pp. 573-574.

230 La respuesta a la pregunta 20 no es mencionada.

231 En el manuscrito dice conveniblemente.

232 Puede tratarse del conquistador Francisco de Arceo, a quien debemos una relación sobre la conquista de Nuño de Guzmán. Razo, *Crónicas...* O bien, de un Juan de Arce o Alceo a quien se refiere Mota Padilla como fundador de la villa de Guadalajara en

Nochistlán. Mota Padilla, *Historia...* p. 77.

233 Nació en 1502 en Santo Domingo de la Calzada; hijo de Gonzalo de Ojeda y de María de Samaniego. Era primo de Juan de Sámano, compañero de armas. Pasó de Jamaica a la Nueva España con Francisco de Garay con quien participó en la conquista de Pánuco. Después anduvo en la conquista de Guatemala y Honduras en el año de 1524 con Cristóbal de Olid. En 1529 participó en la conquista de la Nueva Galicia con Nuño de Guzmán. En una expedición que hizo en la provincia de Culiacán perdió una pierna y quedó lisiado de un brazo. Después fue fundador de Compostela en 1531 y de la villa de Guadalajara en 1532 en el sitio de Nochistlán. Nuño de Guzmán lo nombró contador de la Nueva Galicia. Viajó a España y en 1540 regresó al Nuevo Mundo acompañado de su hermano. Fue fundador de la ciudad de Guadalajara en su sitio de Atemajac en 1542 donde permaneció hasta su muerte. Contrajo nupcias con Leonor Vaca con quien tuvo un hijo y tres hijas. Amaya, *Ameca...* 1983, pp. 509-511.

234 Se trata de indígenas de servicio que no eran esclavos.

235 Nació en Salamanca, hijo de Pedro de Fuentes y de Catalina Flores. Participó en la conquista de la Nueva Galicia con Nuño de Guzmán en 1529 quien lo designó alférez real. Participó en la fundación de la villa de Guadalajara en 1532, en el sitio de Nochistlán. En 1539 fue nombrado alcalde de Guadalajara. También fue encomendero de Juchipila. En 1542 participó en la fundación de Guadalajara en el valle de Atemajac. Contrajo nupcias con una hija del Lic. Diego Pérez de la Torre. En 1544 obtuvo una merced de un sitio de ganado mayor cerca de Ameca. Amaya, *Ameca...* 1983, pp. 433-434.

236 Oriundo de Trujillo. Participó en la conquista de la Nueva Galicia con Nuño de Guzmán. Fue fundador de la villa de San Miguel, en el sitio de Navito en 1531, donde permaneció como vecino. Nuño de Guzmán lo nombró alcalde mayor en sustitución de Diego de Proaño. Participó en la guerra del Mixtón. Amaya, *Ameca...* 1983, p. 572; Mota Padilla, *Historia...* pp. 88-89.

237 Puede tratarse de Gonzalo Varela, portugués, fundador de la villa de La Purificación en 1533, pero vecino de Guadalajara hacia 1545. Mota Padilla, *Historia...* p. 89; Icaza, *Diccionario autobiográfico...* Vol. II, 1969, p. 309.

238 Se trata muy probablemente de Alonso de León, a quien más adelante en el documento se hace referencia. JRNG, LII: 37.

239 Se trata de Pedro de Guzmán de Herrera. Pariente de Nuño de Guzmán, con quien pasó al Nuevo Mundo. En 1533 fue regidor de la ciudad de Compostela. Regalado, *L'Ouest mexicain...* 2013, p. 329

240 En el manuscrito la fecha está escrita con números romanos y así decidimos dejarla.

241 En el manuscrito dice "agora", palabra actualmente en desuso.

242 Minas situadas en las inmediaciones de Guachinango, que ya eran trabajadas, al menos, desde septiembre de 1529, antes de la expedición de conquista de Nuño de Guzmán. Regalado, "La modificación...", 2018, pp. 73-75.

243 Nació en la villa de Agudo, de la Orden de Calatrava, hijo de Rodrigo de Villarreal y de Beatriz Alonso. Pasó a la Nueva España hacia 1530. No parece haber participado en la conquista de la Nueva Galicia. Por el contrario, se incorporó a la expedición de Francisco Vázquez de Coronado como alférez del ejército en 1540 con una aportación de mil pesos en ganado. Regresó a México antes de culminar la expedición para notificar al virrey los descubrimientos realizados y se incorporó al ejército de Antonio de Mendoza para combatir a los indígenas del Mixtón en 1541. Participó en la fundación de Guadalajara en el valle de Atemajac en 1542 y al año siguiente se convirtió en alcalde ordinario. Recibió mercedes de tierra en el valle de Ameca. Amaya, *Ameca...* 1983, pp. 606-607; Icaza, *Diccionario autobiográfico...* Vol. II, 1969, pp. 27-28.

244 Participó en la conquista de la Nueva Galicia con Nuño de Guzmán en 1529. Desde 1536 era estante de las minas de Zacatlán, en las inmediaciones de Guachinango, lugar para el que Guzmán lo nombró alcalde mayor. En 1542 aparece como vecino de Compostela hasta 1560. Hillerkuss, *Diccionario...* T. J-L, 2010, p. 306.

245 Las preguntas añadidas a las que aquí se hace referencia, que van de la 34 a la 41, no aparecen en el manuscrito, solamente las respuestas, como se advierte enseguida.

246 Bartolomé Pérez, que más adelante menciona con su nombre en su respuesta a la pregunta 37.

247 Se trata muy probablemente de Francisco de la Mota.

248 Probablemente se trata de Francisco Delgadillo. Originario de Santo Domingo del Val en Toledo, hijo de Juan Delgadillo e Isabel Vellosillo. Pasó a la Nueva España después de la conquista de Tenochtitlán. Participó en la conquista de la Nueva Galicia con Nuño de Guzmán en 1529. Fue vecino de la villa de Guadalajara en su sitio de Nochistlán y participó en su última fundación en 1542 en el valle de Atemajac. Fue encomendero de Apozol y Juchipila. Participó en la guerra del Mixtón y permaneció como vecino de Guadalajara donde en 1557 se convirtió en alcalde ordinario. En 1560 fue alcalde mayor de las minas de Hostotipaquillo y entre 1571 y 1573 fue alcalde mayor de las minas de Zacatecas. Entre 1542 y 1549 contrajo nupcias con Isabel de Ávalos Sandoval. Amaya, *Ameca...* 1983, pp. 418-419; Hillerkuss, *Diccionario...* T. A-C, 2000.

249 Pasó a la Nueva España después de la conquista de Tenochtitlán. Participó en las de Michoacán y Colima con los capitanes Cristóbal de Olid, Juan Rodríguez de Villafuerte y Gonzalo de Sandoval. Fue fundador y vecino de la villa de Colima en 1523, de cuya provincia se convirtió en encomendero. En 1527 participó en la explotación de las minas de oro de Zacatula. En 1528 y 1529 aparece como estante y en ocasiones como de México. Participó en la conquista de la Nueva Galicia con Nuño de Guzmán. En 1531, junto con Francisco Verdugo, hizo la solicitud en México para fundar una villa en Xalisco. En 1532 aparece nuevamente como vecino de Colima y hombre casado con mujer en Castilla. Hillerkuss, *Diccionario...* 2010, pp. 89-91.

250 También Pedro de Lepes. Participó en la conquista de la Nueva Galicia en 1529 con Nuño de Guzmán. Fue fundador y vecino de la villa de Guadalajara en el sitio de Nochistlán. Por un tiempo fue encomendero de Apozol. Hillerkuss, *Diccionario...* T. J-L, 2010, p. 257.

251 Originario de Almeida, en la vieja Castilla, hijo de Juan Raposo y de María Paz. Pasó al Nuevo Mundo con Garay, con quien hizo la conquista de Pánuco. Después participó en la conquista de los zapotecas, Coatlán y Motín. En 1529 se enroló en el ejército de Nuño de Guzmán como intérprete y participó en la conquista de la Nueva Galicia, finalmente hizo la guerra del Mixtón. Desde su fundación siempre fue vecino de Compostela y encomendero en su jurisdicción. Estaba casado y con hijos hacia 1545. Icaza, *Diccionario autobiográfico...* Vol. II, p. 278.

252 En el documento dice "veinte".

253 Participó en la conquista de la Nueva Galicia con Nuño de Guzmán en 1529. Fue poblador y vecino de la villa de San Miguel de Culiacán desde su fundación. En 1536, mientras realizaba una entrada en esa provincia bajo el mando de Hernando Chirino, encontraron a Álvar Núñez Cabeza de Vaca. En 1540 participó en la expedición a Cíbola comandada por Francisco Vázquez Coronado. Hillerkuss, *Diccionario...* T. A-C, 2000.

254 Nació en la villa de Zafra, condado de Feria, en Extremadura. Hijo de García Durán y de Catalina Sánchez. Pasó a la Nueva España en 1526. Participó en una expedición que comandó Pánfilo de Narváez a Florida. En 1529 participó en la conquista de la Nueva Galicia con Nuño de Guzmán. Desde su fundación se avecindó en la ciudad de Compostela en cuya jurisdicción fue encomendero de los pueblos de Orita, Pontoque y Acatispa. Hillerkuss, *Diccionario...* T. D-G, 2001, pp. 58-59; Icaza, *Diccionario autobiográfico...* Vol. II, 1969, p. 280.

255 Nació en Úbeda. Participó en la conquista de la Nueva Galicia en 1529 con Nuño de Guzmán. Fue fundador y regidor de Compostela en 1531, 1532 y 1536. En 1536 Guzmán lo dejó como su apoderado para administrar su encomienda de Tepic. Participó en la expedición a Cíbola con Francisco Vázquez Coronado en 1540. Hillerkuss, *Diccionario...* T. D-G, 2001, pp. 239-240.

256 Se trata de Antonio de Villarroel, nacido en Medina de Rioseco, Valladolid hacia 1495. Pasó al Nuevo Mundo con Pedrarias en 1514, después a Cuba con Diego Velázquez. Ahí se puso a las órdenes de Hernán Cortés quien lo hizo alférez general de su ejército. En Veracruz Cortés lo reemplazó por Corral por ciertas diferencias que tuvo con él. Combatió a Narváez y, después, Cortés lo puso como mentor del príncipe heredero de Texcoco, donde permaneció hasta 1521 cuando aportó refuerzos militares a Cortés para la conquista definitiva de Tenochtitlán. Participó en las conquistas de Michoacán, Pánuco y de la Nueva Galicia. En esta última, Nuño de Guzmán lo nombró maestre de campo. Después de esta campaña regresó a México, donde era vecino y donde, en 1528 había sido regidor. En 1533 fue a España como procurador de México. Su esposa fue Isabel de Ojeda. Grunberg, *Dictionnaire...* 2001, pp. 583-585.

257 El documento está manchado en esta parte y no se alcanza a leer bien el nombre o apellido de la persona que se menciona. Probablemente se trate de Pedro de Lepe, quien firma como testigo el 20 de abril. Véase JRNG. LVII

258 En algunos textos de este y otros documentos aparece como Rodrigo Ximón.

259 Puede tratarse de la misma persona que aparece en el diccionario de Grunberg, *Dictionnaire...* 2001, p. 477.

260 Esta frase se repite al inicio de la foja 72, y así, hemos decidido dejar la repetición.

261 Juan Navarro, como se le menciona más adelante en JRNG. LXX, 3.

262 El manuscrito utiliza la palabra "ciento".

263 Literalmente dice: "que es ocho leguas".

264 Más arriba se mencionó su nombre completo: Diego de Salamanca. (JRNG. LXV: 37) Aunque también cabe la posibilidad de que se trate de Juan de Salamanca, uno de los fundadores de la villa de La Purificación. Mota Padilla, *Historia*... p. 89.

265 Aquí se ha suprimido, para su mejor lectura, la palabra "otras" que volvía a repetir.

266 En el manuscrito dice: "que es ochenta leguas de esta ciudad".

267 Se trata de Alonso Torres de Aguilar al que apodaban Buldero. Véase más adelante en este libro: JRNG, LXXI: 26.

268 Se trata de Pedro de Céspedes, oriundo de Castilla, hijo de Juan de Céspedes y María Sánchez, vecinos de la villa de Cubas, a 5 leguas de Madrid. Pasó a la Nueva España hacia 1524. Participó en la conquista de la Nueva Galicia y se avecindó en Compostela. Estuvo en la guerra del Mixtón, luego de la cual se avecindó en Guadalajara. Hillerkuss, *Diccionario*... T. A-C, 2000.

269 Hace falta la foja 80. De manera que no tenemos la información de lo relativo a la f. 80-80v.

270 Nació en Zurita, Extremadura, hijo de Joan de Villegas y de Leonor Álvarez. En 1529 participó en la conquista de la Nueva Galicia con Nuño de Guzmán., quien, después de la guerra, lo nombró encomendero de Aztatlán en Acaponeta. A mediados del decenio de 1540 era vecino de Compostela y estaba casado con María Huescas y con hijos. Hillerkuss, *Diccionario*... T. D-G, 2001.

271 Según la RAE, capataz encargado por los encomenderos del gobierno de los indígenas, de su repartimiento y del cobro de los tributos.

272 Hemos decidido dejar esta voz como aparece en el manuscrito.

273 En el manuscrito dice "conveniblemente".

274 A esta frase le hacen falta algunas pocas palabras que el escribano omitió involuntariamente, sin duda por la rapidez con que debía anotar las deposiciones de los testigos, y tal vez también por el cansancio. La frase tal como está no tiene sentido, debería decir algo parecido a lo siguiente: "Y que asimismo sabe que si su Majestad o el dicho señor licenciado en su nombre "no remediase a los dichos conquistadores, que se irán y se despoblará la tierra."

275 En el manuscrito dice "que es ocho leguas".

276 Esta frase podría ser mejor comprendida si se dice "en tal cantidad que".

277 El diccionario de la Real Academia de la Lengua Española lo define de la siguiente manera: "medida de capacidad para áridos, que tiene 4 cuartillos y equivale en Castilla a 4,625 aproximadamente".

278 La manera en que el escribano usa en los verbos de este párrafo el tiempo presente y el pasado de manera indistinta hace pensar que al momento en que el juez se dirigía a los indígenas el amanuense iba escribiendo.

279 En el manuscrito dice Fernando Cortés. Hemos decidio utilizar el nombre Hernán Cortés, como comúnmente se le conoce al conquistador de México en la actualidad. Sobre los navíos que perdió Cortés en las costas de la Nueva Galicia puede consultarse el estudio de León-Portilla, *Hernán Cortés y la Mar del Sur*. 2004, pp. 94-107.

280 En el manuscrito dice "fue estado y residido".

281 Originario de Zebreros. Participó en la conquista de la Nueva Galicia con Nuño de Guzmán. Fue fundador y vecino de la villa de San Miguel en 1531. Por indicaciones del gobernador Nuño de Guzmán participó en la exploración y conquista de la provincia de Sinaloa y Sonora. En 1550 seguía como vecino y encomendero de Culiacán y miembro de su cabildo de manera constante. Hillerkuss, *Diccionario...* T. A-C, 2000. *Nota bene*: su apellido también ha sido escrito como Cebreros, como en el caso del diccionario de Hillerkuss.

282 Nació en Guadalajara, España. Participó en la conquista de la Nueva Galicia con Nuño de Guzmán. Al fundarse la villa de San Miguel se convirtió en su vecino. Desde ahí participó en la exploración y conquista de Sinaloa y Sonora. Permaneció en Culiacán toda su vida, participando en cargos de justicia y gobierno. En 1574 todavía vivía como encomendero de la jurisdicción. Hillerkuss, *Diccionario...* T. A-C, 2000.

283 Era de origén montañés, en España. Participó en la conquista de la Nueva Galicia con Nuño de Guzmán. Participó en la fundación de la villa de San Miguel en 1531 y se convirtió en vecino de ella. En 1550 seguía siendo encomendero de Culiacán. Hillerkuss, *Diccionario... T. A-C*, 2000.

284 En el manuscrito dice "parezcades".

285 En el manuscrito dice "podades".

286 En le manuscrito dice "así en demandamiento como en defendiemiento".

287 En el manuscrito dice "vieredes".

288 Se repite dos veces el nombre Juan en el manuscrito.

289 La esquina del folio donde viene anotado el número de foja está roto.

290 Nació en Salamanca, España. Hijo de Álvaro Cornejo y Ana Maldonado. Pasó a la Nueva España en 1527. Partió a la conquista de la Nueva Galicia en 1529 con Nuño de Guzmán. En 1540 participó en la expedición a Cíbola con Francisco Vázquez Coronado pero regresó antes de que concluyera. En 1541 participó en la guerra del Mixtón y fue fundador, en 1542, de Guadalajara en el valle de Atemajac, donde se convirtió en vecino. En 1541 aparece como encomendero de la provincia de Purificación y en 1542 recibió en encomienda un pueblo de la comarca de Tala. Entre 1543 y 1545 fue corregidor del pueblo de Jilotlán, jurisdicción de Michoacán. Por ese tiempo contrajo nupcias con Francisca de Velasco. En 1547 ya tenían 2 hijos y seguía siendo vecino de Guadalajara donde continuamente fue parte del ayuntemiento, ya como regidor o como alcalde ordinario. Desde 1548 participó en actividades vinculadas a la minería en Zacatecas y Guachinango. Murió hacia 1559. Hillerkuss, *Diccionario... T. A-C*, 2000.

291 El borde de la foja donde se indica el folio está roto.

292 Esta cifra está tachada en el manuscrito; y en el margen inferior de la foja se indica la leyenda: "va testado doscientos".

293 En el manuscrito dice "tuviendo".

294 En el manuscrito dice "testigos de yuso escriptos".

295 En el manuscrito dice "bancuerda".

296 En el manuscrito dice "criberas".

297 Palabra derivada del náhuatl "xicalli", jícara, que no existe en español, pero de la cual se ha derivado una palabra muy cercana "achicalar", que tiene la misma raíz. De manera que puede tratarse de un recipiente de fierro viejo. Es de notar que a pocos años del establecimiento español en México, el castellano ya estaba lleno de palabras derivadas del náhuatl y de otras lenguas americanas en menor medida.

298 En el manuscrito dice "recibieredes".

299 En el manuscrito dice "cobraredes".

300 En el manuscrito dice "quisieredes".

301 En el manuscrito dice "agora", ya en desuso.

302 En el manuscrito dice "podades".

303 En el manuscrito dice "parezcades".

304 En el manuscrito se repite dos veces "que se debía".

305 Antes está tachada la palabra "maíz", en un claro error del amanuense.

306 En el margen inferior hay una leyenda que dice: "va testado maíz".

307 En el manuscrito dice "de yusoscriptos".

308 En el manuscrito dice "pagadare".

309 Esta foja se encuentra bastante manchada, y en particular esta línea es imposible de leer. Pero debe de decir que le condena en los costos y gastos de todo el proceso judicial.

Cronología

1490: Nacimiento de Nuño Beltrán de Guzmán.

1492: Elección del Papa Alejandro VI de Borgia.

1492: Toma de Granada por los reyes católicos.

1492: Llegada de Cristóbal Colón a América.

1491: Tratado de Tordesillas.

1500: Nacimiento de Carlos de Habsburgo.

1503: Fundación de la Casa de la Contratación, Sevilla.

1503: Francisco de los Cobos es nombrado escribano de cámara.

1504: Muerte de Isabel la Católica.

1506: Muerte de Cristóbal Colón.

1507: Francisco de los Cobos comienza a trabajar para Lope de Conchillos, secretario real de los reyes católicos.

1508: Creación de la Universidad de Alcalá de Henares.

1508: Lope de Conchillos es nombrado Secretario de Indias.

1510: Toma de Goa.

1511: Toma de Málaca.

1512: Ley de Burgos sobre la encomienda.

1513: Vasco Núñez de Balboa descubre el Pacífico.

1513: Elección del Papa León X.

1514: Los portugueses llegan a China.

1515: Francisco I, rey de Francia.

1516: Muerte de Fernando de Aragón.

1516: Carlos I, rey de Castilla y Aragón.

1516: Lope de Conchillos es confirmado en sus funciones por Carlos I.

1516: Francisco de los Cobos es nombrado secretario del rey.

1517: Viaje de Carlos I a España.

1517: Lutero publica sus 95 tesis.

1517: Expedición de Hernández de Córdoba a Yucatán.

1518: Expedición de Juan de Grijalva al norte del río Tuxpan en Yucatán.

1519: Muerte de Maximiliano I, de Habsburgo.

1519: Elección de Carlos I de España como Emperador del Sacro Imperio Romano Germánico bajo el nombre de Carlos V.

1519: Magallanes comienza su expedición alrededor del mundo.

1519: Expedición de Hernán Cortés a las costas de México.

1519: Hernán Cortés funda la villa Rica de la Vera Cruz.

1519: Francisco de los Cobos adquiere el hábito de la Orden de Santiago.

1520: Nuño de Guzmán aparece como contino en la corte real.

1520: Francisco de los Cobos y Nuño de Guzmán acompañan al emperador Carlos V en su viaje a Flandes y Alemania.

1520: Revuelta de la Comunidades de Castilla.

1520: Noche triste para Hernán Cortés por la expulsión de Tenochtitlán.

1521: Dieta de Worms.

1521: Derrota de las Comunidades en Villalar.

1521: El sultán Solimán toma Belgrado.

1521: Sitio y toma de Tenochtitlán por Hernán Cortés.

1521: Francisco de Garay recibe el título de Adelantado de Pánuco.

1521: Muerte de Lope de Conchillos en Toledo.

1521: Muerte del Papa León X.

1522: Elección del Papa Adriano VI.

1522: Sebastián Elcano, de la expedición de Magallanes, regresa a España y completa la primera vuelta al mundo.

1522: Francisco de los Cobos es nombrado miembro del Consejo Real.

1522: Nuño de Guzmán entra al servicio de Francisco de los Cobos.

1522: Hernán Cortés emprende la conquista de Pánuco.

1523: Fundación de Santisteban del Puerto por Hernán Cortés.

1523: Francisco de Garay desembarca en el norte de Pánuco.

1523: Muerte de Francisco de Garay.

1523: Muerte del Papa Adriano VI y elección del Papa Clemente VII.

1523: Misión de Nuño de Guzmán en Pareja frente al obispo de Cuenca.

1524: Fundación del Consejo de Indias.

1524: Primera expedición de Pizarro.

1524: Francisco Cortés emprende una expedición de Colima hasta Tepic.

1525: Francisco I se convierte en prisionero de guerra de Carlos V.

1525: Nuño de Guzmán es nombrado gobernador de Pánuco en las Indias.

1526: Tratado de Madrid.

1526: Pacto entre Francisco Pizarro, Diego de Almagro y Hernando de Luque para conquistar Perú.

1526: Nuño de Guzmán se embarca en San Lúcar rumbo a las Indias.

1526: El visitador Luis Ponce de León llega a México y muere pocos días después.

1527: Saqueo de Roma por las tropas imperiales.

1527: Elección del Fernando I al trono de Bohemia y de Hungría.

1527: Llegada de Nuño de Guzmán a Pánuco.

1528: Fracaso de Narváez en Florida.

1528: Nombramiento de Nuño de Guzmán como presidente de la Audiencia de México.

1529: Primera sesión de la Audiencia de México presidida por Nuño de Guzmán.

1529: Tratado de Barcelona entre Carlos V y el Papa Clemente VII.

1529: Tratado de Cambrai entre Francisco I y Carlos V.

1529: Sitio de Viena por el sultán Solimán.

1529: Tratado de Zaragoza entre España y Portugal.

1529: Nombramiento de Francisco de los Cobos como secretario del Consejo de Estado.

1529: Salida de Nuño de Guzmán a la conquista de los teúles-chichimecas.

1530: Coronación imperial de Carlos V en Boloña.

1530: Matrimonio entre Francisco I y Leonor de Austria.

1530: Llegada a México de los miembros de la segunda Audiencia.

1531: Nuño de Guzmán llega a Chiametla.

1531: Real cédula que instaura la gobernación de la Nueva Galicia con una ciudad capital llamada Compostela.

1531: Nombramiento de Nuño de Guzmán como gobernador de la Nueva Galicia.

1531: Comisión al capitán Francisco Verdugo para fundar una villa española en Tepic.

1531: Fundación de la villa de San Miguel de Culiacán.

1532: Francisco Pizarro captura al Inca Atahualpa en Cajamarca.

1532: Fundación de Compostela de la Nueva Galicia.

1532: Fundación de la villa de Guadalajara de la Nueva Galicia.

1533: Fundación de la villa de La Purificación.

1533: Fundación de la villa del Espíritu Santo de Chiametla.

1533: Fundación de la villa de Santiago de los Valles en Pánuco.

1533: Real cédula que retira a Nuño de Guzmán la gobernación de Pánuco.

1533: Ejecución del Inca Atahualpa y toma de Cuzco.

1534: Excomunión de Enrique VIII.

1534: Fundación de la Compañía de Jesús.

1534: Muerte del Papa Clemente VII y elección del Papa Pablo III.

1534: Actas de Supremacía del rey Enrique VIII como jefe supremo de la Iglesia de Inglaterra.

1535: Fundación de la villa de Lima.

1535: Hernán Cortés lanza su exploración de La California a partir de Chiametla, Nueva Galicia.

1535: Sitio y toma de Túnez por el emperador Carlos V.

1535: Muerte de Francisco Sforza, duque de Milán.

1535: Llegada a México de Antonio de Mendoza, primer virrey de la Nueva España.

1536: Revuelta de Perú contra Pizarro.

1536: Álvar Núñez Cabeza de Vaca llega a la Nueva Galicia.

1536: Nombramiento del licenciado Diego Pérez de la Torre como juez de residencia de Nuño Beltrán de Guzmán, gobernador de la Nueva Galicia.

1536: Nuño de Guzmán llega a la ciudad de México y el virrey Antonio de Mendoza lo hospeda en su casa.

1537: El licenciado Diego Pérez de la Torre, en presencia del virrey Antonio de Mendoza y de los oidores de México, anuncia a Nuño de Guzmán su juicio de residencia y es puesto inmediatamente en la cárcel.

1537: El licenciado Diego Pérez de la Torre realiza el juicio de residencia contra Nuño de Guzmán iniciándolo en Guadalajara y terminándolo en Compostela con una sentencia, entre otras, de exilio para Nuño de Guzmán.

1537: Nuño de Guzmán, desde la cárcel de México, promueve su apelación en el juicio de residencia.

1537: El licenciado Diego Pérez de la Torre asume como gobernador de la Nueva Galicia

1538: Tregua de Niza.

1538: Hernando de Soto comienza la exploración del oeste del Misisipi.

1538: Muerte del licenciado Diego Pérez de la Torre en una batalla frente a los indígenas de la Nueva Galicia.

1539: Nuño de Guzmán es conducido de regreso a España.

1539: El virrey Antonio de Mendoza designa como gobernador de la Nueva Galicia a Francisco Vázquez Coronado.

1539: Revuelta de Gante.

1539: Mercator establece el mapa del mundo.

1540: Represión de la revuelta de Gante.

1540: El Papa reconoce oficialmente a la Compañía de Jesús.

1540: El virrey Antonio de Mendoza bautiza al puerto de La Navidad al desembarcar en él en esa festividad.

1541: Salida de Compostela de la expedición de Francisco Vázquez Coronado al Cíbola.

1541: Guerra del Mixtón.

1541: Muerte de Pedro de Alvarado en Guadalajara.

1541: Asesinato de Francisco de Pizarro.

1541: Dieta de Ratisbona.

1542: Leyes Nuevas de abolición de la encomienda indígena.

1542: Los españoles llegan a Filipinas y los portugueses a Japón.

1542: Creación de la Inquisición en Roma.

1544: Visita del oidor Lorenzo de Tejada a la Nueva Galicia.

1544: Tratado de Crepy entre Francisco I y Carlos V.

1544: Revuelta de los encomenderos de Perú bajo el liderazgo de Gonzalo Pizarro.

1544: Bonanza de las minas de Guachinango.

1545: Inicio del Concilio de Trento.

1545: Explotación de las minas de Potosí.

1546: Muerte de Martín Lutero.

1546: Paz entre Francisco I y Enrique VIII.

1546: Creación del obispado de Compostela de la Nueva Galicia.

1546: Descubrimiento de las minas de Zacatecas.

1547: Muerte de Enrique VIII de Inglaterra.

1547: Muerte de Francisco I de Francia.

1547: Muerte de Francisco de los Cobos.

1547: Victoria de Carlos V sobre los protestantes en la batalla de Mühlberg.

1547: Nacimiento de Miguel de Cervantes.

1547: Creación de una Audiencia para la Nueva Galicia.

1547: Muerte de Hernán Cortés.

1548: Muerte de Gonzalo Pizarro y fin de la rebelión en Perú.

1548: Interim de Augsburgo.

1549: Muerte del Papa Pablo III.

1549: Llegada de Lebrón de Quiñones a Compostela, primer oidor de la Nueva Galicia.

1549: Antonio de Mendoza es nombrado virrey de Perú.

1550: Luis de Velasco es nombrado virrey de la Nueva España.

1550: Elección del Papa Julio III.

1550: Entrevista entre Carlos V y Fernando sobre la repartición del Imperio.

1550: El oidor Hernán Martínez de la Marcha realiza su visita de la Nueva Galicia.

1550: Comienza «la guerra chichimeca», que durará un medio siglo.

1551: Real cédula para la fundación de la universidad de México.

1552: Abolición del Interim de Augsburgo. 1552: Sitio de Metz por Carlos V.

1552: El oidor Lebrón de Quiñones realiza su visita a Colima y Zacatula.

1552: Muerte de Antonio de Mendoza en Perú.

1553: Fundación de la Universidad de México por el virrey Luis de Velasco.

1553: Muerte de Eduardo VI de Inglaterra y ascenso al poder de María Tudor.

1554: Matrimonio entre María Tudor y el príncipe Felipe, futuro Felipe II, de España.

1554: Invención del proceso de amalgamación para la extracción de mineral.

1554: Comisión del virrey de la Nueva España a Francisco de Ibarra para la conquista del norte.

1555: Elección del Papa Pablo IV.

1555: Paz religiosa de Augsburgo en Alemania.

1555: Abdicación de Carlos V del ducado de Borgoña.

1556: Abdicación de Carlos V de sus reinos de España.

1556: Descubrimiento de las minas de Chalchihuites.

1556: Retiro de Carlos V en el monasterio de Yuste.

1557: Abdicación de Carlos V del título imperial.

1557: Inicio de los preparativos en el puerto de La Navidad para el descubrimiento del Tornaviaje de Asia.

1558: Muerte de Carlos V.

1558: Muerte de Nuño Beltrán de Guzmán.

Bibliografía

Acuña, René; (ed.) *Relaciones geográficas del siglo XVI. Nueva Galicia*. Ed. UNAM, 1988.

Álvarez, Salvador; «La primera regionalización (1530-1570).» En *Historia del Reino de la Nueva Galicia*. Ed. UdeG-CUCSH, 2016, pp. 165-210.

Amaya Topete, Jesús; *Ameca, protofundación mexicana*. UNED, 1983.

-        *Los conquistadores Fernández de Híjar y Bracamontes*. Ed. Gráfica, 1952.

Arévalo Vargas, Lucía; *Historia de la Provincia de Avalos, virreinato de la Nueva España*. Ed. INAH, 1979.

Arregui, Domingo Lázaro de; *Descripción de la Nueva Galicia*. Ed. UNED-Gobierno del Estado de Jalisco-Secretaría General de Gobierno, 1980.

Bernand, Carmen y Serge Gruzinski; *Histoire du Nouveau Monde*. Fayard, 1991, 2 vols.

Berthe, Jean-Pierre, Thomas Calvo y Agueda Jiménez Pelayo; *Sociedades en Construcción. La Nueva Galicia según las visitas de oidores (1606-1616)*. Ed. UdeG-CEMCA, 2000.

Blázquez, Adrian y Thomas Calvo. *Guadalajara y el nuevo mundo. Nuño Beltrán de Guzman: semblanza de un conquistador*. Ed. Institución Provincial de

Cultura «Marqués de Santillana», 1992.

Borah, Woodrow; *Tendencias de precios de bienes de tributo real en la Nueva Galicia 1557-1598*. El Colegio de Jalisco, 1994.

Brambila, Crescenciano; *El nuevo Obispado de Autlán*. Guadalajara, 1962.

Calderón Quijano, José Antonio; (dir) *Cartografía histórica de la Nueva Galicia*. Ed. UdeG-Escuela de Estudios Hispano-Americanos de Sevilla, 1984.

Calvo, Thomas y Aristarco Regalado Pinedo (coords). *Historia del Reino de la Nueva Galicia*. Ed. UdeG-CUCSH, 2016.

Calvo, Thomas; *La Nueva Galicia en los siglos XVI y XVII*. El Colegio de Jalisco-CEMCA, 1989.

-        *Los albores de un nuevo mundo. Siglos XVI y XVII*. UdeG-CEMCA, 1990.

-        *Guadalajara y su región en el siglo XVII*. Ayuntamiento de Guadalajara, 1992, 2t.

-        *et al. Xalisco, la voz de un pueblo en el siglo XVI*. CIESAS-CEMCA, 1993.

-        «Les univers religieux dans le Mexique du XVIIe siècles, à travers la chronique de fray Antonio Tello». *CARAVELLE. Cahiers du monde hispanique et Luso-brésilien*, No. 62, 1994, pp. 81-96.

-        «De Madrid à Compostela (Mexique): Clientèle et parentèle (XVIe-XVIIe) siècles». *TRACE*, No. 30, Décembre 1996, pp. 26-36.

-        *Por los caminos de Nueva Galicia: Transportes y transportistas en el siglo XVII*. Universidad de Guadalajara-CEMCA, 1997.

Chevalier, François; *La formación de los latifundios*

en México. Tierra y sociedad en los siglos XVI-XVIII. FCE, 1970.

Chipman, Donald E. *Nuño de Guzmán y la provincia de Pánuco en Nueva España, 1518-1533.* Ed. CIESAS-El Colegio de San Luis-UAT, 2007.

Diego Fernández Sotelo, Rafael; *La primigenia Audiencia de la Nueva Galicia 1548-1572: respuesta al cuestionario de Juan de Ovando por el oidor Miguel Contreras y Guevara.* El Colegio de Michoacán, 1994.

Florescano, Enrique; (coord.) *Haciendas, latifundios y plantaciones en América Latina.* Siglo XXI, 1975.

- *Origen y desarrollo de los problemas agrarios de México (1500-1821).* Ed. Era, 1976.

García Icazbalceta, Joaquín; (ed.) *Colección de documentos para la historia de México.* Porrúa, 1980.

Gerhard, Peter; *La frontera norte de la Nueva España.* UNAM, 1996.

- *Geografía e historia de la Nueva España.* UNAM, 1986.

Gonzáles Rodríguez, Luis; "Premiers contacts dans l'ouest et le nord-est de la Nouvelle Espagne". En *Destins croisés. Cinq siècles de rencontres avec les Amérindiens.* UNESCO, 1992.

Grunberg, Bernard; *Dictionnaire des conquistadores de Mexico.* L'Harmattan, 2001.

- *L'univers des conquistadores. Les hommes et leur conquête dans le Mexique du XVIe siècle.* L'Harmattan, 1993.

Gruzinski, Serge; *La colonisation de l'imaginaire. Sociétés indigènes et occidentalisation dans le Mexique espagnol. XVIe-XVIIIe siècles.* Gallimard, 1988.

Gutiérrez y Ulloa, Antonio; *Ensayo histórico-político del reino de la Nueva Galicia con notas políticas y estadísticas de la provincia de Guadalajara por el intendente de ella D. Antonio Gutiérrez y Ulloa, 1816.* Ayuntamiento de Guadalajara-Instituto Cultural Cabañas, 1983.

Hillerkuss, Thomas; (comp.) *Documentalia del sur de Jalisco.* El Colegio de Jalisco-INAH, 1994.

\-   *Diccionario biográfico del Occidente Novohispano.* 6 tomos, A-M, 2000-2020.

Icaza, Francisco de; *Diccionario autobiográfico de conquistadores y pobladores de Nueva España.* Ed. Edmundo Aviña, 1969.

Jiménez Pelayo, Agueda; *Haciendas y comunidades indígenas en el sur de Zacatecas.* INAH, 1989.

Lavrin, Asunción; (coord) *Sexualidad y matrimonio en la América hispánica, siglos XVI-XVIII.* Ed. Grijalvo- CONACULTA, 1991.

Leal, Luis Felipe, *et al.; Origen y evolución de la hacienda de México: siglos XVI a XX.* El Colegio Mexiquense-Universidad Iberoamericana-INAH, 1990.

León-Portilla, Miguel; *Hernán Cortés y la Mar del Sur.* Ed. Algaba, 2005.

López Portillo y Weber, José; *La conquista de la Nueva Galicia.* Talleres gráficos de la Nación, 1935.

\-   *La rebelión de Nueva Galicia.* Instituto de Geografía e Historia, 1939.

Memorias y descripciones de la Nueva Galicia. Año del Señor 1579. Colegio Internacional, 1976.

Menéndez Valdés, José; *Descripción y censo general de la Intendencia de Guadalajara 1789-1793.* UNED,

1980.

Mota Padilla, Matías de la; *Historia del Reino de la Nueva Galicia en la América Septentrional*. UdeG-INAH, 1973.

Mota y Escobar, Alonso de la; *Descripción geográfica de los reinos de Nueva Galicia, Nueva Vizcaya y Nuevo León*. Gobierno del Estado de Jalisco-U de G-IJAH, 1993.

Mountjoy, Joseph; "Cálculos de la población prehispánica en la Cuenca del Río Tomatlán". En *Estudios del Hombre*. Universidad de Guadalajara, No. 3, 1996, pp. 173-194.

Murià Rouret, José María; *Historia de las divisiones territoriales de Jalisco*. INAH, 1976.

Murià, José M. y Angélica Peregrina (dirs). *Historia general de Jalisco. Desde los orígenes hasta mediados del siglo XVI*. Vol. I, Ed. El Colegio de Jalisco-Gobierno de Jalisco-Porrúa, 2015.

Oliver, Lilia, Carmen Vidaurre, et al.; *A 500 años de la conquista. Psicoanálisis y Ciencias Sociales*. Ed. Grupo Guadalajara de Psicoterapia psicoanalítica, A. C. 1996.

Oliver Sánchez, Lilia; *La antigua Autlán de la Grana*. UNED, 1983.

- *Autlán de la Grana. Población y mestizaje*. Ed. UdeG-CULagos, 2014.

Olveda, Jaime, *La costa de la Nueva Galicia. Conquista y colonización*. El Colegio de Jalisco, 2011.

- "El puerto de la Navidad. Perlas, comercio y

filipinos." *III Coloquio. La cuenca hispana del Pacífico. Pasado y futuro*. Sociedad de Geografía y Estadística del Estado de Jalisco, 1995.

-        (coord.) *El crecimiento de la ciudades noroccidentales*. El Colegio de Jalisco-Universidad de Colima-INAH, 1994.

-        (ed.) *Una aproximación a Puerto Vallarta*. El Colegio de Jalisco-Ayuntamiento de Puerto Vallarta-Fundación Jalisco cambio XXI, 1993.

Orendáin, Leopoldo y salvador Reinoso; *Cartografía de la Nueva Galicia*. Ed. Del Banco Industrial de Jalisco, 1961.

Ornelas Mendoza, Nicolás y Antonio de Valdivia; *Crónica de la Provincia de Santiago de Jalisco*. Tip. Jaime, 1941.

Palomino Cañedo, Jorge; *De los límites entre la Nueva España y la Nueva Galicia*. 1993.

Parry, John; *La Audiencia de la Nueva Galicia en el siglo XVI*. El Colegio de Michoacán-Fideicomiso Teixidor, 1993.

Paso y Troncoso, Francisco del; (recop.) *Epistolario de la Nueva España 1505-1818*. Biblioteca Histórica Mexicana, 1939.

Pérez Herrero, Pedro (comp.) *Región e historia en México (1700-1850)*. Instituto Mora-UAM, 1991.

Pérez, Joseph; Isabel y Fernando. *Los Reyes católicos*. NEREA, 1988.

Pérez Verdía, Luis; *Historia particular del Estado de Jalisco*. t. 1, 1951.

Perm, Hanns; Milpa y Hacienda. *Tenencia de la tierra indígena y española en la cuenca del Alto Atoyac, Puebla, México (1520-1650)*. CIESAS-FCE-Gobierno del Estado de Puebla, 1988.

Pizano Saucedo, Carlos; *Jalisco en la conquista de las Filipinas. Barra de Navidad y la expedición de López de Legaspi*. UNED, 1985.

Poloni-Simard, Jacques; *La mosaïque indienne. Mobilité, stratification sociale et métissage dans le corregimiento de Cuenca (Equateur) du XVIe au XVIIIe siècle*. EHESS, 2000.

Powell, Philip; *La guerra chichimeca. (1550-1600)*. FCE, 1977.

Ramírez, José Fernando; *Noticias históricas de la vida y hechos de Nuño de Guzmán*. Ed. Círculo Occidental, 1962.

Ramírez Flores, José; *Lenguas indígenas de Jalisco*. UNED, 1980.

Razo Zaragoza, José Luis; *Crónicas de la conquista del reino de Nueva Galicia en territorio de la Nueva España*. Ed. IJAH-Gobierno de Jalisco, 2001.

Regalado Pinedo, Aristarco; "El preámbulo de la conquista (1524-1529)". En *Historia del Reino de la Nueva Galicia*. Ed. UdeG-CUCSH, 2016, pp. 107-129.

- "Una conquista a sangre y fuego (1530-1536)". En *Historia del Reino de la Nueva Galicia*. Ed. UdeG-CUCSH, 2016, pp. 131-164.

- «La modificación del paisaje ante las actividades económicas en la costa de la Nueva Galicia. Siglo XVI». En Rebeca Vanesa García Corzo (coord). *Ciencia, sociedad y medio ambiente en la Historia*. Ed. CULagos, 2018, pp. 63-86.

- *L'Ouest mexicain à l'époque des découvertes et des conquêtes (XVIe-XVIIe siècle)*. Ed. L'Harmattan, 2013.

- *Guadalajara. Siete acontecimientos que la encumbraron*. Ed. Arlequín, 2011.

- *La fundación de la villa de la Purificación.*

Ayuntamiento de Purificación, 2000 (segunda edición 2008).

Román Gutiérrez, J. Francisco; *Sociedad y evangelización en Nueva Galicia durante el S. XVI*. INAH, 1993.

Romero de Solís, José Miguel; *Clérigos, encomenderos, mercaderes y arrieros en Colima de la Nueva España (1523-1600)*. Ed. AHMC-UdeC-El Colegio de Michoacán, 2008.

-		*Conquistas e instituciones de gobierno en Colima de la Nueva España (1523-1600)*. Ed. AHMC-UdeC- El Colegio de Michoacán, 2007.

-		*Andariegos y pobladores. Nueva España y Nueva Galicia (Siglo XVI)*. El Colegio de Michoacán-AHMC-UdeC-CONACULTA-FONCA, 2001.

Sallmann, Jean-Michel; *Charles Quint*. Ed. Payot, 2004.

Serrera Contreras, Ramón María; *Guadalajara ganadera; estudio regional novohispano, 1760-1805*. Consejo Superior de Investigaciones Científicas, 1977.

Tello, Fray Antonio; *Crónica Miscelánea de la Santa Provincia de Xalisco*. IJAH, libro segundo, 3 Vols. 1968.

Testimonios de la esclavitud en Nueva Galicia (facs), Lucía Arévalo (introducción). Gobierno del Estado de Jalisco, 1985.

Torres, Francisco Mariano de; *Fragmento de la crónica de la Sancta provincia de Xalisco*. Tip. A. Jaime, 1939.

Van Young, Eric; *La ciudad y el campo en el México del siglo XVIII, la economía rural de la región de Guadalajara, 1675-1820*. FCE, 1989.

Villaseñor Bordes, Rubén; *Autlán*. UNED, 1988.

-        *Autlán en el S. XVI*, (s.e.), 1953.

-        *La inquisición en la Nueva Galicia S. XVI.* (s.e.), 1959.

Von Wobeser, Gisela; *Formación de la hacienda en la época colonial: el uso de la tierra y el agua.* UNAM, 1989.

Weigand, Phil et Acelia G. De Weigand; *Tenamaxtli y Guaxicar. Las raíces profundas de la rebelión de Nueva Galicia.* El Colegio de Michoacán-Secretaría de Cultura de Jalisco, 1996.

Zelayeta, Manuel de; *Noticias de hombres notables de la Nueva Galicia.* UNED, 1989.

Índice onomástico

Índice geográfico

Cuatro Valles. 373.

Cuba. 21, 85.

Cuenca. 20, 354.

Cuistlán. 127, 129, 186.

Cuitzeo. 42, 48, 52, 92, 102, 103, 129, 161, 166, 169, 177, 178, 188, 189, 193, 314.

Culiacán. 77, 79, 80, 83, 84, 85, 86, 90, 92, 95, 96, 97, 100, 101, 102, 104, 108, 112, 117, 118, 120, 123, 124, 125, 126, 138, 166, 207, 208, 209, 212, 224, 225, 226, 233, 234, 235, 262, 267, 269, 270, 271, 272, 273, 274, 275, 285, 293, 301, 307, 308, 355.

Chacala. 118, 119. 306.

Chacalmaloa. 129, 299, 300.

Chapala. 49, 57, 59.

Chiametla. 78, 85, 90, 91, 92, 95, 100, 118, 134, 355, 356.

España. 17, 19, 20, 22, 29, 31, 33, 39, 76, 85, 121, 123, 136, 137, 170, 171, 194, 197, 200, 214, 217, 225, 229, 238, 247, 282, 284, 297, 352, 353, 355, 357, 360.

Española, La. 19, 21, 24.

Etzatlán. 63, 64, 118, 120, 307.

Europa. 12, 19, 24, 33, 34, 39, 75, 81, 123, 135.

Flandes. 19, 22, 146, 353.

Francia. 17, 136, 352, 359.

Galicia. 145.

Génova. 17.

Germania. 16.

Gibraltar. 145.

Granada. 145.

ÍNDICE GENERAL